中山大学公共政策与社会保障丛书

社会政策与「社会中国」

SOCIAL POLICY AND
SOCIAL CHINA

岳经纶 ◎ 著

社会科学文献出版社
SOCIAL SCIENCES ACADEMIC PRESS (CHINA)

目录

前言：完善社会政策　建构社会中国 …………………………………… 1

第一篇　中国社会政策的演变

第一章　构建"社会中国"：中国社会政策的演进 …………………… 3
　　一　改革开放前我国的社会政策："二元社会中国"的形成 ……… 4
　　二　20世纪80~90年代我国社会政策的演变 …………………… 7
　　三　21世纪前十年的中国社会政策扩展：社会政策的重建期 …… 12
　　四　构建统一的"社会中国"：前景与挑战 ……………………… 19
　　结　语 ………………………………………………………………… 21

第二章　社会保障制度建设的反思：社会政策的视角 ……………… 23
　　一　社会保障概念：西方与中国 …………………………………… 23
　　二　社会政策及其与社会保障的关系 ……………………………… 27
　　三　市场转型中的社会保障制度：社会身份本位社会保障制度的
　　　　嬗变 ……………………………………………………………… 30
　　四　社会保障制度建设的反思：社会政策的视角 ………………… 34
　　结语　构建有中国特色的社会主义福利社会 ……………………… 43

第三章　走向社会政策时代——**21世纪中国社会政策的扩展** …… 45
　　一　2004年：施政重点开始初步转向社会政策 …………………… 47

1

二 2005年：社会政策内容不断丰富 …………………………… 51

三 2006年：社会政策格局成形 ………………………………… 55

四 2007年：中国社会政策时代的来临 ………………………… 60

五 2008年：社会政策体系日臻完善 …………………………… 65

六 2009年：社会政策重要性进一步凸显 ……………………… 67

七 2010年：社会政策新发展 …………………………………… 72

结　语 ……………………………………………………………… 74

第二篇　社会支出

第四章　国际社会支出概念及其指标体系 ……………………… 79

一 西方的社会支出概念 ………………………………………… 79

二 主要国际组织的社会支出指标体系 ………………………… 84

结　语 ……………………………………………………………… 93

第五章　从社会保障支出到社会支出：中国公共社会支出指标构建初探 …………………………………………………………… 96

一 中国社会保障支出的概念 …………………………………… 97

二 中国社会保障支出和社会支出的指标差异性 …………… 100

三 中国公共社会支出指标体系 ……………………………… 103

四 中国公共社会支出水平年度报表 ………………………… 111

结　语 ……………………………………………………………… 114

第六章　社会保障水平的地区差异问题研究：广东个案 ……… 115

一 引言 ………………………………………………………… 115

二 社会保障与社会保障水平 ………………………………… 116

三 广东社会保障水平地区差异程度及特点 ………………… 118

四 广东社会保障水平地区差异的原因分析 ………………… 126

结　语 ………………………………………………………… 132

第三篇　社会保险

第七章　渐进与突变：养老保险制度变迁研究 ………… 139
  一　问题的提出 ……………………………………………… 139
  二　养老保险制度变迁的过程 ……………………………… 141
  三　制度变迁的逻辑 ………………………………………… 144
  结　语 ………………………………………………………… 151

第八章　中国社会保障制度发展的内在张力——以东莞市社会养老保险统筹改革为例 ………………………………… 152
  一　我国社会养老保险的变迁及统筹现状 ………………… 154
  二　东莞市社会养老保险地域化的发展 …………………… 160
  三　东莞市社会养老保险地域化的制约 …………………… 165
  结　语 ………………………………………………………… 169

第九章　东莞医改与神木医改：地方社会政策创新的经验与挑战 …… 174
  一　引言 ……………………………………………………… 174
  二　东莞的医改探索 ………………………………………… 175
  三　神木的医改实践 ………………………………………… 177
  四　东莞与神木医改的成功经验 …………………………… 180
  五　东莞与神木进一步医改面临的挑战 …………………… 182
  结　语 ………………………………………………………… 184

第四篇　社会服务

第十章　社会服务与福利国家：对我国社会保障制度的启示 ……… 189
  一　社会服务概念 …………………………………………… 190

二　社会服务与当代福利国家 …………………………………… 193
　　三　对完善我国社会保障制度的启示 …………………………… 196
　　结　语 …………………………………………………………… 199

第十一章　我国社会服务政府购买的现状及存在的问题 ……… 201
　　一　社会服务的概念和内涵 ……………………………………… 201
　　二　我国政府购买社会服务的现状 ……………………………… 204
　　三　我国政府购买社会服务存在的问题 ………………………… 205
　　四　完善我国政府购买社会服务模式的对策 …………………… 208
　　结　语 …………………………………………………………… 212

第十二章　社会服务购买中的政府与社会组织——福利多元主义的视角 ……………………………………………………… 213
　　一　研究问题的提出 ……………………………………………… 213
　　二　福利多元主义分析视角 ……………………………………… 214
　　三　案例：G市政府购买服务的实践 …………………………… 218
　　四　竞争：缺失的前提 …………………………………………… 220
　　五　递送：机构异化及服务投机 ………………………………… 221
　　六　融资：制度限制与资源依赖 ………………………………… 224
　　七　规制：能力不足与行政干预 ………………………………… 227
　　结语　政府与NGO如何良性互动 ……………………………… 229

第五篇　社会管理创新与幸福广东建设

第十三章　理解社会管理的五种路径 ……………………………… 235
　　一　作为社会控制（维稳）的社会管理创新 …………………… 236
　　二　作为社会政策的社会管理创新 ……………………………… 238
　　三　作为公共服务的社会管理创新 ……………………………… 240

  四 作为社会组织的社会管理创新……………………………………242
  五 作为国家建设的社会管理创新……………………………………244
  结 语……………………………………………………………………246

第十四章 社会政策导向的社会管理体制改革研究……………………248
  一 社会管理体制改革是一场深刻的社会变革………………………249
  二 社会管理体制改革的基本概念……………………………………251
  三 社会管理体制改革的重要性与必要性……………………………255
  四 以社会政策为导向的社会管理体制改革的行动框架……………257
  结 语……………………………………………………………………261

第十五章 幸福广东：一种社会政策学的解读………………………………263
  一 "幸福广东"的提出…………………………………………………263
  二 "幸福广东"是广东人的幸福………………………………………264
  三 寻找广东人：构建统一的省域公民身份…………………………266
  四 福利广东的实践模式：基本公共服务均等化与基本公共服务
    一体化………………………………………………………………268
  结 语……………………………………………………………………271

结语 中国社会政策的扩展与福利国家的成长…………………………………272
  一 中国社会政策的扩展………………………………………………272
  二 成长中的福利国家…………………………………………………274
  三 建构不断增进人民福祉的福利国家………………………………275

参考文献……………………………………………………………………………278

索 引………………………………………………………………………………302

后 记………………………………………………………………………………312

前　言
完善社会政策　建构社会中国

新的政治话语

自2012年11月中共十八大以来，"美好生活""人民福祉""公平正义""社会政策"等概念在我国广泛流行，成为重要的政治话语。2012年11月15日，在当选为总书记后的首次记者见面会上，习近平同志饱含深情地谈论"美好生活"。他指出，"我们的人民热爱生活，期盼有更好的教育、更稳定的工作、更满意的收入、更可靠的社会保障、更高水平的医疗卫生服务、更舒适的居住条件、更优美的环境，期盼孩子们能成长得更好、工作得更好、生活得更好。人民对美好生活的向往，就是我们的奋斗目标"。习总书记的讲话深刻揭示了我国经济社会发展的根本目的就是让人民过上美好的生活。

2013年4月5日，国家主席习近平在俄罗斯圣彼得堡举行的二十国集团领导人第八次峰会第一阶段会议上作了题为《共同维护和发展开放型世界经济》的发言。他在发言中指出，"宏观微观经济政策和社会政策是一个整体，各国要用社会政策托底经济政策，为宏观微观经济政策执行创造条件"。这是我国领导人首次在国际层面阐述"社会政策托底"这一重要观点。

2013年4月25日，中共中央政治局常务委员会召开会议，研究当前经济形势和经济工作。会议提出，面对新形势，要按照稳中求进的要求，未雨绸缪，加强研判，宏观政策要稳住，微观政策要放活，社会政策要托底。这是我国最高领导层首次在国内提出"社会政策托底"的重要观点。这一新的提法，揭示了在全面深化改革的过程中社会政策与经济建设的关系，也突出了社会政策对我国社会稳定发展的重要意义。在2013年7月30日召开的中共中央政治局会议上，新一届领导班子再次重申"社会政策托底"这一重点观点，并指出了要"坚持宏观政策要稳、微观政策要活、社会政策要托底，努力实现三者有机统一"。

2013年10月7日，国家主席习近平出席在印度尼西亚巴厘岛召开的亚太经合组织（APEC）第二十一次领导人非正式会议并发表重要讲话。在讲话中，习近平主席再次阐述了"社会政策托底"的观点。他指出，"要防范风险叠加造成亚太经济金融大动荡，以社会政策托底经济政策，防止经济金融风险演化为政治社会问题"。

2013年11月，党的十八届三中全会通过的《中共中央关于全面深化改革的若干重大问题的决定》，进一步突出了"公平正义""人民福祉"等重要概念。《决定》指出，全面深化改革要"以促进社会公平正义、增进人民福祉为出发点和落脚点"，要"紧紧围绕更好保障和改善民生、促进社会公平正义深化社会体制改革"，要"建立更加公平可持续的社会保障制度"，要"促进共同富裕"，要"让发展成果更多更公平惠及全体人民"。《决定》虽然没有使用"社会政策"概念，也没有提及"社会政策托底"观点，但是，如何增进人民福祉，如何更好地保障和改善民生，如何实现美好生活，如何促进社会公平正义，如何促进共同富裕，如何让发展成果更多更公平地惠及全体人民，这些问题实际上都与社会政策的改革和发展密切相关。

社会政策及其内在冲突

制定并实施社会政策是现代国家的主要职能，也是国家治理现代化的重要手段和工具。作为一个概念，"社会政策"既指各国政府制定和实施的各项具体社会政策，又指研究这些社会政策的一门学科，也就是"社会政策学"。作为一门独立的社会科学学科，社会政策学成熟于20世纪下半叶。从定义上讲，社会政策学是关于人类福祉的研究，它研究的是人类福祉所必需的社会关系，以及可能增进或损害人类福祉的体制。从历史上看，社会政策是工业化的结果，是工人阶级政治动员的产物。从功能上讲，社会政策是推动市场经济发展的重要条件，也是驯服市场的重要力量，甚至可以说是推动人类从野蛮走向文明的重要保障。没有好的社会政策，就不会有成功的市场经济。从公众的角度看，社会政策与每个人的个人生活和日常生活密切相关，事关我们如何实现美好生活。美好的生活需要医疗卫生和教育这些必不可少的服务，需要工作这样的生存手段，需要爱情、亲情、安全这些无形但重要的东西。没有这些东西，就谈不上美好生活，谈不上人类福祉。因此，社会政策关心的主要就是如何去安排这些对人类福祉有重要影响的事务。

就国家而言，社会政策本身一直存在着一个内在的冲突：一方面，从"需要满足"的角度看，为了更好地满足个人的需要，社会政策应该尽可能地方化。一般来说，越接近基层的决策越能贴近个人的实际需要。换言之，地方化的社会政策决策具有信息优势，更接地气。另一方面，"地域正义"则要求一个国家之内不同地方的公民在基本公共服务和社会权利方面应该得到大体同等的待遇，不会因为地方经济发展水平与地方财政实力的差异而出现很大的差别。换言之，前者要求社会政策的地方化、个别化，后者要求社会政策的一体化、普惠化。要在中国这样人口众多、地域辽阔的超大型国家消除社会政策的内在冲突，绝非易事。

在我国，传统的城乡分割一直影响着社会政策和社会保障制度的发展。经济改革虽然推动了我国城乡的经济发展以及一定程度上的经济整合，但是，社会整合却没有得到相应的推进。农民工问题的出现就是城乡社会整合失效的表征。我国社会政策不仅存在着巨大的城乡差异，而且存在着明显的地方化倾向，各地社会福利水平差距极大。可以说，一个城市、一个区县就有一套社会政策体制。以往在计划经济体制下，城乡流动、跨地区流动程度低，因而跨越地方政府辖区边界而异地生活的人很少。现在，到处都是流动人口，在很多地方，特别是一些沿海城市，甚至出现了外来人口超越本地人口的倒挂局面。而这些占多数的异地而居的人口却被排斥在当地的社会福利和服务体系之外，使得社会福利的地域不平等和地域不公平问题日益突出。

一国之中不同地区的福利差异，或者说福利国家福利供给的空间差异，是社会政策和福利国家研究中的一个重要主题。地域公平和地域正义是用来考察福利国家空间维度的两个主要概念。不同于传统福利分配研究中以社会阶层、性别为角度，地域公平关注福利国家的地理背景，提供了空间研究的角度。地域正义强调在待遇方面的横向公平，认为每一地区都应当依据需要的水平来提供福利，即不论在哪个地区，相同的需要应当得到相同的满足，对需要分配的比例应当在每一地区相同，而非主要考虑各地的税收贡献和财政状况等因素。除了需要机会相等，地域公平的内涵和规则也有多种"平等"含义的目标，包括各地区的投入相等、对相同需要的投入相等等。

由于我国地域辽阔，城乡和区域间发展不平衡，加上户籍制度的分割，我国的社会政策一直存在着地方化的特色，导致各地社会保障具体制度和实际福利水平存在着明显的差异。从全国层面看，城乡之间、地区之间、劳动力内部与劳动力外部之间存在差异，而且这种差异在城市或区县层面也得到小规模的复制。换言之，我国的社会政策体制和社会福利制度安排存在着严重的"地域不公平"和"地域不正义"。可以说，从社会政策和社会福利的角度看，不存在一个统一的"中国"，也不存在统一的"中国人"的身份，而只有以城市或县区为单位的基于户籍制度的居民个体，如广州人、东莞人等。

在改革开放最初的二十多年，随着中央政府在社会保障和社会福利中角色的弱化甚至退出，以及地方社会政策创新的强化，各地社会保障制度安排和福利水平的差距进一步扩大，福利的地方化趋势更加明显。如果说在 20 世纪 90 年代之前我国社会福利制度主要是一个"以全国疆域为经、城镇/农村界线为纬的二元式社会保障体系"的话，那么，90 年代之后，随着社会政策的地方化，我国出现了众多的"以地域为经、不同社会（职业）身份类别为纬的新形态多元式社会保障体系"，也就是进一步碎片化的社会保障制度。

长期以来，我国地方政府一直承担着实施社会政策、提供社会福利与服务的责任，这种情况自 20 世纪 90 年代中期分税制实施以来，尤为突出。而各级地方政府由于财政状况各不相同，提供社会福利与服务的能力各不相同，因而在全国形成了以地方行政区域为边界的众多分散的"福利地区"，导致社会意义上的中国进一步碎片化。随着福利地区的出现，我国的公民身份呈现以地域为基础的新的空间分割。如果说在计划经济时代，我国公民身份界定分割为"城镇居民/农村居民"，那么，在福利地方化的趋势下，我国公民身份界定为以"本地/外地"为主轴、更多元的区分。在GDP的地方政府竞争中，地方政府关心的更多的是如何吸引外来投资，促进本地经济增长和地方财政收入的提升，而不是为本地居民提供福利与服务。这种情况与全球经济竞争中各国政府竞相压低劳动成本和降低环保标准的"向下竞争"一样，地方政府缺乏提升居民福利与服务的动力，其结果是普遍的公共福利与服务提供的不足。

"社会中国"概念及其意义

我国福利地区化发展中也存在另一种情况。一些富裕地区的政府，尤其是在沿海发达地区，以及一些资源丰富的内地市县，在改善民生、加强社会建设的政策感召下，大力推进本地的社会保障制度建设，特别是推进城乡统筹、城乡一体的社会保障制度建设，为本地居民提供不分城乡户籍区隔的社会保障制度。这些努力的结果是形成了若干具有整合意义的"福利地区"。例如，在东莞，不仅实现了一个制度覆盖所有人的基本医疗保障制度，而且也建立了城乡一体的社会养老保险制度。换言之，东莞已经建立起一个以东莞市辖区为边界，以东莞地域身份为本位的，具有福利国家性质的"福利地区"。

整合性的"福利地区"的形成，是在一定的地域范围内建立了统一的社会福利制度，这种不分户籍身份、不分职业群体的社会福利制度有利于形成"地域公民身份"。这种"地域公民身份"无疑是形成全国性的公民身份的一个重要起点和基础。然而，在地级市或区县一级形成的地域公民身份其空间范围过于狭小，而且在地方政府的政策创新下只会产生越来越多样化的地域政策。而多样化的地方政策的发展与固化，不利于建立统一的全国性的政策体系。因此，从长远来看，为了推进这种地域公民身份在空间上的不断扩张，进一步缩小社会福利服务的地区差距，实现全国意义上的基本公共服务均等化，我们还需要在社会政策发展中建构起更为宏大的视野。本书认为，我国社会政策和社会福利发展的宏大视野和愿景是建构"社会中国"。

所谓"社会中国"（Social China），其着眼点就是中国整体的社会体制与社会模式，特别是社会政策体制与社会福利模式。与经济中国、政治中国这些概念一样，"社会中国"是对中国社会福利模式的历史、现状以及未来的高度抽象。"社会中国"既是一个具有时间/历史内涵的概念，也是一个具有空间内涵的概念。它既指涉具体的社会福利和服务的提供，更涉及抽象的公民社会权利的建构。因此，"社会中国"概念涉及时间（历史）、空间、制度和理念四个维度。透过"社会中国"概念，我们可以回顾中国社会发展（主要是社会保护制度）的历史，分析其现状，展望其未来。

从历史维度看，"社会中国"为我们审视自新中国成立以来我国社会政策、社会福利和社会权利的演变与发展提供了新的视角。在这一视角下，我们可以看到自1949年以来的中国社会政策发展呈现三个阶段：前改革阶段、20世纪80~90年代的改革阶段，以及2002年以来的新阶段。在这三个阶段，由于国家在社会福利和服务中的角色变化，"社会中国"呈现不同的图像。在前改革阶段，国家在社会福利与服务中扮演着"垄断者"角色，在城乡分割的制度背景下，呈现二元"社会中国"特征。在20世纪80~90年代的改革阶段，为了配合经济发展，国家从社会公共服务中全面退却。随着国家的"退却"，教育、医疗等基本公共服务领域出现了市场化、产业化的趋势。从二元社会结构派生出来的庞大的流动人口群体基本上没有成为社会政策的目标群体，他们游离在城市与农村之间，得不到任何社会保护。相应的，二元"社会中国"的格局进一步分化，呈现三元（农民工是第三元）"社会中国"的特征。进入21世纪后，党和政府充分认识到经济增长与社会发展不平衡的危机和后果，开始调整国家职能，出现了把国家带回社会政策领域的趋势，为建构统一的"社会中国"带来了希望。

从空间维度看，"社会中国"凸显了观察中国社会政策和社会福利制度的空间视角。在"社会中国"的透视镜下，我国社会政策的空间不均衡、"地域不正义"一览无遗：从计划经济时代的城乡差距和"一国两制"（城乡两个不同的社会政策体系），到改革开放时代不断加剧的城乡、区域、阶层差别和"一国多制"（每一个县级行政区都有自己封闭的社会政策体系）。"社会中国"的视野让我们可以更清晰地看到中央政府与省级政府在社会政策领域中的"孱弱"角色。正是这种孱弱，导致我国社会政策的过度去中心化和分散化。"社会中国"的视野将有助于唤醒中央政府和省级政府在社会政策领域"沉睡"的角色，推动社会政策的再集中化。

从制度维度看，"社会中国"其实关注的是中国统一的社会政策体系和统一的社会保护制度的建立。"社会中国"概念凸显了中国在社会领域，特别是在社会福利制度中缺乏整体性的一面，也就是我们常说的社会保障制度"碎片化"。在计划经济年代，基于户籍制度、单位制度和人事档案制度，我们建立了类似等级制的社会保障制度；在改革开放年代，虽然单位制度已经瓦解、户籍制度已经松懈，但是基于户籍身份、职业身份和地域身份的碎片化社会保障制度依然存在。人口的大规模流动与社会政策的地方化二者的并立，更深刻地彰显了我国社会保障制度的碎片化。有鉴于此，"社会中国"倡导建立一个在全国范围内，可以跨越城乡、区域，具有制度空间整合性的社会保障体系。

从理念维度看，"社会中国"背后的理念就是要建立统一的社会公民身份。按照马歇尔（T. H. Marshall）的观点，公民身份中的社会权利可以称为社会公民身份或社会公民权利，包括从某种程度的经济福利与安全，到充分享有社会遗产，并依据社会通行标准享受文明生活等一系列权利，其核心在于公民普遍享有国家提供的完善的社会保护。长期以来，我国的社会政策设计只有户籍身份和职业身份意识，缺乏社会公民身份意识。这种理念上的滞后，导致我国社会保障制度的碎片化。而"社会中国"所倡导的，就是要建立一个以社会公民身份为基础、以满足公民基本需要为目的的完整的社会政策体系。

在 21 世纪提出"社会中国"的理念不仅具有现实的必要性，而且具有现实的基础。自中共十七大以来，随着国家在社会政策领域角色的强化，我国社会政策出现了一些令人惊喜的发展：首先，中央政府加大了在教育、医疗、就业、住房等领域的投入，中央政府的社会政策功能明显强化；其次，一些地方政府，特别是沿海发达地区正在全力推动打破城乡隔阂、职业分割的社会保障制度，出现了具有地域公民身份特色的福利地方化；最后，随着城乡免费义务教育的全面实现、全民医保制度的确立、普惠型社会福利制度的建设，以及社会保障制度城乡统筹的推进，以公民身份为本的社会政策体系初露端倪。而这一切都有利于打破长期以来存在的城乡分割、职业分割、地域分割的碎片化社会政策体系，推动社会意义上的统一的"社会中国"的形成。

本书主要内容

全书共包括五篇十五章，在"社会政策扩展"与"构建'社会中国'"的主题下，探讨了中国社会政策的历史演变、当下的发展，以及未来的趋势。本书涉及了中国社会政策的主要方面，既有对基本概念的辨析，又有对具体制度的评估；既有对政策变迁的梳理，又有对政策发展的描述；既有关于全国性政策的宏观评述，又有关于地方经验的深入剖析；既有经验材料的总结，又有抽象理念的阐述。具体来说，本书内容包括中国社会政策的历史变迁和最新发展、社会政策支出的概念和水平、社会保险制度改革、社会福利服务、社会管理体制改革，以及幸福广东建设。可以说，这是一本尝试从宏观与微观、从实证与经验维度全面描述我国当代社会政策发展的著作。

第一篇的主题是中国社会政策的演变，主要内容包括：从学理角度梳理了中国的社会政策概念和社会保障概念，以及二者之间的关系；从历史的角度分析了我国社会政策的演变过程，提出了划分我国社会政策发展过程的几个阶段；重点分析了2003年以来我国社会政策的发展，提出了中国"社会政策扩展"的概念；从社会政策学的视角评估了我国社会保障制度发展的成就和存在的问题，并指出了我国社会保障制度建设中存在的"八重八轻"现象，主张以社会政策的理念来扩展和充实我国的社会保障制度。

第二篇的主题是社会支出。社会支出是量化的社会政策。本篇主要内容包括：利用国际文献，梳理了社会支出概念及其指标体系，并讨论了它们在中国的适用性；从学理上分析了社会支出和社会保障支出的区别与联系，并结合国际经验及我国社会保障制度的发展，尝试建构中国的社会支出指标体系；以广东为例，分析了社会保障支出的地区差异，尝试提供分析社会保障制度的空间维度。

第三篇的主题是社会保险，主要内容包括：从政策科学的角度，梳理了我国养老保险政策的历史演变，指出了我国养老保险制度的发展具有"渐进与突变"的双重特点；在个案研究的基础上，分析了东莞地域社会保障制度发展的动力与局限，揭示了在社会保障制度碎片化的状态下，地方创新与中央政策之间的张力；在比较研究的视角下，对东莞与神木的医疗保险制度进行了分析，指出了两者之间的异同，在此基础上分析了地方社会政策创新的动力与挑战。

第四篇的主题是社会服务，主要内容包括：从学理层面，分析了社会服务与福利国家的关系，梳理了西方福利国家的社会服务概念与内容，并分析了它们对我国社会保障制度发展的启示；在经验研究的基础上，对我国近年发展起来的政府购买社会服务实践进行了分析评估，指出了我国服务购买中存在的问题及原因；以广州为个案，分析了社会服务的发展及其特征。

第五篇的主题是社会管理创新与幸福广东建设，主要内容包括：在文献研究的基础上，梳理了理解社会管理及其创新的五种途径，即社会控制途径、社会政策途径、公共服务途径、社会组织途径和国家建设途径，分析了不同途径的政策方向和可能的实践结果；从社会政策学的角度，提出了社会管理体制改革的新思路；针对广东省大力倡导的"幸福广东"建设，提出了社会政策学的解读，认为应该把幸福广东建设与社会政策发展有机结合起来。

最后部分是结语，在总结我国社会政策发展的基础上，指出我国的福利国家正在成长之中，要重新认识福利国家概念，只有福利国家的成长才能真正推动我国走向公平公正的社会建设之路。

作者在本书中提出的主要观点有以下几个。

（1）21世纪以来，我国正在经历前所未有的急剧的"社会政策扩展"，中国"福利国家"开始成形。

（2）要借鉴市场经济国家普遍使用的社会政策概念来扩展我国的社会保障概念，让社会保障概念和社会保障制度更具包容性，进而完善我国的社会政策体系，推动中国特色社会主义福利国家的建设。

（3）要在经济发展的基础上，稳步提升我国的社会支出水平，缩小收入差距，增进人民福祉。

（4）社会政策是推进社会治理模式创新的重要途径，要以社会政策引导我国社会体制创新。

（5）要鼓励地方政府以地域公民身份为基础，发展统筹城乡的社会保障制度，扩大公民社会权利。

（6）一个完善的社会保障体系既包括经济保障也包括社会服务，要通过培育社会组织，大力发展社会服务。

（7）要在完善社会政策体系的基础上，发展中国特色的福利国家制度，提升人民的尊严感和幸福感。

总的来看，本书研究的主要内容，如中国社会政策的演变与特征、社会政策与社会保障的概念内涵和相互关系、中国社会支出的概念与水平、社会服务和公众福祉的发展，以及社会管理创新与幸福建设等，都是当前我国社会政策发展面对的主要问题，也是未来相当一段时间需要学术界同仁下大力气进行深入研究的问题。

需要指出的，本书只是作者近年来研究中国社会政策与社会发展的一些初步成果。由于作者水平所限，"社会中国""中国特色福利国家"等重要概念还缺乏有理论深度的系统分析和论证。因此，希望自己能在后续研究中，结合中国社会政策的发展实践，从社会政治哲学、政治经济学等角度，深入系统地论证这些概念和观点，为增进人民福祉和实现美好生活略尽绵力。

第一篇

中国社会政策的演变

第一章 构建"社会中国":中国社会政策的演进

自18世纪以来,近代西方国家分别在经济、政治和社会领域逐步确立了资本主义市场经济、民主政治与福利国家制度,相继实现了民权、政治权利与社会权利,完成了公民身份的建构。在中国,随着改革和开放的深入,在经济上逐步形成了社会主义市场经济体制,在政治上社会主义民主政治的形态日益巩固,但是社会上并未形成明确的体制模式方向。尽管近年来政府强调社会建设和社会事业的发展,强调民生问题的重要性,但是中国社会领域并没有形成类似市场经济、民主政治这样明确的目标模式,而只是模糊地说关注民生,体面劳动,让人民生活得更加幸福、更有尊严。虽然有学者倡导建立社会主义福利社会(岳经纶,2008;郑功成,2008a),但是似乎没有得到来自民间与官方的有力回应。如果说当代中国有了明确的政治发展模式和经济发展模式,那么,在社会领域还没有找到理想的制度模式。

"社会欧洲"(Social Europe)是欧洲学术界流行的概念。所谓"社会欧洲",指的是欧洲的社会模式(the European Social Model),特别是指提供保护预防全球市场冲击的欧洲福利国家体制(Giddens et al.,2007)。换言之,"社会欧洲"与欧洲社会政策密切相关。相应的,所谓"社会中国"(Social China),其着眼点就是中国的社会模式,特别是中国的社会政策和社会福利模式。与经济中国、政治中国这些概念一样,"社会中国"是对中国社会模式的历史、现状以及未来的高度抽象。透过"社会中国"概念，我们可以回顾中国社会发展（主要是福利制度）的历史，分析其现状，展望其未来。"社会中国"既是一个具有时间/历史内涵的概念，也是一个具有空间内涵的概念。它既指涉具体的社会福利和服务的提供，更涉及抽象的公民社会权利的建构。

从"社会中国"的视野审视1949年新中国成立以来中国社会政策的演变和发展，可以把其划分为三个阶段：前改革阶段、20世纪80~90年代的改革阶段，以及2002年以来的新阶段。在这三个阶段，"社会中国"呈现不同的图像。随着我国社会政治经济状况的变化，国家在社会福利和服务中的角色发生了持续的变化，经历了从改革开放前的"国家垄断"（state-monopolizing），到改革开放后的"国家退却"（state-rolling-back），再到"国家再临"（bringing the state back in）的演变过程，从而令我国的社会政策发展呈现明显的阶段性。21世纪初，面对经济改革过程中积累的种种社会问题，中国开始强化国家在公共福利和服务中的角色，出现了社会政策的急剧扩展，新的社会政策体系正在形成之中；但是，统一的"社会中国"的图景依然模糊。

一 改革开放前我国的社会政策："二元社会中国"的形成

社会政策既是一个政策概念，又是一个学术概念。作为政策概念，社会政策指的是那些影响公共福利的政府政策和计划，如教育政策、医疗政策、社会保障政策等；作为学术概念，社会政策指的是研究这些政策的一个重要的学术领域，也可以称为"社会政策学"（迪安，2009）。社会政策泛指一个国家或地区有关公众福祉的任何政策，体现的是国家/政府在福利中的角色。它关注的不只是收入维持和贫困控制，还有全体公民的各种基本需要和福祉（迪安，2009）。政府实施社会政策，目的是通过提供社会保障津贴、免费教育、医疗服务、公共房屋等来改善个人的生活机会和社会关系。在现代社会，社会政策被普遍认为是发展社会事业、促进社会公平正义、增进社会团结与和谐的基本手段。在现代市场经济体系中，社会政策与福利国家就是同一个硬币的两面。

计划经济时代，在社会主义意识形态的指导下，我国在生产资料公有制的基础上推行公平优先、注重分配的社会经济政策。国家在实施优先发展重工业的经济政策的同时，在户籍制度的基础上，按照城乡分割的原则，在城乡建立了两套截然不同的社会政策体系（见表1-1）。这一时期，国家垄断和控制了重要的社会资源和每一个人的生活与发展机会，在高度组织化、集权化和单一化的社会结构中（梁祖彬、颜可亲，1996），建立起国家主导的、城乡二元的社会政策体系，形成了"二元社会中国"。在这个二元的"社会中国"中，国家在福利中的角色具有二重性：既有制度性（institutional）的一面（国家通过单位体制为城镇居民提供比较全面的福利和服务），又有补救性（residual）的一面（对单位体制之外的城镇居民和农村居民只提供十分有限的救济和援助）。

表1-1　改革开放前"二元社会中国"的社会政策体系

政策领域	城镇社会政策体系	农村社会政策体系
教　育	国家资助的义务教育	集体资助的义务教育
医　疗	非缴费型的医疗服务（劳保医疗与公费医疗）	农村合作医疗
就　业	固定就业（铁饭碗）	—
社会保障	非缴费型的劳动保险制度，"三无"人员救济	"五保户"政策
住　房	福利分房	—

在城镇，国家建立了一套以终身就业为基础的、由单位直接提供各种福利和服务的社会政策体系。在这种社会政策体系下，国家以充分就业为基础，将绝大部分城镇居民安排到全民所有制和集体所有制单位（主要是国家机关和企事业单位）中就业，对干部、职工及其家属提供覆盖生、老、病、死各个方面的社会保护，具体包括医疗服务、住房、教育、养老，以及各种生活福利和困难救济。国家建立的劳动保护体系使所有工人都享有就业保障，没有失业之虞。这套体系被称为"单位福利制度""单位社会主义""迷你福利国家"，被认为是社会主义优越性的体现。在农村，在集体经济的基础上，建立了包括合作医疗制度、五保户制度等在内的集体福利制度。农民作为公社社员享有一定的集体保障。

虽然"二元社会中国"意味着社会福利待遇差距明显的城乡二元制

福利体系，但是，国家直接或间接地在社会福利提供中扮演了重要角色，城乡居民的基本福利需要，如教育、医疗、就业等都得到了一定程度的满足，在城镇或农村内部没有出现严重的社会不公平问题。在计划经济时期，我国的基尼系数介乎0.2~0.3，属于世界上收入分配最平等的国家。1949年，我国文盲率超过80%。从1949年到1978年，我国人均预期寿命从35岁提高到68岁，增加了33岁。到20世纪70年代末，我国城市的文盲率下降到16.4%，农村下降到34.7%。美国经济学家萨缪尔森在其《经济学》第十版中对当时我国的社会生活有这样的描述，"它（中国）向每一个人提供了粮食、衣服和住房，使他们保持健康，并使绝大多数人获得了教育，千百万人并没有挨饿，道路旁边和街路上并没有一群群昏昏欲睡、目不识丁的乞丐，千百万人并没有遭受疾病的折磨。以此而论，中国的成就超过世界上任何一个不发达国家"（转引自沙健孙，2006）。我国著名社会政策学者关信平教授认为，改革开放前，我国政府非常重视通过国家和集体力量去建立基本的社会保障、公共医疗卫生、公共教育、公共住房、社会福利以及其他各项社会服务，在经济不发达的情况下保证了广大群众的基本生活需要，并在各项社会事业方面取得了超过当时经济发展条件的成就（关信平，2008）。

需要指出的是，与其他社会主义国家一样，计划经济时代我国的社会政策体系基本上是为"服务于经济目标而设计的"，社会政策被视为生产过程的一部分，是满足"工人"（而不是公民）需要的一种手段。企业履行了大多数社会政策的职责，充分就业政策保障了城市居民可以普遍享受社会福利和服务，尽管在水平和质量上存在差异。社会政策基本上是排他性的国家主义，几乎不存在市场安排，也没有非官办部门的捐献。除了福利分配和社会服务外，对基本消费品（食物、住房、能源、交通）的广泛补贴在某种程度上发挥了社会政策的功能，或者说是一种近似的社会政策（克劳斯·尼尔森，2006）。更重要的是，即使在强调社会主义意识形态的计划经济时期，国家也没有真正落实社会公民身份（social citizenship）与社会权利（social rights），反而是通过户籍制度强化城乡居民身份与福利权利的差异性（施世骏，2009a），通过单位制度和行政身份制度强化了城镇居民内部的福利权利分割。

把社会福利和服务纳入就业制度是计划经济时期我国社会政策最显著的特征，并且推动了单位制度的形成。作为计划经济时期一种基本的社会经济制度，单位制度对我国城镇劳动者的工作和生活具有重要影响。大部分城镇工人及其家属都被纳入了各种工作单位，如国营企业、国家机关、政府部门和其他事业单位。单位的功能就像一个自给自足的"迷你福利国家"。一般来说，工作单位具有以下基本特征：控制人事，提供公共设施，执行独立的会计和预算制度，建立在城市，属于公共部门（Lv and Perry，1997）。单位制度包括三项基本要素：终身就业（"铁饭碗"）、平均主义（吃"大锅饭"）和福利全包（路风，1989）。单位在工人与国家的关系上扮演着某种特别的角色。著名社会学家华尔德（Andrew Walder）对我国国营企业的权威关系进行了深入研究，并提出了"有组织的依赖"（organized dependence）这个概念来描述工人与其单位的关系。具体来说，就是劳动者在政治上依赖工作单位的党组织和管理层以取得政治上的利益，在经济上依赖单位提供的工资收入和各种福利与服务，在个人关系上依附作为国家干部的上司（Walder，1986）。由于当时中国正在进行快速的工业化，需要大量资金，因而不能给工人提供较高的工资报酬。因此，在国家与工人之间形成了不成文的"社会契约"：国家（以家长的姿态）照顾工人及其家庭（包括生老病死），工人（以主人翁姿态）以低工资为国家工业化服务。

不过，由于在计划经济时期忽视了生产力的发展和经济建设，我国的城镇社会政策体系所带来的财政支出超出了国家经济的承受力，给国家和企业带来了沉重的负担，间接造成国有企业的低效率。因此，在经济改革之后，作为计划经济时期社会政策体系核心基础的劳动就业制度及相关的福利保障制度成为改革的主要对象，我国社会政策体系开始进入局部调整与全面变革的时期。与此同时，在农村，随着人民公社这一集体经济制度的瓦解，社会政策的经济基础不复存在，农村社会政策体系也进入变革时期。

二　20世纪80~90年代我国社会政策的演变

自20世纪70年代末实行改革开放政策以来，为了改变落后的国民经济状况，中国开始了以发展经济为导向的大规模的社会经济转型。在这一转型期中，国家的施政重点转向经济发展，政府经济政策职能凸显，而社会政策则开始转向服务于经济政策，推动经济效率的提升和经济增长。在减轻国家负担的考量下，随着单位体制的瓦解和农村集体经济的解体，再加上国家有意识地弱化了自己在公共福利提供上的功能和角色，旧的"二元社会中国"进一步分化，更加碎片化。在市场体系和第三部门还没有得到足够发展的情况下，国家不适当地从许多公共服务的提供中全面撤退，结果是导致公众的许多基本需要得不到满足，形成了庞大的社会弱势群体。在这一时期，我国社会政策的演变可以分为两个阶段。

第一阶段（1978～1992年）：社会政策的局部调整期

这一阶段是计划经济时代的旧社会政策的延续与新社会政策变革的酝酿阶段。在改革开放的最初几年，除了教育政策以外，我国社会政策体系没有出现大的调整，只是对原有劳动保险制度进行了局部修补和完善。同时，随着劳动合同制度的初步实施，我国尝试对劳动就业及相关的保险制度进行改革。

为了解决"文化大革命"后出现的严重的城市失业问题，我国政府开始改革劳动就业政策。根据《中国劳动人事年鉴1989》，我国在1980年提出了"三结合就业方针"，即"在国家统筹规划和指导下，实行劳动部门介绍就业、自愿组织起来就业和自谋职业相结合"的方针。这一政策是对计划劳动制度统一安置就业的否定，打破了由国家完全解决就业的旧观念和旧体制。同时，也开始探索实施劳动合同制度。1986年，国务院颁布了有关实施劳动合同制的四个暂行条例，以劳动合同制为基本内容的劳动就业体制改革正式启动，计划经济时期实行的固定就业制度开始动摇。为配合劳动就业体制改革，特别是劳动合同制度的实施，我国建立了失业保险制度。

从1984年起，随着我国城市经济体制开始改革，社会保障制度的改革摆上了党和政府的议事日程。1986年六届人大四次会议通过的"七五"计划中提出，"要通过多种渠道筹集社会保障基金，改革社会保障管理体制，坚持社会化管理与单位管理相结合，以社会化管理为主，继续发扬我国家庭、亲友和邻里间互助互济的优良传统"。此后，养老保险改革开始提上政策议程，上海等地开始进行城镇职工退休费社会统筹的试点工作。

扶贫政策是这一时期我国农村社会保障政策的重要内容。1986年，我国在全国范围内开展了有计划、有组织的大规模开发式扶贫计划，旨在通过兴办经济实体、技术帮助、培训等方式，帮助农村贫困人口脱贫致富。到1992年底，全国农村贫困人口减少到8000万。

随着"文化大革命"的结束，我国教育政策出现新的发展。1977年，我国恢复了中断11年之久的高等学校入学考试制度，高等教育开始走上正轨。随着改革开放政策的实施，我国教育政策进行了重新定位，目标转向为社会主义现代化和发展经济服务。为了实现这一政策目标，我国政府在1985年启动了教育体制改革。1986年，国家颁布《中华人民共和国义务教育法》，宣布实行九年义务教育，并开始实行基础教育分级管理的体制，下放基础教育的财政责任。

由于改革开放之后单位福利功能的弱化，以及依托于单位的社会服务提供机制的失灵，我国在这一时期开始转向以"社区"取代单位来提供社会福利服务。1987年，民政部正式提出开展城市社区服务。当年民政部在大连召开的社区服务座谈会上明确指出，"在政府的倡导下，发动社区成员开展互助性的社会服务活动，就地解决本社区的社会问题"。

总体来说，在20世纪80年代，由于计划经济时期形成的社会保障制度没有得到根本性的变革，其制度惯性依然发挥作用。再加上这一时期城乡民众大体上都能分享到经济改革的成果，社会问题并没有凸显（改革开放初期最主要的问题是就业问题）。在农村，家庭联产承包制带来的农村经济繁荣以及乡镇企业的蓬勃发展，大大提升了农民的生活水平。因农村人民公社的解体而带来的社会保障制度瓦解的社会后果没有得到应有的关注。在这一时期，政府在农村的社会政策主要是在贫困地区推行扶贫工作，减少绝对贫困。在城市，改革的重点是国有企业的劳动用工制度和经营模式，特别是劳动合同制度的实施。为了顺利推行劳动合同制度，政府在20世纪80年代中期建立了失业保险制度。虽然这一时期也出现了农村剩余劳动力向城镇转移的问题，但是大量的农民进入乡镇企业，实现了离土不离乡的转移，没有出现大规模的跨省流动。因此，在整个80年代，除了教育政策和就业政策出现较大的调整之外，我国缺乏显著的社会政策变革和创新，二元社会中国得以基本维持。

第二阶段（1992～2002年）：国家全面退缩，社会政策的剧变期

这一阶段是我国社会政策体系全面而急剧的变革时期，社会政策的各个主要领域都出现了重大的转型。为了配合市场经济体制的建立，国家试图对计划经济时期建立起来的社会政策体系进行全面改造，并构建起适应市场经济的社会政策体系。社会政策转型的主要表现是，国家从社会福利和服务领域中有计划地全面退出，教育、医疗、住房等领域出现了明显的市场化趋势（Wong and Flynn，2001）。

随着国有企业改革的深化，下岗失业问题成为我国劳动政策面对的首要问题。为了处理由国有部门释放出来的大量富余职工和城镇新增劳动力大军带来的失业问题，我国政府推出了"积极的就业政策"，把创造就业岗位作为这一时期劳动政策的主要任务，利用各种各样的政策措施来增加工人特别是下岗职工的就业机会。为了保障下岗和失业职工的基本生活，我国政府建立了由"三条保障线"构成的安全网：第一条是失业保险制度，第二条是工作单位或再就业服务中心为下岗职工提供的生活补贴，第三条是最低生活保障制度。此外，各级政府还在城市社区普遍建立了就业与社会保障中心、社区服务中心、社区信息中心等就业服务机构。

当然，这一时期，最重要的社会政策变革是形成了以社会保险制度为主导的社会保障改革思路。1992年，中共十四大召开，确定了建立社会主义市场经济体制的战略目标。为配合市场经济体制的建立，我国在1993年和1994年确定了社会政策（以社会保障为代表）改革的大思路。1993年党的十四届三中全会通过的《关于建立社会主义市场经济体制若干问题的决定》提出：要"建立多层次的社会保障体系"，"社会保障体系包括社会保险、社会救济、社会福利、优抚保障和社会互助、个人储备积累保障"。1997年，党的十五大政治报告指出，要"建立社会保障体系，实行社会统筹和个人账户相结合的养老、医疗保险制度，完善失业保障和社会救济制度，提供最基本的社会保障"。

这一时期我国社会政策变革的重点是各类社会保险制度的建立和完善，特别是养老保险制度。1997年，国务院颁发了《关于建立统一的企业职工基本养老保险制度的决定》，确立了企业职工基本养老保险制度，即基本养老保险费用由企业和个人共同负担，实行社会统筹与个人账户相结合。2000年，国务院在辽宁进行完善城镇社会保障体系试点，做实个人账户，分账管理，以个人账户与社会统筹相结合为目标。

20世纪80年代中期以来，在对公费医疗和劳保医疗制度进行改革的同时，我国政府也在积极探索建立新的医疗保险制度。这个阶段的改革重心在于建立统账结合（保险基金实行社会统筹账户与个人账户相结合）的社会医疗保险制度模式。1998年，国务院发布了《关于建立城镇职工基本医疗保险制度的决定》，城镇职工基本医疗保险方案出台。该方案的政策目标是：建立医疗费用约束机制，以控制医疗急速上涨的趋势；加强职工基本医疗的保障力度，解决部分企业职工由于单位效益不好而不能及时报销医疗费的问题；为非国有企业员工提供医疗保障。城镇职工基本医疗保险原则上以地级以上行政区为统筹单位，医疗保险费由用人单位和职工共同缴纳，其缴费率分别为职工工资总额的6%和2%。职工个人缴费的全部和用人单位缴费的30%左右划入个人账户。

在这一阶段，尽管我国社会保障改革的大思路确定，并且开展了以养老保险为主要内容的改革，但是，在政策设计上仍然存在着从社会身份出发而不是从需要出发的倾向，路径依赖严重。社会保险的各个项目，如失业保险、养老保险、医疗保险等分险种在不同所有制的企业渐进推进，制度安排分散，不但给企业有选择地参保创造了机会，增大了制度运行的监督成本，而且直接导致社会保险分险种设定费率，综合费率过高，抬高了社会保险的制度门槛，阻碍了社会保障制度改革的顺利推进。

住房改革是这一时期我国社会政策变革的重要内容。早在20世纪80年代，我国已开始进行住房改革的试点。自1991年始，随着经济体制整体改革的推进，城镇住房改革进入全面起步阶段。1991年10月，国务院住房改革领导小组提出《关于全面推进城镇住房制度改革的意见》，指出住房改革的总目标是：按照社会主义有计划商品经济的要求，从改革公房低租金制度着手，将现行公房的实物福利分配制度逐步转变为货币工资分配制度。1994年7月，国务院颁布《关于深化城镇住房制度改革的决定》（国发〔1994〕43号），标志着中国的住房改革进入全面深化阶段。福利性住房政策的事实存续导致住房市场的扭曲与住房分配不公进一步加剧，国务院于1998年7月发布《关于进一步深化城镇住房制度改革加快住房建设的通知》（国发〔1998〕23号），明确宣布从1998年下半年开始废除国家供应住房的实物分配制度，全面实行市场化供应为主的住房货币化改革，建立和完善以经济适用住房为主的多层次城镇住房供应体系。

总的来说，与20世纪80年代社会政策的局部调整不同，在90年代，随着市场经济体制目标模式的确立，我国的社会政策经历了一次深刻的范式转移（莫家豪，2008）。无论是劳动就业政策、教育政策、医疗政策，还是住房政策，都经历了从国家主导向市场主导的转变过程。旧的城乡社会保障体系逐步瓦解，变得支离破碎，许多人失去了基本的社会福利和服务。

在这一时期，为了顺利推行国有企业的改革，政府社会政策的重点放在国有企业及其职工身上。为了配合国有企业的改制，应对单位福利功能的瓦解，从90年代中期起，政府积极推行以社会保险为核心的社会保障制度改革，特别是养老保险制度和医疗保险制度。计划经济时代非缴费制的劳动保险制度逐步被个人缴费的保险制度所取代。最低生活保障制度的建立是我国社会救助制度和社会政策的重大创新。在公共服务社会化和市场化的潮流下，原来由单位提供的各项社会服务逐步社会化、市场化。随着国家的退出，教育、医疗等基本公共服务领域出现了市场化、产业化的趋势。从二元社会结构派生出来的庞大的流动人口群体基本上没有成为社会政策的目标群体，他们游离在城市与农村之间，既非农民，又非工人，没有得到任何社会保护。可以说，这是一个没有社会政策的时期。在这一时期，二元"社会中国"进一步消解和分化，"社会中国"的整体图景日益模糊。

三 21世纪前十年的中国社会政策扩展：社会政策的重建期

直到进入21世纪后，社会政策缺失所导致的严重社会后果才开始得到党和政府的有效回应。我国政府开始反思社会政策弱化所带来的社会后果，重新思考市场经济与社会政策的关系。随着教育、医疗、住房等民生问题日益得到政府的重视，社会政策在经济发展和社会进步中的作用被重新发现。伴随着一系列新社会政策的出台，我国进入了社会政策体系的重建期。

2002年底召开的中共十六大试图重新解释"效率优先、兼顾公平"的含义，使用了"初次分配效率优先、再次分配注重公平"的提法。2003年初爆发的"非典"疫情使我国政府充分认识到经济增长与社会发展不平衡所带来的危机和后果，促使我国领导人思考如何在经济和社会发展之间保持平衡这一重大问题。这种思考的结果之一是2003年10月召开的中共十六届三中全会首次提出了"科学发展观"这一新的理念。2004年9月，中共十六届四中全会放弃了"效率优先，兼顾公平"的旧思维，转而提出建构"和谐社会"的新理念。

2005年10月召开的十六届五中全会通过了"十一五"规划的建议。该建议在以往的经济建设、政治建设、文化建设之外，正式把社会建设列为党的重要工作之一。未来中国要"更加注重社会公平，使全体人民共享改革发展成果"。

2006年10月，中共十六届六中全会通过的《关于构建社会主义和谐社会若干重大问题的决定》标志着中国社会政策时代的来临。可以说，该决定不仅是构建社会主义和谐社会的纲领性文件，也是21世纪我国社会政策的总纲，是我国社会政策的基本宣言。该决定提出要着力发展社会事业，完善社会管理，推动社会建设与经济建设、政治建设、文化建设协调发展。到2020年，城乡、区域发展差距扩大的趋势逐步扭转，合理有序的收入分配格局基本形成，覆盖城乡居民的社会保障体系基本建立，基本公共服务体系更加完备。

2007年10月召开的中共十七大对科学发展观和和谐社会建设进行了全面的阐释。十七大报告指出，"科学发展观，第一要义是发展，核心是以人为本"。这与中国传统文化中"经国济民"思想十分相近，无论是经济建设还是社会发展，终极目标都是增进人民的福祉。因此，在现阶段，追求经济发展的次序由原来的"又快又好"调整为"又好又快"，强调发展的质量提升而不是简单的数量增加。报告指出，"必须在经济发展的基础上，更加注重社会建设，着力保障和改善民生，推进社会体制改革，扩大公共服务，完善社会管理，促进社会公平正义，努力使全体人民学有所教、劳有所得、病有所医、老有所养、住有所居，推动建设和谐社会"。这是对重建中的我国社会政策体系的一次较为全面的论述。

以下我们从教育、医疗、就业、社会保障和住房这五大社会政策范畴来分析我国社会政策重建的轨迹（见表1-2）。

表1-2 近年来中国共产党有关社会政策的表述

2003.10	十六届三中全会	五个统筹 重新定义发展观
2004.9	十六届四中全会	提高构建社会主义和谐社会的能力
2005.10	十六届五中全会	社会建设纳入重点工作范畴 建设社会主义新农村 落实科学发展观
2006.10	十六届六中全会	构建和谐社会的六大要求 基本公共服务均等化 建立服务型政府
2007.10	十七大	加快推进以改善民生为重点的社会建设 学有所教、劳有所得、病有所医、老有所养、住有所居

教育政策

2003年之后，中央政府开始关注教育不公平问题，制定了新的政策和措施促进城乡和地区间的教育公平，更多的教育资源被投入农村教育。2004年，中央政府决定减免贫困地区义务教育阶段的学杂费。2005年，这项政策延伸到西部地区的学生。2005年新修订的《义务教育法》规定：义务教育是国家统一实施的，所有适龄儿童、少年必须接受的教育，是国家必须予以保障的公益性事业，不收学费、杂费；国家将义务教育全面纳入财政保障范围，农村义务教育所需经费由各级政府根据国务院规定分项目、按比例分担，并在财政预算中单列。引入"问责"机制，对政府义务教育资源投入不足的，限期整改；情节严重的，对其责任人员依法追究责任。2006年，国家宣布免除西部和部分中部地区农村义务教育学杂费，并决定用两年时间全部免除农村义务教育阶段学生的学杂费。2007年，国务院宣布全国农村义务教育免费,建立健全国家奖学金、助学金制度。2008年,全国城乡普遍实行免费义务教育。至此,1986年确立的义务教育制度终于在22年后首次在全国范围内普遍实行。

为了解决农民工子女上学难问题,2003年9月,国务院要求流入地政府负责解决进城务工农民子女的义务教育问题,并且要求流入地政府财政部门对接收农民工子女较多的学校给予补助,为以接收农民工子女为主的民办学校提供财政扶持。

医疗政策

自2003年"非典"疫情暴发后,我国政府开始加强公共卫生体系的建设;同时,开始推进城镇医疗卫生体制改革试点。2005年,我国基本建成覆盖省市县三级的疾病预防控制体系,同时开始扩大新型农村合作医疗制度试点。2006年,国家启动《农村卫生服务体系建设与发展规划》,大力发展城市社区卫生服务,深化医疗卫生体制改革。2007年,我国启动以大病统筹为主的城镇居民基本医疗保险,开始建设覆盖城乡居民的基本卫生保健制度,同时扩大国家免疫规划范围。

2002年10月,中共中央、国务院颁发了《关于进一步加强农村卫生工作的决定》,提出建立农村新型合作医疗制度。自2003年6月始,新型合作医疗的政策试点在全国展开。新型合作医疗制度的建设目的是:重点解决农民因患大病而出现的因病致贫、返贫问题;推行方式:政府组织、以财政补贴引导、支持农民自愿缴费,县为统筹单位,实行大病统筹为主、以收定支核定医药费报销比例、由县办管理机构支付。2008年,新型农村合作医疗制度在全国全面推行,农村三级卫生服务网络建设和城市社区医疗卫生服务体系得到进一步健全。

2009年4月,国务院相继公布了《关于深化医药卫生体制改革的意见》和《医药卫生体制改革近期重点实施方案(2009~2011年)》,标志着讨论多年的我国医药卫生体制改革有了明确的政策目标和基本思路,也预示着我国医药卫生体制重大变革时代的来临。新医改方案最显著的特点是突出了政府在医疗卫生领域的责任,强调了基本医疗卫生的公益性。新医改方案正视了国家在医疗卫生服务领域不适当的撤退所带来的严重社会后果,决定通过强化政府责任来缓解"看病难、看病贵"的问题。

就业政策

由于人口基数大，新增劳动力多，我国政府长期以来非常重视就业政策。自20世纪90年代中期开始大规模国有企业改革以来，促进下岗失业工人的再就业一直是我国的重要就业政策。21世纪以来，我国政府加大对就业再就业的政策支持和资金投入，多渠道开发就业岗位，采取多种措施帮扶"零就业家庭"和就业困难人员。如为弱势的失业工人提供特殊补助，为自谋职业者免除税负，为失业青年提供职业见习。为了保障劳动者合法权益，提高就业安全，我国在2007年通过了《中华人民共和国劳动合同法》，并于2008年实施。此外，我国在2007年还制定和颁布了《中华人民共和国就业促进法》和《中华人民共和国劳动争议调解仲裁法》。

从2003年起，农民工权益的保护开始成为劳动政策的重要内容。2003年，中央政府接连发出三个有关农民工问题的文件。2003年1月，国务院发出了《关于做好农民进城务工就业管理和服务工作的通知》（国办发1号），提出了"公平对待、合理引导、完善管理、搞好服务"的政策原则。2004年中央"一号文件"首次提出"进城就业的农村劳动力已经成为产业工人的重要组成部分"，把农民工正式列入了产业工人的队伍。2006年1月18日，国务院常务会议审议并原则通过了《国务院关于解决农民工问题的若干意见》，重申农民工是我国产业工人的一部分，并保证逐步取消对农民工的不公正待遇，同时要求建立城乡统一的劳动力市场和公平竞争的就业制度。

社会保障政策

20世纪90年代，我国城镇社会保障政策的重点放在国有企业下岗失业工人的基本生活保障上。自90年代末开始，社会救助政策开始得到重视，最低生活保障制度开始成为我国最重要的社会救助政策。2004年，国有企业下岗工人基本生活保障向失业保险并轨。2005年，探索建立农村居民最低生活保障制度。2005年底，《国务院关于完善企业职工基本养老保险制度的决定》出台，除扩大基本养老保险覆盖范围外，逐步做实个人账户，实现由现收现付制向部分积累制的转变，改革基本养老金计发办法是其主要内容。2006年，国务院颁布新的《农村五保供养工作条例》，规定农村"五保"从农民集体互助向财政供养为主转变，并重申"农村五保供养标准不得低于当地村民的平均生活水平"。2006年12月，全国农村工作会议提出在全国推行农村低保制度。2007年，国务院颁发《关于在全国建立农村最低生活保障制度的通知》，要求年内在全国建立农村最低生活保障。2008年，扩大农民工、非公有制经济组织就业人员、城镇灵活就业人员参加社会保险；加快省级统筹步伐，制定全国统一的社会保险关系转续办法。

此外，医疗救助制度也开始得以建立。2003年，国务院制定了《关于实施农村医疗救助的意见》，主要是帮助农民中最困难的人员以及提供最急需的医疗支出。2005年，民政部、卫生部、劳动保障部和财政部颁布《关于建立城市医疗救助制度试点工作的意见》。

住房政策

虽然我国1998年的住房货币化改革提出了多层次住房供给体系，但经济适用房和廉租房这些保障性住房的供应一直没有得到各级政府足够的重视，导致城市居民普遍感到"房价贵、住房难"。为了解决低收入阶层的住房困难，2004年以来，中央政府开始重视保障性住房的供应，强调要建立健全廉租房制度和住房租赁制度。2007年8月，国务院发布《关于解决城市低收入家庭住房困难的若干意见》（国发〔2007〕24号），指出解决低收入家庭住房困难是"政府公共服务的重要职责"，明确规定解决低收入家庭住房问题由省级政府担负总责，并对解决廉租住房面临的各种困难与问题的职责如资金来源问题做出明确的规定。2007年，国务院要求特别关心和帮助解决低收入家庭住房问题；加大财税等政策支持，建立健全廉租房制度；改进和规范经济适用房制度；增加中低价位、中小套型普通商品住房供应。同年11月，建设部等九部委出台了《廉租住房保障办法》（建设部令162号），明确廉租住房的保障对象为"城市低收入住房困难家庭"。2008年，《政府工作报告》要求建立住房保障体系，加大廉租房、经济适用房建设的力度，以解决中、低收入家庭的住房问题。值得关注的是，《政府工作报告》首次把"建立住房保障体系"放在社会建设的章节之下进行叙述，使住房问题彻底脱离以往发展房地产经济的桎梏，成为重要的社会政策议题。

表1-3 我国当下的主要社会政策

政策领域	城镇社会政策体系	农村社会政策体系
医疗	缴费型的基本医疗保险（职工与居民）	新型农村合作医疗制度
社会保障	缴费型的养老保险，失业保险，最低生活保障，医疗救助	五保制度，最低生活保障，部分地区的养老保险计划，扶贫，医疗救助
就业	劳动合同制、积极的就业政策	农民工培训、就业服务
教育	义务教育	义务教育
住房	住房货币化，廉租房，经济适用房	农民危房改造补贴

综上所述，进入21世纪后，我国社会政策似乎出现了一次新的范式转移。在经历十余年的社会政策"失踪"期后，我国政府开始"重新发现"社会政策。自2003年以来，我国政府不断推出各项社会政策，重建国家在公共福利与服务中的责任，出现了前所未有的社会政策扩展期。

从"社会中国"的角度来看，随着国家在社会政策领域角色的强化，21世纪我国的社会政策出现了一些令人惊喜的发展：首先，中央政府加大了在教育、医疗、就业、住房等领域的投入，中央政府的社会政策功能明显强化，在一定程度上出现了社会政策集中化的趋势（centralization of social policy）。这种趋势有助于提升社会福利的"地域正义"。其次，一些地方政府，特别是沿海发达地区，正在全力推动打破城乡隔阂、职业分割的社会保障制度，努力构建城乡一体的社会政策体系，出现了具有地域公民身份特色的福利地方化（welfare regions）（施世骏，2009b）。统一的地域公民身份虽然只停留在城市一级，但是可以为更高层次地域公民身份的建构准备条件。再次，随着城乡义务教育的全面实现、全民医保制度目标的确立、普惠型社会福利制度的建设，以及社会保障制度城乡统筹的推进，以公民身份为本的社会政策体系（citizenship-based social policy）初露端倪。最后，农民工开始被纳入社会政策体系，逐步成为社会政策的受益者。

这一切都有利于打破长期以来存在的城乡分割、职业分割、地域分割的碎片化社会政策体系，有助于推动统一的"社会中国"的形成。当然，我国的社会政策体系还处在重构与重建之中，如何建立一个以公民身份为基础、以满足公民基本需要为目的、体现统一的"社会中国"之目标的完整的社会政策体系还需要长期而艰辛的努力。

四 构建统一的"社会中国": 前景与挑战

以上的讨论从历史/时间维度梳理了"社会中国"演变的过程。我们看到，新中国成立60多年来，随着我国经济体制的转变，国家在社会公共福利提供中的角色发生了明显的变化，我国的社会政策体系及社会保障制度也随之发生了深刻的变化。与此相一致，"社会中国"的图景也在不断变化。

在改革开放前的计划经济时代，尽管我国社会生产力水平落后，经济发展水平较低，社会物资比较贫乏，但是，在社会主义平等价值理念的指导下，国家直接或间接地在社会福利提供中扮演了支配角色，在生产资料公有制及城乡分割的基础上，建立了"国家支配型"（state-dominated）的二元社会政策体系，形成了二元"社会中国"。尽管城乡福利水平较低，但城乡居民的基本福利需要，如教育、医疗、就业等，都得到了一定程度的满足。不过，计划经济时代的社会政策体系尽管具有明显的平等化倾向，但基本上是一种以户籍身份和职业身份而不是以公民身份为基础建立起来的碎片化的社会政策体系，不仅存在城乡分野，而且在城镇中，还存在身份、所有制的差异。这种二元"社会中国"的遗产一直持续到今天。

改革开放以来，我国的经济体制由计划体制向市场体制转型，国家在经济和社会发展中的角色出现了根本性的变化。与此相适应，建基在计划体制之上的社会政策体系和社会保障制度也发生了根本性的改变。这一时期，我国政府施政的基本理念是效率优先，兼顾公平。然而，实践表明，我们在坚持效率优先的时候，并没有有效地兼顾公平。应该说，公平与效率之间的失衡是我国改革开放初期的一个重大教训。为了加快经济发展，提升经济效率，经济政策差不多成为国家的唯一功能。为了配合经济发展，国家从社会公共服务中全面退却，国家的社会政策功能严重削弱。这一时期的社会保障制度和社会福利改革带有明显的市场化取向，使得社会政策沦为国家经济政策的附庸。相应的，二元"社会中国"的格局进一步分化，呈现三元（农民工是第三元）"社会中国"。

然而，片面追求经济总量和增长速度的发展模式带来了许多社会问题和社会风险，导致了庞大的社会弱势群体的出现，给我国经济的可持续发展和社会和谐发展带来了不利影响。进入21世纪，随着我国经济社会形势的变化，特别是构建社会主义和谐社会和科学发展观这些重大施政理念的提出与落实，党和政府充分认识到经济增长与社会发展不平衡的危机和后果，开始调整国家职能，逐步强化国家在教育、医疗、住房等社会公共服务领域的角色，出现了把国家带回社会政策领域的趋势。相应的，社会政策开始成为我国公共政策的主流。社会政策领域的这些积极变化，给构建统一的"社会中国"带来了希望。

尽管如此，统一的"社会中国"的构建依然存在着巨大的挑战。原有的城乡差距和城乡分割的社会政策体系、地区差距与福利的地域不平等继续制约着社会政策的集中化发展。我国社会政策不仅存在着巨大的城乡差异，而且存在着明显的地方化倾向，各地社会福利水平差距极大。随着流动人口的不断增加，跨越地方政府辖区边界而异地生活的人越来越多，在有的地方，甚至出现了外来人口超越了本地人口的局面。由于在现有福利体制下异地而居的人口被排斥在社会福利和服务之外，导致福利的地域公平（territorial equity）和地域正义（territorial justice）问题日益突出。社会政策的地方化，加上地方财政状况的差异化，在全国形成了以地方行政区域为边界的众多分散的"福利地区"。随着福利地区的出现，我国的社会公民身份呈现以地域为基础的新的空间分割，致使"社会中国"进一步碎片化。此外，在GDP的地方政府竞争中，地方政府关心的更多的是如何促进本地经济发展和地方财政收入的提升，而不是为本地居民提供福利与服务，因而缺乏提升居民福利与服务的动力，导致公共福利与服务提供的普遍不足。

当然，需要指出的是，福利地区化发展也带来了一些积极的变化，那就是在一些富裕的地方，地方政府开始打破城乡户籍区隔，甚至是职业区隔，为本地户籍居民和常住就业人口提供统一的社会保障制度。我们把这种福利地区称为"整合性的福利地区"。这种"整合性的福利地区"的出现，意味着在一定地域的范围内开始建立基于"地域公民身份"的统一的社会福利制度。这种"地域公民身份"可以视为形成全国性的社会公民身份的一个重要起点和基础。只是这种建基于地级市或区县空间内的地域公民身份范围过于狭小,要把它扩大到整个中国,将会是一个漫长的过程。为了加快全国性公民身份的形成,应该考虑在省域范围内建立整合性的福利地区。换言之,就是要着力构建省域公民身份。

所谓省域公民身份,就是对以省级政府的管辖范围为空间界限,建立不分城乡、不分地区的统一的公民身份。省域公民身份建立,可以消除城乡之间、不同群体之间在社会福利与服务上的身份差异。与市县管辖范围内的地域公民身份相比,省域公民身份具有更大的空间范围,有利于推动全国性公民身份的建构。省域公民身份并不排斥外来者。省级政府将制定相关政策规定,方便外省居民合法取得本省的公民身份。

结　语

纵观 1949 年新中国成立以来中国社会政策的发展历程,我们可以明显地将其划分出三个阶段:前改革阶段、20 世纪 80~90 年代的改革阶段以及 2002 年以来的新阶段。在前改革阶段,国家在社会福利提供中扮演了主导甚至垄断的角色。尽管国家注重社会公平和财富的再分配,在公共福祉的提供方面承担了相当大的责任,但是,由于经济发展水平比较低,而且城乡之间在福利制度安排与福利水平方面存在较大差异(二元社会政策体系),社会福利和社会权利意义上的统一的"社会中国"并没有形成。

在 20 世纪最后 20 年的改革开放时期,为了改变落后的国民经济状况,我国经历了前所未有的大规模社会经济转型。随着经济体制从计划经济向市场经济转型,我们的社会政策体系也发生了根本性的变化。随着发展经济成为国家的主要施政目标,公共资源主要流向基本建设和固定资产投资领域。为了配合发展经济的战略目标,国家对社会政策进行调整和改革,许多过去由国家承担的福利和服务职能及责任转移给了个人、家庭、社会和市场。随着单位体制和人民公社制度的解体、社会保障制度的改革、社会政策领域的公共财政投入的下降,以及在教育、医疗、就业和住房等基本公共服务领域出现的社会化与市场化取向，我国原有的二元社会政策体系进一步碎片化，在整个中国几乎都找不到一项适用于全体国民的社会福利安排，"社会中国"进一步消解。

进入21世纪后，在市场导向的经济改革中累积起来的一系列社会问题，如城乡、区域、经济社会发展不平衡，以及与社会发展和民生密切相关的就业、社会保障、收入分配、教育、医疗、住房等问题日益突出。党和政府充分认识到了问题的严峻性和解决问题的紧迫性，提出了科学发展观和构建社会主义和谐社会的新理念，并且宣布我国到2020年要基本建立覆盖城乡居民的社会保障体系，实现全面建设惠及十几亿人口的更高水平的小康社会的目标。这些政策目标的提出，带来了我国社会政策的急剧扩张，为统一的"社会中国"的建构带来了曙光。不过，城乡差异、地区差别及由此产生的社会福利的"地域不正义"，社会政策地方化和福利地区的出现以及由此产生的社会权利的碎片化仍将制约着统一的"社会中国"的构建。

第二章　社会保障制度建设的反思：
社会政策的视角

　　自20世纪70年代末以来，我国经历了前所未有的大规模社会经济转型。随着经济体制从计划经济向市场经济的转型，我国的社会保障制度也发生了根本性的变化。纵观过去30年我国社会保障的政策和实践，可以发现这样一个看似矛盾的现象：一方面，一种以社会保险为核心的多层次社会保障体制正在确立；另一方面，公众的一些基本需要还不能得到有效满足，特别是在教育、医疗和住房等领域。20世纪80~90年代的社会保障制度改革主要服务于以国有企业改革为中心的经济体制改革，缺乏明确的社会政策导向；进入21世纪，特别是中共十六大以来，随着科学发展观与和谐社会施政理念的提出，中国的社会保障制度改革开始有了较鲜明的社会政策思维，人类需要的满足和公共福祉的增进开始成为社会保障改革的出发点，我国的社会保障制度正在经历从"社会身份本位"的社会保障（social status-based social security）向"人类需要本位"的社会保障（human need-based social security）转变的过程。为了确保人民群众能够分享经济发展的成果，确保社会变迁能够增进公共福祉，我国的社会保障制度建设应该以建立社会主义福利社会为目标模式，使福利社会和民主政治及市场经济一道，共同构成中国特色社会主义的三大支柱。

一　社会保障概念：西方与中国

　　20世纪人类社会发展的最大成果之一是社会保障理念的确立和社会

保障制度在世界各地的广泛建立。不过，何谓社会保障，似乎缺乏一个公认的定义。不同的学者对社会保障有不同的定义。例如，英国著名社会政策学者迈克尔·希尔（Hill，1990）将社会保障视为英国社会保障局（Department of Social Security，DSS，现已改名为工作与年金局，Department for Work and Pensions，DWP）所负责的工作；而麦凯和罗林森（Mckay and Rowlingson，1999）则把社会保障定义为政府及雇主等提供的经济给付，因为除政府外，其他组织（例如企业）亦提供社会保障。罗伯特·沃克认为，社会保障的主要原则是直接提供金钱或类似金钱性质的东西给个人或家庭。因此，他认为，社会保障应包括下列几个方面：(1) 缴费性社会保障福利；(2) 不需缴费的金钱福利；(3) 社会救助；(4) 税务上的得益（Walker，2005）。

尽管存在分歧，在西方，一般来说，社会保障主要是指社会政策中有关公民"收入维持"（income maintenance）和基本需要保障的内容，如公共援助（社会救济）、养老保险等。正如尚晓援（2007）指出的，"社会保障的最普遍的核心项目是社会保险和社会救助"。

从政策层面看，社会保障在不同的政治体系中有不同的内容。在美国，社会保障是指对家庭提供的财政帮助。在英国，社会保障主要是指社会救助及其他缴费性的福利，如养老金、残疾金及失业救济金。在香港，社会保障只局限于综合社会保障援助计划（综援）及公共福利金计划。

综合来看，尽管社会保障概念在学术和政策层面都有不同的涵义，但它们之中也有一些共性，那就是社会保障主要关注的是收入问题，通常把社会保障理解为经济保障或者收入维持，其目的是解决公民的经济收入保障问题。因此，一般把养老保险（养老金、国民年金）、公共援助（社会救济）、失业保险（失业救济）等视为社会保障的基本内容。人们在年老、失业、疾病等情况下往往会失去经济收入，需要社会保障来维持基本生活。为了体现出社会保障概念的收入维持本质，有人干脆主张用"收入保护"（income protection）或"社会保护"（social protection）来代替"社会保障"（Hudson et al., 2008: 26-27）。

中国的社会保障概念与西方理解的"社会保障"概念有所不同。就其外延而言，中国社会保障覆盖面更大。作为中国社会福利体制的统称，社会保障是一个大概念、大系统，包括社会保险、社会福利、优抚安置、社会救助和住房保障等内容。简言之，我们习惯用社会保障来指称各种有关公众福祉的项目，诸如各类社会保险、社会救助、慈善活动等。正如郑功成（2002：2）指出的，所谓社会保障，其实就是国家依法建立并由政府主导的各种具有经济福利性的社会化的国民生活保障系统的统称，是"各项保险制度、社会救助制度、社会福利制度及相关补充保障措施的统称"。

在政策层面，关于社会保障概念的官方权威性界定最早见于1993年党的十四届三中全会通过的《关于建立社会主义市场经济体制若干问题的决定》。该决定首次提出，要"建立多层次的社会保障体系"，其内容包括"社会保险、社会救济、社会福利、优抚保障和社会互助、个人储蓄积累保障"。可见，中国的社会保障概念是一个十分宽泛、多层次的概念，连个人储蓄这种私人理财行为也包括在内。对社会保障概念做宽泛解释的倾向在制度设计层面一直维持。自1993年以来我们都是强调建立多层次的社会保障体系。2002年4月29日国务院新闻办公室发布的《中国的劳动和社会保障状况》白皮书，把社会保障政策分为十大部分，包括养老保险、医疗保险、失业保险、工伤保险、生育保险、最低生活保障、社会福利、优抚安置、灾害救助和社会互助（国务院新闻办公室，2002）。这一分类基本上是按照劳动和社会保障部与民政部的职能来划分的，前五个部分都是社会保险的范畴，属于劳动和社会保障部的职能范围；后五个部分涉及的是民政福利工作，属于民政部的职能范围。在2004年9月7日国务院新闻办公室发布的《中国的社会保障状况和政策》白皮书中，社会保障政策同样分为十大部分，包括养老保险、失业保险、医疗保险、工伤保险、生育保险、社会福利、优抚安置、社会救助、住房保障和农村社会保障（国务院新闻办公室，2004）。不过，与2002年白皮书相比，2004年白皮书的分类有所不同。在2004年白皮书中，社会保障的范围有所扩大，纳入了住房政策；分类也更加清晰，如最低生活保障政策、灾害救助和社会互助等不再单列，而是被归入社会救助类别。

2007年，党的十七大报告提出要"加快建立覆盖城乡居民的社会保障体系，保障人民基本生活"，并且更清晰地界定了中国社会保障制度的内涵。报告指出，"社会保障是社会安定的重要保证。要以社会保险、社会救助、社会福利为基础，以基本养老、基本医疗、最低生活保障制度为重点，以慈善事业、商业保险为补充，加快完善社会保障体系"。与以往对社会保障基本内容做笼统的表述不同，这一表述澄清了社会保险、社会救助、社会福利、慈善事业和商业保险之间的关系，明确指出社会保险、社会救助和社会福利是社会保障制度的基础，是政府行为；慈善事业是民间行为，商业保险是市场行为，它们是对以政府为主导的基础性社会保障制度的补充。不仅如此，十七大报告还对社会保障制度的具体项目做出了说明，包括城镇基本养老保险制度改革、农村养老保险制度，城镇职工基本医疗保险、城镇居民基本医疗保险、新型农村合作医疗制度建设，城乡居民最低生活保障制度，失业、工伤、生育保险制度，社会救助，优抚安置，残疾人事业，老龄工作，防灾减灾，及廉租住房制度。

上述文件表明，"社会保障"在中国被视为一个非常宽泛的概念，超越了西方所理解的社会保障概念，包含了西方"社会政策"的大部分内容，可以理解为中国"社会保护制度"的代名词。应该说，对社会保障概念的这种理解是非常具有中国特色的。如果按照这样的理解来制定我国的社会保障政策、设计我国的社会保障制度，那么，我国可以建立起一个相当于西方社会政策概念下的社会保护体系。

不过，在具体的政策实践中，人们对社会保障概念的理解却存在很大的差异，"各唱各的调"，缺乏"共同语言"（高书生，2006：299）。在很长时间内，我国社会保障的政策重点一直是社会保险，而社会救助和社会福利服务则没有提到重要议事日程。最常见的情况是，把社会保险与社会保障概念混用，甚至有用社会保险替代社会保障的倾向。这一点可以从过去"劳动和社会保障部"的名称中看到。作为主管全国劳动就业工作的国家最高行政机构，该部的主要"政策领地"（policy domain）是劳动就业事务及与之相关的社会保险事务。换言之，该部负责的是与劳动，或者说就业挂钩的社会保险政策，而不是全部的社会保障政策。把劳动行政部门命名为社会保障部有可能误导人们将劳工的社会保障（劳动保险）当成整体国民的社会保障。事实上，中国的社会保障工作和政策是由劳动和社会保障部、民政部、卫生部等多个部门来承担的。在劳动和社会保障部之外，民政部承担了大量的社会保障工作。

此外，由于社会保险和社会保障都被简称为"社保"，因而也强化了人们把内容丰富的社会保障概念简单地理解为社会保险。这种倾向不利于中国社会保障制度的建设和完善。社会保险包括养老保险、失业保险、医疗保险、工伤保险和生育保险等具体内容，是中国社会保障体系的核心部分，也与广大工薪劳动者的利益密切相关。尽管如此，社会保险不是社会保障的全部。事实上，现行社会保险制度主要是建立在中国的劳动政策和法律基础之上的，具有十分明显的就业导向，特别是全日制城镇就业导向。也就是说，现行社会保险制度没有与公民资格和公民身份相联系，没有惠及劳动力市场之外的社群，尤其是越来越庞大的灵活就业群体。

二　社会政策及其与社会保障的关系

在社会福利研究中，另一个重要概念是社会政策。众所周知，在政策实践层面，发达国家大都有一套行之有效的社会政策体系，帮助政府去界定、评估和应对贫穷、失业、疾病等种种民生问题。在学术研究领域，社会政策研究，或者说社会政策学，也是一门重要的应用社会科学，吸引着来自经济学、政治学、社会学等学科学者的广泛关注，是一个重要的跨学科研究领域。在中国，虽然民生问题也是政府施政的重要内容和公众讨论的主要话题，但是，社会政策概念直到20世纪90年代末才开始得到部分社会成员的认同，至今仍没有完全进入官方的话语和视野。在学术界，情况要比实务部门好一些，社会政策研究开始成为人们关注的领域，许多高校都开设了社会政策课程甚至专业，部分高校和社会科学研究机构还成立了社会政策研究中心或研究所。不过，整体来说，中国政府和学术界更常用的概念还是社会保障。中国和西方在概念使用上的差别当然有其社会经济及历史文化原因，没有优劣之分。不过，从学术交往和政策学习的角度看，从学术和政策层面对这两个概念进行基本的梳理还是非常必要的。

在当代世界，人们通常在两种情况下使用"社会政策"一词：第一，用来指称那些影响人民福利的实际的政府政策、计划或制度安排；第二，用来指称研究前述政策的学术领域。也就是说，社会政策有两方面的含义，既指政府的具体社会政策，也指作为一门学科的"社会政策学"（Midgely et al.，2000：4－5）。

尽管社会政策是一个常用语，但是从学术的角度看，即使是在西方，至今也还没有一个关于社会政策的公认定义。一般而言，社会政策一词用来说明国家在公共福利方面的角色。英国著名社会政策学者希尔（Hill，2003：2）的社会政策定义就是"影响公共福利的国家行为"。伯明翰大学的社会政策和社会行政教授彼特·沃科克（Pete Alcok）认为，社会政策指的是那些旨在确保社会变迁能够促进公民福利和福祉的社会干预实践。政府和非政府组织实施社会政策，目的是通过提供社会保障津贴、免费教育、医疗服务、公共房屋等来改善个人的生活机会和社会关系（引自 Becker and Bryman，2004：4）。

从其起源来说，社会政策的兴起和发展是与市场经济的发展分不开的。随着工业化而兴起的市场经济，其最大的特征是把一切都商品化（commodification），包括劳动力的商品化。在市场经济条件下，个人需要和福利的满足有赖于个人在市场竞争中的地位。换言之，个人需要和福利取决于市场。市场力量尽管在创造效率和财富方面有着重要作用，但是其自发运作会带来社会两极分化和贫富阶级之间的严重对立。由于大多数人无法在市场竞争中取胜，从而出现大量社会弱势群体。他们的基本需要无法在市场中得到满足。社会两极分化和阶级对立会带来社会冲突，甚至社会革命，威胁市场经济体系的运作和社会的稳定。为了满足社会弱势群体的基本需要，维护市场体系的有效运作，资本主义国家一般都要实施一定的社会政策，以国家的力量来驯服市场的自发力量，满足社会需要。

因此，社会政策被视为市场经济成功运作的基本条件。通过实施社会政策，国家可以对市场的自发力量进行干预，对追求利润最大化的市场力量进行约束，对社会财富进行再分配，缩小因市场竞争带来的贫富差距，减少劳资之间的矛盾，从而达致社会稳定乃至和谐。换言之，社会政策就是国家制定的、用以抵消私人资本和市场力量之影响的政策。用卡尔·波兰尼（Polanyi，1944）的话来说，社会政策就是与市场相对的一种保护主义反向运动，其实质就是人的"去商品化"（de-commodification）。所谓"去商品化",就是"指个人福利既独立于其收入之外又不受其购买力影响的保障程度"(艾斯平-安德森,2003[1990]:中文版序言)。

正是由于社会政策是驯服市场力量的重要手段,在成熟的市场经济体系中,实施社会政策成为政府的基本职能,就业、教育、医疗、住房、个人社会服务等是政府关注的基本政策问题。今天,社会政策已成为现代政府的中心任务:它决定哪些风险需要通过国家干预而得到解决,哪些再分配需要以国家权威加以强化。从社会政策的开支水平看,社会福利已经成为发达市场经济国家的最大产业。

社会政策的出发点是人类的基本需要。国家通过社会政策对个人福利进行集体干预,目的是对社会问题进行干预,满足社会需要。因此,经典的社会政策具有很强的社会问题意识和人类需要导向。按照英国福利国家的设计者贝弗里奇(Beveridge,1942)的分析,社会政策旨在帮助人们解决社会生活中的"五大恶":贫穷、疾病、肮脏、无知、失业。受贝弗里奇的影响,传统社会政策主要包括以下五大方面:社会保障政策(解决贫穷问题)、医疗卫生政策(解决疾病问题)、住房政策(解决肮脏问题)、教育政策(解决无知问题)和就业政策(解决失业问题)。

社会政策具有鲜明的价值理念。追求社会公义和公平,是实施社会政策的基本理据。社会政策关注的是人民福利的提升,而不是国家对社会的控制。因此,社会政策强调国家和政府是社会福利和社会服务的主要承担者。社会政策的基本特征是社会资源的再分配。社会政策具有很多不同的内容,如社会保障、社会救济、社会服务、社会保险等。社会政策服务不同的具体目标,如消除贫困,满足社会基本需要,对弱势群体提供补偿,缓和社会问题,降低社会风险。从社会发展角度看,社会政策的意义/目标在于:第一,进行社会投资:确保社会及个人的能力建设与家庭凝聚力;第二,促进社会融合:确保公平的社会参与。随着社会的发展,社会政策的内容也在不断丰富。随着福利国家的建立,个人社会服务政策(解决特殊群体或个人的问题,如老人照顾、家庭照顾等)已成为社会政策的重要内容。

社会政策与社会保障这两个概念既相互区别,又相互联系。一般而言,社会政策的概念外延比社会保障要大。社会政策泛指一个国家或地区的有关公众福祉的任何政策，体现的是国家/政府在福利中的角色。它关注的不只是收入维持和贫困控制，而且关心全体公民的各种基本需要和福祉（Dean，2006：21）。因此，在西方国家，与社会政策相对应的概念是"福利国家"。社会保障是社会政策的产物，体现的是有关公众福祉的制度安排，特别是有关收入转移和收入维持的政策制定和实施的制度安排。同时，社会保障也是政府社会政策的核心部分，也是福利国家的核心内容。虽然社会保障是社会政策最基本、最重要的组成部分，其支出也往往占政府公共支出的很大一部分，但其内涵比较狭窄，偏重经济福利，如养老金、失业津贴、贫困救济等，无法涵盖所有的民生问题，如教育、住房等。因此，欧美部分国家在使用社会保障概念的同时，还使用与其相互补充的社会福利或者公共服务的概念（沈洁，2006）。有学者指出，在中国，过去把建立以社会保险为核心的社会保障制度放在优先位置，在一定程度上就忽略了对最困难社会群体进行救助和提供服务（常宗虎，2001）。

受各自的历史、文化、社会、经济和政治等各种因素的影响，各国为人民各种需要的满足采取了不同的社会政策和社会保障制度，因此形成了不同的福利模式。如艾斯平－安德森（2003 [1990]）把发达资本主义国家的福利制度分为三大类型：自由主义型、保守主义型和社会民主型。不同形态的福利制度体现着不同的意识形态和政策原则。

三 市场转型中的社会保障制度：社会身份本位社会保障制度的嬗变

在改革开放前的计划经济时代，为了配合优先发展重工业的经济政策，国家在城乡分割的前提下，为城市居民建立了一套以终身就业为基础的、由单位直接提供各种福利和服务的社会政策体系。这套体系被称为"单位福利制度""单位社会主义""微型福利国家"。在农村集体经济的基础上，建立了包括合作医疗制度、五保户制度等集体福利制度。由于城乡社会福利水平差距很大，因此，中国的福利制度是典型的二元制福利体系，可以称为"一个国家，两种福利制度"。

在这种二元制体系下，国家直接或间接地在社会福利提供当中扮演了重要角色，城乡居民的基本福利需要，如教育、医疗、就业等，都得到了一定程度的满足，至少在城镇或农村内部没有出现严重的社会不公平问题。不过，如果我们做进一步的分析，中国计划经济时代的社会保障制度实际上是"一国多制"，不仅存在城乡分野，而且城镇中还存在身份、所有制的差异，干部、工人和没有进入单位的居民，分别纳入不同的社会保障制度。尚晓援（2007）指出，在改革开放前的一段时期，我国社会保障制度分为三个部门：第一为城市社会主义部门，包括国有企业、集体企业和事业单位；第二是城市的非社会主义部门，包括城市非国营、集体所有制部门；第三是农村部门。因此，我国缺乏适用于全体国民的普适性社会保障项目和计划，不同行政区划的居民享有的社会保障权利是不同的。可以说，计划时代的社会保障制度是一种以社会身份为基础建立起来的社会保障制度。这种基于户口身份、单位性质和职业性质等建构的社会等级身份，与西方福利国家所遵行的社会公民身份（social citizenship）有着根本性的差异。在社会公民身份的概念中，福利是一种社会公民权利。

自1978年实施改革开放以来，随着城乡经济体制改革的推进，特别是国有企业改革的深入，计划经济时期形成的社会保障制度已经不能适应社会经济发展的需要，社会保障制度改革成为不可回避的议程，中国社会保障建设出现了新的格局。从20世纪70年代末至今，中国社会保障制度的演变大约经历了三个阶段。

第一个阶段是1978年至1992年。这一阶段是旧制度的调整和新制度的酝酿阶段。在改革开放的最初几年，社会保障制度没有出现大的调整，只是对原有劳动保险制度进行了局部修补和完善。同时，随着劳动合同制度的初步实施，劳动保险制度的改革开始进行。1984年起，随着中国城市经济体制开始改革，社会保障制度的改革就摆上了党和政府的议事日程。1986年六届人大四次会议通过的"七五"计划中提出："要通过多种渠道筹集社会保障基金，改革社会保障管理体制，坚持社会化管理与单位管理相结合，以社会化管理为主，继续发扬中国家庭、亲友和邻里间互助互济的优良传统。"同年，为配合劳动就业体制改革，特别是劳动合同制度的实施，中国建立了失业保险制度。1991年，七届人大四次会议批准的"八五"计划中提出:"努力推进社会保障制度的改革。要以改革和建立社会养老保险和待业保险制度为重点,带动其他社会保险事业和社会福利、社会救济与优抚等事业的发展。"

第二个阶段是1992年至2002年。这一阶段是中国社会保障制度的变革时期。在这一阶段,中国形成了以社会保险制度为主导的社会保障改革思路。为了配合经济体制改革,特别是国有企业改革,国家开始从多个社会福利领域中有计划地退出。发展主义的逻辑开始支配我国的社会保障制度改革。

1992年,党的十四大确定了建立社会主义市场经济体制的战略目标。为配合市场经济体制的建立,中国在1993年和1994年确定了社会保障制度改革的大思路。1993年,党的十四届三中全会通过的《关于建立社会主义市场经济体制若干问题的决定》提出:要"建立多层次的社会保障体系""社会保障体系包括社会保险、社会救济、社会福利、优抚保障和社会互助、个人储蓄积累保障"。1996年,八届人大四次会议批准的"九五"计划提出,未来15年间要"加快养老、失业、医疗保险制度改革,初步形成社会保险体系、社会救济、社会福利、优抚安置和社会互助、个人储蓄积累保障相结合的多层次社会保障制度"。1997年,党的十五大报告指出,要"建立社会保障体系,实行社会统筹和个人账户相结合的养老、医疗保险制度,完善失业保障和社会救济制度,提供最基本的社会保障"。

在这一阶段,尽管中央明确了中国社会保障改革的大思路,并且开展了以养老社会保险为主要内容的改革,但是,在政策设计上仍然存在从社会身份出发而不是从人类需要出发的倾向。社会保险的各个项目,如失业保险、养老保险、医疗保险等分险种在不同所有制的企业渐进推行,制度安排分散,不但给企业有选择地参保创造了机会,增大了制度运行的监督成本,而且直接导致社会保险分险种设定费率,综合费率过高,抬高了社会保险的制度门槛,阻碍了社会保障制度改革的顺利推进。

更严重的是,由于缺乏社会政策理念,国家在社会保障制度改革过程中不适当地退出了社会福利和服务的提供,并且过分强调社会福利和服务的商品化和市场化,其结果是,尽管中国社会整体生活水平在提升,而且也实施了社会保障制度改革，但是，出现了公共福利和服务严重不足的局面，公众在医疗、教育和住房等方面的基本需要都得不到有效满足，形成了严重的社会问题，影响了经济发展的可持续性。

第三个阶段是2002年至今。自2002年以来，政府社会政策功能的弱化及其带来的问题，开始得到了中央决策层的有效回应，政府施政出现明显的民生导向，社会保障政策和教育、医疗、住房等基本民生需求得到了政府的高度重视。

2002年底召开的中共十六大试图重新解释"效率优先、兼顾公平"的含义，使用了"初次分配效率优先、再次分配注重公平"的提法。2003年爆发的"非典"疫情进一步促使中国领导人思考如何在经济增长与社会发展之间保持平衡这一重大问题。作为这种思考的结果之一是2003年10月召开的中共十六届三中全会首次提出了"科学发展观"这一新的理念。2004年9月，十六届四中全会放弃了"效率优先，兼顾公平"的提法，明确提出了构建"和谐社会"的新理念。2005年底，十六届五中全会通过的《关于制定国民经济和社会发展第十一个五年规划的建议》则明确提出，未来中国要"更加注重社会公平，使全体人民共享改革发展成果"。

2006年10月，中共十六届六中全会通过的《关于构建社会主义和谐社会若干重大问题的决定》，明确提出，"完善社会保障制度，保障群众基本生活。适应人口老龄化、城镇化、就业方式多样化，逐步建立社会保险、社会救助、社会福利、慈善事业相衔接的覆盖城乡居民的社会保障体系"。

2007年10月，党的十七大政治报告进一步阐述了中国社会保障建设的目标，指出，"必须在经济发展的基础上，更加注重社会建设，着力保障和改善民生，推进社会体制改革，扩大公共服务，完善社会管理，促进社会公平正义，努力使全体人民学有所教、劳有所得、病有所医、老有所养、住有所居，推动建设和谐社会"。

与这些新理念相一致，中国政府的施政重点开始从经济政策转向社会政策（王绍光，2007）。纵观2004年至2008年国务院总理所做的政府工作报告，不难发现，有关社会保障和社会政策的论述和内容都在不断增加，表明社会政策在中国公共政策格局中的地位得到提升，开始成为政府施政的重点。在"发展社会事业""关注群众生活""维护群众切身利益""科教兴国""可持续发展""服务民生"等话语修饰下，中国的社会保障政策和制度的内涵不断丰富和细化，特别是在教育、医疗卫生、就业、住房等领域。与此相一致，越来越多的公共资源投入社会保障和社会政策领域。资料显示，2003～2007年，随着国家财政收入的稳步上升，全国财政用于教育、医疗卫生、社会保障等方面的支出累计分别达到2.43万亿元、6294亿元、1.95亿元，分别比上一个五年增长1.26倍、1.27倍和1.41倍。

显然，在这一阶段，中央政府重新强化了自己在公共福利中的角色和责任，社会政策理念开始影响社会保障制度的改革。可以说，中国社会保障制度建设进入了以人类需要为本位的新阶段。

四 社会保障制度建设的反思：社会政策的视角

如前所述，社会政策是现代市场经济体制下政府的基本职能。作为政府干预社会生活和弥补市场缺陷的手段，社会政策旨在满足社会需要、缓和社会问题、调和社会关系、促进社会公平。简言之，社会政策就是要实现社会公正、以人为本等核心价值观。作为一个学术领域的社会政策，关注的是社会如何满足人类基本需要，如食品、住房、教育和对老年人、残疾人等的照顾，也就是说，它关注社会所选择的满足人类基本需要的各种方式。

自20世纪70年代末实行改革开放政策以来，为了改变落后的国民经济状况，中国开始了以发展经济为导向的大规模的社会经济转型。在这一转型期中，国家在经济发展和政治发展方面有明确的政策和目标，但是缺乏明确的社会发展目标和社会政策。在经济发展方面，政策目标是增加国民生产总值；在政治发展方面，主要政策是坚持四项基本原则。在社会发展方面，主要是"兼顾公平"。由于缺乏明确的社会政策及其目标，自20世纪70年代改革到90年代中期，或者更准确地说，到2003年，中国的社会保障建设缺乏社会政策视野，只是经济政策的附庸。

改革初期，加快经济发展，提升经济效率几乎成了政府的唯一功能和目标。当时所讲的"效率优先，兼顾公平"，在很大程度上就是很少顾及公平甚至完全不顾，"兼顾"只是停留在"说说而已"（王绍光，2007）。社会保障建设的目的是服务经济政策，推动经济效率的提升和经济的增长，具体来说，就是为国有企业改革提供配套措施。众所周知，国有企业改革一直是中国经济体制改革的中心环节，而社会保障改革的直接动力也来自国企改革。高书生指出，在改革开放的实践中，形成了这样一种逻辑：国有企业搞不好，是因为人太多；只有裁减冗员，国有企业改革才能深入；不敢裁人，是因为社会保障体系不健全。推论下来，国有企业改革必须要有社会保障来配套（高书生，2006：143）。正如1993年中共中央《关于建立社会主义市场经济体制若干问题的决定》所表述的："建立多层次的社会保障体系，对于深化企业和事业单位改革，保持社会稳定，顺利建立社会主义市场经济体制具有重大意义。"可见，对于社会保障制度的作用，重点关注两个方面：其一，社会保障是"经济体制改革的配套工程"，其二，社会保障是"社会的稳定器"。而社会保障满足人类需要，以及社会公民权的理念没有得到足够的重视。

在这种思路下，中国社会保障制度改革的出发点都是为了减轻国有企业的负担，实际上是国家的负担。在减轻国家负担的考量下，国家有意识地弱化了自己在公共福利提供上的功能和角色，不适当地减少了在社会领域的公共投入。在市场体系和第三部门还没有得到足够发展的情况下，国家在公共服务提供上的全面撤退，其结果是公众的许多基本需要得不到满足，并形成了庞大的社会弱势群体。

从社会政策的视角看，自改革开放以来到21世纪初，中国社会保障制度建设呈现以下特点：在价值上，从理想主义转向了实用主义；在政策目标上，从关注社会公平转向了关心经济效率；在福利提供主体上，社会福利的主要提供者从国家/单位转向了个人和家庭；在福利提供机制上，从国家计划转向了市场主导；在中央与地方的分工上，从中央主导转向了地方各自为政（岳经纶，2007b）。这些变化的后果是，政府忽视了自己在公共福利提供中的必要角色，导致中国基本公共服务的短缺。

具体来看，过去30年，我国社会保障建设存在着"八重八轻"的倾向。

第一，从价值取向上看，我国社会保障建设重工具理性，轻社会权利。

社会政策具有鲜明的价值观。政府实施社会政策是为了实现社会公正/正义、以人为本等核心价值观，也是为了实现公民的社会权（Social Rights）。社会权是人权的基本组成部分，其基本点就是人民有从国家获取社会保障的权利。具体而言，社会权包括六个方面：生存权、健康权、居住权、劳动权、受教育权和资产形成权（卢政春，2000：147；唐钧，2008）。

在为国有企业配套和服务的改革思路下，中国的社会保障制度建设具有明显的实用性。社会保障建设的主要目的是减轻国家和企业的负担，维护社会稳定。据高书生（2006：280）的观察，在1993年以前，中国社会保险制度的架构，始终没有超出为国有企业改革配套的范畴。到2000年4月，随着国有企业改革进入攻坚阶段，中国社会保障改革中又增添了一种新的提法，即"建立独立于企业之外的社会保障体系"。这种提法本身，彰显了社会保障改革的目的——要很好地为国有企业改革配套和服务（高书生，2006：141）。

换言之，在这一阶段，中国的社会保障建设没有重视社会权概念，没有形成以社会权保障为基本内涵的社会保障体系。正义价值还没有成为资源再分配的最高准则。真正的社会保障应该是全民保障，也就是作为公民，每个人都能享有一定的社会福利，都享有不同程度的保障，但不是说，人人均享有同等程度的福利保障。其中，弱势群体应得到优先保障。公民社会权的保障，有利于国家认同和国家意识的形成，提升国民的荣誉感，从而增加国家凝聚力，增强人民捍卫国家的决心和意志。在这个意义上，社会保障建设具有同国防建设一样的重要性。

与不重视社会权利相联系，中国社会保障制度建设也不重视社会保障的理论基础。在这方面，社会政策可以弥补不足。社会政策有丰富的理论素养，涉及人类需要理论、福利权利理论、福利国家理论、公民权理论、批判理论、社会发展理论、社会民主理论、第三条道路理论、全球化理论等。分析社会政策的理论视角也很多元,如制度主义、保守主义、福利经济学、政治经济学等。

第二,从制度设计上,中国社会保障建设重预防性项目,轻发展性项目和关怀性项目。

实施社会政策是为了满足社会需要,缓和社会问题,增进社会福祉。世界各国都制定和实施了不同程度的社会政策,形成了不同的社会保障制度。按照台湾学者卢政春的分类,各国社会保障制度的内容可以分为关怀性、防备性与发展性等三大领域。这三大社会保障领域各有其制度范畴、核心价值与功能。其中,关怀性社会保障制度涵盖社会救助、福利服务、就业促进与待业扶助等制度,核心价值为"公平"与"正义",其功能是使经济弱势者、社会弱势者及社会受害者能获得符合人性尊严的基本经济安全保障、福利服务、身心关怀,以解决或缓和其当前所面临的问题。防备性(预防性)社会保障制度涵盖年金(养老金)保障、医疗保障、工伤保险、失业保险与长期照护保险等制度,核心价值为"社会连带"(social solidarity)与"安全",其功能是使遭受生、老、病、死、伤、残、失业等生活风险因素影响者,能获得适度的医疗保障、社会服务抑或经济安全保障。发展性社会保障制度涵盖母性保护、家庭保障、教育福利、劳动(就业)促进、住宅(住房)福利与财产形成等制度,核心价值为"机会均等"与"发展",其功能是使人民在面对生命孕育、养育、保育、教育、劳动、合理住宅需求与财产形成时,皆能有公平合理的对待,而有助于人格、智能、职业生涯等的健全发展(卢政春,2004)。

如前所述,从制度框架上看,中国的社会保障体系包括企业职工养老保险、城镇职工基本医疗保险、失业保险、工伤保险和生育保险等社会保险制度,以及城市居民最低生活保障、城市医疗救助等社会救助制度为主要内容的城镇社会保障体系基本框架;以新型农村合作医疗、农村最低生活保障、农村医疗救助、农村五保供养等制度为主要内容的农村社会保障体系。然而,在相当一段时期,中国社会保障建设的重点放在职工社会保险制度上,也就是前述的预防性社会保障上。可以说,社会保险"主宰",甚至取代了中国的社会保障事业。相比之下,社会救济、社会福利、优抚安置等项目没有得到足够的重视,国家在这些社会保障项目上投资极为有限,造成了资金投入与实际需要之间的严重不对称,导致社会救济对象和优抚对象保障标准偏低,基本需要得不到有效满足。

第三,从制度运作上看,中国社会保障建设重融资,轻规制。

制定和实施社会政策是现代国家政府的中心任务。从制度运行的角度看,社会政策涉及政策规划与制定(planning)、融资(financing)、服务提供(provision)和规制(governance)四大方面。从社会政策支出水平来看,社会政策领域是发达市场经济国家的最大经济部门。社会政策强调政府在公共福利提供中的作用,也必然突出政府在福利支出中的主导作用。因此,各国在实施社会政策时都非常重视社会政策融资,力求为社会福利项目提供足够的资金,以维持运作。不过,融资只是社会政策运行的一个方面,有效的社会政策还需要有效的规制。规制指的是针对社会主体,包括个人、社会团体和制度的政治管理形式。规制涉及一整套旨在维持或改变现状的制度和过程。社会政策规制不仅涉及社会政策的制定,而且涉及社会政策的实施。好的规制可以提升社会政策的效力。

自20世纪80年代以来,中国社会保障制度建设的重点是社会保险。而在社会保险建设中,重点放在社会保险缴费水平和缴费方式上。无论是养老保险还是医疗保险,缴费方式和缴费水平一直是制度设计的重点。至于保险基金的管理,尽管也成立了相应的基金管理机构,但是,一直没有建立起严格的监管制度。由于缺乏完善的基金监管法规和有效的监管手段,地方政府社会保障部门既当监管者,又同时成为委托人、投资人和资产管理者,角色模糊不清,政企不分,其结果是导致社会保险基金严重的违纪使用,甚至贪污腐败。2006年9月,审计署对29个省(自治区、直辖市)的城镇职工养老、医疗和失业三项保险基金的管理使用情况进行了审计,发现违规问题金额71亿元,其中有23亿元在1999年之前被挪用,48亿元在1999年之后被挪用(审计署,2006)。

社会保障规制问题不仅涉及社保基金的管理监督制度,更涉及整个社会保障政策和制度的协调与整合。中国社会保障政策的制定过程开放度不够,公众参与社会保障政策的渠道和方式有限,重大社会保障政策大都是在主管政府部门的主导下制定的,部门主义色彩比较浓厚。长期以来,中国社会保障政策的决策和管理比较分散。在中央一级,主管社会保障的政府部门包括国家发展与改革部门、中央劳动行政部门、民政部门、卫生部门、人事部门，以及农业部门等，各部门之间的政策协调比较差，甚至存在严重的政策分歧。如20世纪90年代社会保险改革中，劳动行政部门与国家发展改革部门就存在明显的分歧。随着国务院机构改革，中央劳动行政部门成为社会保障的主要管理部门，但它主要的政策领地是社会保险项目。

第四，从服务提供主体上看，中国社会保障建设重国家、个人和家庭，轻社会主体。

当代社会政策非常强调混合福利，不仅重视市场机制和企业的作用，更重视第三部门在福利提供上的参与。发挥第三部门在社会福利及服务中的作用，既可改变自上而下的利益分配模式，又可以推动公民社会发展；要重视终身教育，提高人民智力、情绪和技能素质；要发展国家与市场、国家与市民社会之间的伙伴关系，鼓励企业创新发展，推动公司社会责任（corporate social responsibility），推行家庭与工作间配合的政策（family friendly workshop policies）。

鉴于计划经济时代国家在社会保障提供上大包大揽而带来的沉重财政负担，中国的社会保障建设倾向于减轻国家负担。为此，在政策设计时，强调国家与社会及个人之间的责任分担，提出了社会福利社会化、市场化和产业化等政策主张。通过在社会福利提供中引入市场机制，国家不再包揽社会福利提供的责任，转而要求个人和家庭分担更大的责任。市场机制在教育、医疗、住房等领域日益成为主导者。不过，这种市场化主要发生在服务需求方面，即服务使用者要利用市场机制来满足自己的需要；而服务提供方面的市场化进展不大，医疗、教育等服务提供者仍然是公共机构。问题是作为公共部门的服务提供者以市场机制向纳税人提供公共服务，收取市场价格。结果是，很多老百姓在住房、教育和医疗等基本公共服务领域承受了过重的经济负担。可以说，对个人责任的不适当的强调，不仅影响了政府在社会福利提供中的责任承担，也影响了社会在公共福利和服务中的参与和责任承担。正如郑功成指出的，我国社会保障制度改革过程中存在过分夸大个人责任的失误，相关群体在变革中承受了过高的代价。

问题是，在强调减轻国家责任、倡导公共服务市场化的同时，公民社会在服务提供中的作用没有得到强化。与此相联系的是，慈善事业的发展也没有得到充分的发展。由于得不到政府的有效培育和支持，中国的第三部门发展滞后。由于国家不再承担福利提供的责任，那些没有能力从市场中购买福利服务的人，也得不到公民社会组织的帮助，基本服务和需要不能得到有效满足。

第五，从受益对象上看，中国社会保障制度建设重城镇，轻农村。

社会政策的出发点是人的基本需要的满足，主张通过集体干预来满足人的需要，包括满足人的最基本的生存需要，以及生存的机会，从而促进社会公平。

在计划经济时代，中国社会保障制度存在以社会身份为本的特征，即根据个人的社会身份来提供社会福利和服务。在改革开放时代，受这一制度惯性的影响，社会保障改革的重点集中在旧的劳动保险制度的改革上，以适应市场经济新环境。由于强调社会保障制度改革对经济体制改革的配套，致使社会保障制度，尤其是社会保险制度的设计，往往不是面向全体国民或全体劳动者的，而是继续身份本位，"亲疏有别"：重城市，轻农村；重工人，轻农民（包括农民工）；重国有单位，轻非国有单位。社会保障政策设计主要考虑国有企业及其职工乃至所有的党政机关、事业单位工作人员的利益和需要，而较少考虑集体企业、"三资"企业、私营企业及其职工、个体工商户，特别是没有就业的城镇居民的利益和需要。虽然也为农民以及农民工制定了一些社会保障政策，但大都没有得到有效执行，"口惠而实不至"。广大的农民工基本上还没有纳入社会保障网。很多地区已经出台的对农民工的社会保险政策是不成功的（唐钧，2008）。"从全国社会保障费用支出的情况看，占总人口80%的农民只享有社会保障支出的10%左右，而占总人口20%的城市居民，却占到社会保障费用的90%。"（孙光德等，2002）

第六，从政策过程来看，中国的社会保障建设重政策制定和出台，轻政策执行与评估。

完整的社会政策过程包括政策制定、政策实施和政策评估。从中国社会保障制度的改革过程来看，中国比较注重政策的制定，而忽视政策的有效实施，也不重视政策效果的评估。

改革开放以来，中国在社会保障制度领域制定了不少新政策，推出了不少新项目。在 20 世纪 80 年代，我们推出了失业保险制度。90 年代，我们推出了住房公积金、以个人账户和社会统筹为特征的养老保险和医疗保险制度、最低生活保障制度、再就业服务中心制度、学生助学贷款制度等。21 世纪初，又推出了城市居民医疗保险制度、新农村合作医疗制度、医疗救助，以及对农民工采取的各项社会保障措施等。应该说，中国的社会保障制度有很强的政策创新能力。

不过，政府并没有对社会保障制度的有效实施给予足够的关注。政府没有适时地对新的社会保障政策和项目的执行效果进行定期评估。由于缺乏有效的执行和评估，一些社会保障政策并没有得到有效的执行，如 20 世纪 90 年代中期出台的最低生活保障制度，在一段时间内没有产生积极的效果。2003 年以来，中央政府出台了若干关于农民工社会保护的政策措施，如农民工子女义务教育的"两为主"政策。不过，这些政策措施的实施情况也缺乏有效的评估。由于众多的社会政策不能得到有效的实施，最后都成了"象征性政策"，不能解决实际存在的社会问题。

第七，从政策重点上看，中国的社会保障建设重经济福利，轻社会服务。

社会政策既注重人民的经济需要，也重视人民的精神需要；既注重收入维持，也重视个人的福利服务。因此，社会政策的内容除社会保障等经济福利外，还包括教育、医疗、住房以及个人社会服务等社会服务内容。

个人社会服务是现代福利国家的重要内容。在中国，个人社会服务被理解为社会福利。社会福利的主要内容是老年人福利、儿童福利、残疾人福利等，主要对象（受益者）是老年人、孤儿、残疾人、五保户等。目前，中国的福利服务对象十分有限。随着国民经济的发展和人民生活水平的提升，个人社会服务的需求将不断加大，需要社会保障政策做出及时的回应。

以我国老年社会保障制度为例。我国老年社会保障制度比较重视老年人的经济保障，但是轻视老年人的社会服务需要。养老社会服务没有得到足够重视。尽管我国传统上重视居家养老，但是居家养老缺乏应有的社会支援。老年人的长期护理服务没有得到政策支持，也缺乏专业化的老年服务。2008年2月全国老龄办发布的《我国城市居家养老服务研究》显示，我国城市中48.5%的老年人有各种各样现实的养老服务需求，但居家养老服务需求总的满足率只有15.9%，其中家政服务满足率为22.61%，护理服务满足率为8.3%，聊天解闷服务满足率为3.16%（国家老龄委办公室，2008）。

第八，从中央地方关系上看，中国社会保障建设重地方政府的责任，轻中央政府的责任。

社会政策突出国家在社会福利提供和公民福祉提升中的主导作用。各级政府都有提供公共福利的责任。在中国，由于政府间财政关系复杂，财政支出高度分权化，社会保障的责任主要由地方来承担。地方政府在有限的财力下，承担了社会保障（社会政策）的大部分支出，包括教育、公共医疗和社会福利支出。以2004年为例，90%以上的文教、科学、卫生、抚恤和社会福利支出由地方政府承担。一项研究指出，县、乡两级政府提供了大部分重要的公共服务，具体来说，即70%的教育支出，55%~60%的医疗卫生支出，100%的失业保险、社会保障以及社会福利支出等。县、乡两级政府基本上承担了占中国人口75%的农村人口的公共产品供给（黄佩华，2003）。

前述"八重八轻"倾向，是我国社会保障建设在一段时间内缺乏社会政策理念的重要表征。由于社会政策理念和视野的缺失，国家的公共福利职能严重削弱，到20世纪90年代中后期，因公共福利不足而产生的各种社会问题开始凸显。这些问题主要包括劳工的边缘化和贫困化，表现为大量工人失业下岗和农民工问题；公众基本需要得不到满足，表现为"看不起病、买不起房、读不起书"；收入分配不公，表现为贫富差距不断扩大；社会弱势群体生活状态得不到改善；环境的恶化等。由于政府没有及时通过相应的社会政策措施来有效地回应这些问题和矛盾，我国出现了不断增加的、以"群体事件"为表现的社会抗议与维权活动，社会风险呈现不断加剧之势。这一情况表明，我国社会保障建设需要社会政策理念的支持，需要把人类需要放在首要地位，确保社会变迁能够增进公共福祉。为此，需要彻底改革旧的以社会身份为本位的社会保障制度，建构以人类需要为本位的社会保障制度。

结语 构建有中国特色的社会主义福利社会

如前所述，进入21世纪，改革中累积起来的一系列社会问题，如城乡、区域、经济社会发展不平衡，以及与社会发展和民生密切相关的就业、社会保障、收入分配、教育、医疗、住房等问题日益突出。党和政府充分认识到了问题的严重性和解决问题的紧迫性，提出科学发展观和构建社会主义和谐社会的新理念，并且宣布我国到2020年要基本建立覆盖城乡居民的社会保障体系，实现全面建设惠及十几亿人口的更高水平的小康社会的目标。敏感的学者们开始意识到，中国公共政策格局正在由经济政策向社会政策转型（王绍光，2007），更有人欢呼中国进入了"社会政策时代"（王思斌，2004；岳经纶、郭巍青，2008），或者是"经济政策与社会政策并重的时代"（张秀兰等，2007）。

社会政策时代的到来要求我们重新思考我国社会保障制度的政策理念和政策内容。第一，从政策理念和价值取向来看，我国社会保障制度将强调以人为本、公平正义，以满足人类需求和增进公众福祉作为出发点。第二，从社会保障政策的内容来看，我国社会保障的内涵和范围将不断扩大，从以社会保险为主要内容的社会保障制度扩大到社会福利服务、社区发展、非政府服务等领域。第三，从社会保障服务的提供主体来看，我国会逐渐建立起以国家为主导，市场、社会组织、社区、家庭等主体共同参与的多元社会服务供应体系，也就是福利多元主义体系。相应的，政策工具将从国家直接提供为主转为国家、市场、志愿机构、社区与家庭及各种其他类型的政策工具综合使用，政策工具选择多元化。第四，从中央与地方在社会保障制度中的作用来看，各级政府在社会政策中的角色和财政责任的分工将日益明晰，走向制度化。地方政府将继续在社会政策执行中扮演重要角色，而中央政府将在社会保障支出中承担更大的责任。第五，从社会保障的政策对象来看，将从主要面向城镇居民调整为面向全体公民，普惠性的社会保障计划和项目将会增加。总括而言，随着社会主义和谐社会的构建和科学发展观的落实，我国社会保障的目标模式将是建立以整合经济发展与社会发展、公平与效率为价值依归的社会主义福利社会。

　　众所周知，随着我国改革开放事业的深入发展，党和国家关于中国特色社会主义的理论日益成熟。社会主义民主政治已经被确定为我国政治体制改革和政治发展的目标模式，社会主义市场经济则成为我国经济体制改革的目标模式。随着国家经济实力的加强、社会政策理念的普及，以及以人为本、和谐社会和科学发展等新的施政理念的进一步落实，我国的社会保障制度建设需要有更为清晰的目标模式和战略目标。中共中央有关发展社会事业、加强社会建设，以及构建和谐社会的重大战略决策和伟大构想，为我们进一步探索我国社会建设和社会发展的目标模式提供了重要的指南。总结我国社会保障建设的经验和教训，结合社会主义市场经济和社会主义民主政治的要求，我们认为，我国需要把建设社会主义福利社会确立为我国社会发展和社会建设的目标模式。社会主义福利社会不是西方意义上的福利国家，它是社会主义制度下国家与社会合力的产物，是公平与效率的统一，是走向共同富裕的必然要求。展望未来，民主政治、市场经济和福利社会将共同构成中国特色社会主义的三大支柱，支撑起中国特色社会主义的擎天大厦。

第三章 走向社会政策时代——21世纪中国社会政策的扩展

为了满足人民群众日益增长的物质文化需要，维护和提高执政的认受性，中国共产党于1978年十一届三中全会上做出停止"以阶级斗争为纲"，把全党工作的着重点和全国人民的注意力转移到社会主义现代化建设上来的战略决策。由此，中国走上了改革开放的道路。

与此同时，世界尤其是西方国家经济由于爆发石油危机而濒临崩溃，新自由主义在全球兴起。社会主义的中国也接受了这一学说的"下溢假设"（trickling down effect），即只要经济持续增长，其他一切问题都迟早会迎刃而解。"效率优先，兼顾公平""发展是硬道理""以发展解决前进中的问题"成为执政党和政府重点发展经济的口号。在这些理念的主导下，中国在短短的时间里取得了令世人瞩目的经济成就，到2010年，中国经济总量超越日本，成为仅次于美国的世界第二大经济体。

但也正因为片面强调经济增长，忽视社会发展和社会服务，当中国的所有制结构已经发展到各个社会阶层的利益产生矛盾甚至冲突时，也即中国的经济改革使人人受益的效应（所谓"帕累托效应"）消失后，改革中累积的一系列社会问题在21世纪逐渐显现并愈演愈烈。城乡、区域、经济社会发展不平衡，与社会福利密切相关的就业、社会保障、收入分配、教育、医疗、住房等问题非常突出。2003年爆发的SARS疫情暴露了中国公共卫生建设的落后。教育、医疗和住房被人们称为"新三座大山"。民意宣布了这些社会领域进行的市场化改革已经失败。

民生问题和市场化失败引发了人们对改革的新一轮反思和争论。在社会舆论的推动下,以胡锦涛和温家宝为首的一届中央领导人充分认识到问题的严重性和解决它们的紧迫性,提出科学发展观和构建社会主义和谐社会的新理念,着力进行政策转型。

中国公共政策格局由经济政策转向社会政策的历史性转变(王绍光,2007)已经引起学界的高度关注,大量研究探讨转变的原因和趋势(王绍光,2007;岳经纶,2007b;莫家豪,2008)。也有学者对中国社会政策未来的发展做出具体的规划,认为应提倡适应发展中国家需要的发展型社会政策(张秀兰等,2007;徐道稳,2008)。

这些研究无疑都是富有意义的。但是,从把握总体转型趋势到规划未来发展方向之间,我们还应该做一些铺垫工作,关注转型中的细节。我们有必要知道,在社会发展上,已经进行了什么改革?政策转型进行到哪里?在此过程中有何特点和不足?只有明白改革的出发点,在此基础上提出的建议和方案才能更加切合现实社会的需要,事半而功倍。这些正是本章关注的焦点。

为了更清晰地展示近年来中国社会政策的新发展,本章以2003年至2010年的国务院政府工作报告为基础,分析其中有关社会政策的内容,试图从总体上把握21世纪以来我国社会政策的发展。

一般而言,"社会政策"一词用来说明国家在公共福利方面的角色。英国著名社会政策学者迈克尔·希尔(Hill,2003)认为社会政策就是"影响公共福利的国家行为"。虽然人们对社会政策的精确定义存有分歧,但是在其内容方面则有基本的共识。一般认为,社会政策主要包括以下五个方面:解决无知和失业问题的教育与培训政策;解决疾病问题的医疗卫生政策;解决贫穷问题的社会保障政策;解决居所问题的住房政策;解决特殊群体或个人问题(如老人照顾)的个人社会服务政策。随着社会的发展,社会政策的范围也在不断扩大。当前,环境、食品药品监管等社会规制政策也成为社会政策的内容。本章所使用的社会政策主要包括我国公共政策领域中的教育、医疗卫生、就业、社会保障、住房和环境保护等政策范畴。需要指出的是,本章的梳理还是非常初步的。

一 2004年：施政重点开始初步转向社会政策

2003年初，前所未见的非典型肺炎疫情席卷中国。这场公共卫生危机充分暴露了中国原有政策建制的缺陷和政策格局的不足。国际社会压力和国内民众不安推动中国政府重构政策建制，进行政策转型。而新一届中央政府的上台也恰好为政策转型提供了政治机会。

在2003年，以胡锦涛和温家宝为代表的新一届政府从"科学发展观"这一新的施政理念出发，注重统筹兼顾，加快了社会事业的发展，高度重视解决群众特别是困难群众的生产生活问题，做好就业和社会保障工作。针对"非典"疫情蔓延暴露出来的我国经济和社会发展不协调的问题，从政府工作的着力点和财政投入等方面，及时做出必要调整，推动社会事业加快发展。2004年，中央政府坚持科学发展观，按照"五个统筹"的要求，更加注重搞好宏观调控，更加注重统筹兼顾，更加注重以人为本，更加注重改革创新，着力解决经济社会发展中的突出矛盾，着力解决关系人民群众切身利益的突出问题。根据这一基本思路，2004年的《政府工作报告》在教育、卫生、就业、社会保障和环境保护等社会政策领域提出了一系列政策措施，显示政府施政逐渐转向以社会政策为主导的政策格局（见表3-1）。

表3-1　2004年的社会政策

	政策宣示	政策执行
教育政策	实施新一轮《教育振兴行动计划》，重点加强义务教育特别是农村教育。	新一轮教育振兴行动计划进展顺利。
	启动西部地区"两基"攻坚计划，到2007年使西部地区基本普及九年义务教育，基本扫除青壮年文盲，中央财政将投入100亿元。	西部地区"两基"攻坚计划开始实施。
	继续实施第二期农村中小学危房改造，中央财政将投入60亿元。	继续实施农村中小学危房改造。

续表

	政策宣示	政策执行
教育政策	完善农村义务教育"以县为主"的管理体制,中央财政和省、市(地)财政要增加对贫困县义务教育的转移支付。	为中西部地区农村义务教育阶段2400多万贫困家庭学生免费提供教科书。
	中央财政和地方财政还将加大投入,发展农村中小学现代远程教育。	
	积极稳步发展高等教育。	高等教育注重提高质量。
	大力发展职业教育和继续教育。	职业教育加快发展。
	规范和发展民办教育。	
	坚决治理教育乱收费,切实减轻学生家庭负担。	高校贫困家庭学生资助体系进一步完善。
医疗政策	加强公共卫生体系建设。力争用三年时间,基本建成覆盖城乡、功能完善的疾病预防控制和医疗救治体系,提高应对重大传染病等突发公共卫生事件的能力。	以建设全国疾病预防控制体系和突发公共卫生事件医疗救治体系为重点,加快公共卫生事业发展。1410个县级和250个省、市(地)级疾病预防控制中心基本建成,290所紧急救援中心陆续开工。加强对重大疾病的防治工作。采取果断措施,及时遏制高致病性禽流感疫情蔓延。
	改善农村医疗卫生条件,做好新型农村合作医疗制度试点工作。切实把医疗卫生工作的重点放在农村,加强农村医疗卫生基础设施和农村卫生队伍建设,逐步改善农村缺医少药的状况。从各地实际出发,积极稳妥地推进新型农村合作医疗制度试点,逐步建立由政府组织和引导,农民自愿参加,个人、集体和政府多方筹资,以大病统筹为主的农民医疗互助共济制度,确保农民群众受益。	重视农村卫生设施建设,稳步进行新型农村合作医疗制度试点。
	积极推进城镇医疗卫生体制改革试点。继续改革城镇职工基本医疗保险制度、医疗卫生和药品生产流通体制。实行医疗机构分类管理,合理配置和有效使用卫生资源,发展社区卫生事业,改进医疗卫生服务。	

续表

	政策宣示	政策执行
就业政策	预计新增城镇就业900万人，下岗失业人员再就业500万人。	城镇新增就业980万人。
	继续实施积极的就业政策，特别要把财政、信贷支持和税费减免等政策真正落到实处。2004年中央财政预算安排再就业补助资金83亿元，比2003年增加36亿元。	进一步落实各项政策措施，促进就业和再就业。
	要拓展就业渠道，注重发展劳动密集型产业、中小企业和非公有制经济，推行灵活多样的就业方式，鼓励自主创业和自谋职业。	
	要健全再就业援助制度，政府出资开发的公益性岗位要优先安置就业困难人员。	
	支持国有大中型企业通过主辅分离、辅业改制，分流安置富余人员。要重点做好老工业基地、资源枯竭城市和独立工矿区以及军工、煤炭、森工等行业下岗失业人员的再就业工作。	
	完善就业服务体系，加强就业技能培训、职业介绍和就业指导。	
社会保障政策	建立与我国国情相适应、与经济发展水平相适应的社会保障体系。	
	要继续做好"两个确保"工作，搞好"三条保障线"的衔接。2004年，中央财政安排用于"两个确保"和城市"低保"的补助资金779亿元，比2003年增长11.3%。	继续做好"两个确保"和城市"低保"工作。从2004年7月1日起，全国提高企业退休人员基本养老金标准。许多地方适时提高"低保"标准。完善城镇社会保障体系试点工作继续推进。中央财政全年用于社会保障的资金达1465亿元，增长18.1%。
	稳步推进国有企业下岗职工基本生活保障向失业保险并轨。	
	坚持社会统筹与个人账户相结合，完善职工基本养老保险制度。依法扩大社会保险覆盖面，加强对各类参保企业社会保险费的征缴。各级政府要加强执法检查力度。	

续表

	政策宣示	政策执行
社会保障政策	进一步做好城市"低保"工作,规范"低保"标准和范围。继续多渠道筹集并管好社会保障基金。	
	在总结辽宁省完善城镇社会保障体系试点工作的基础上,将试点范围扩大到黑龙江和吉林两省。	
	继续完善社会救助制度。切实帮助特殊困难家庭解决就医看病、子女上学、住房、冬季取暖等实际困难。	
	完善农村"五保户"生活保障制度,确保供养资金。切实做好农村受灾地区税收减免和受灾群众生产生活救济等工作。关心和支持残疾人事业。	加大扶贫工作力度,中央财政安排扶贫资金122亿元,农村贫困人口比上年减少290万。2004年,部分地区发生严重自然灾害,各级政府及时做好抗灾、救灾和灾后重建工作,累计救助灾民6800万人次。
环保政策	认真实施全国生态环境保护和建设规划,实施以生态建设为主的林业发展战略。	
	加大执法力度,强化生态环境监管,严格控制主要污染物排放,抓紧解决严重威胁人民群众健康安全的环境污染问题。	
	大力发展循环经济,推行清洁生产。	
	依法保护与合理利用国土资源。重视海洋资源开发与保护。加强水资源保护和节约利用。	

资料来源:政策宣示部分根据2004年《政府工作报告》整理,政策执行部分根据2005年《政府工作报告》整理。

2004年,各级政府加大政策支持和财政投入,促进各项社会事业发展。中央财政用于科技、教育、文化、卫生、体育事业的支出987亿元,投入国债资金147亿元。从表3—1可以看到,教育和医疗是该年度中央政府工作的重中之重。同时,环保问题也被作为与人民群众利益密切相关的政策议题看待。更重要的是,政府意识到建立公共服务型政府的必要性和紧迫性,把相关立法工作提到议事日程,为政府职能转型和政策制定提供了明确的目标和方向。

二 2005年：社会政策内容不断丰富

2004年的一系列政策调整使中国逐渐走出2003年的困境，社会平稳发展。事实证明，公共政策转型十分必要而且初见成效。2004年9月，中共十六届四中全会明确提出构建"和谐社会"的设想，以取代以往"效率优先，兼顾公平"的提法。这一变化表明，进一步调整政策格局，强化社会政策职能已成为基本的政策共识。

在2005年《政府工作报告》中，国务院总理温家宝总结过去一年的工作时强调，"必须坚持把人民群众利益放在第一位"，"要切实维护人民群众的经济、政治和文化权益，着力解决关系群众切身利益的突出问题，保障城乡困难群众的基本生活。不断满足人们日益增长的物质文化需要"。

因此，针对社会发展中的突出问题，如农村教育、卫生、文化建设，城乡之间、地区之间发展差距和部分社会成员之间收入差距过大，部分低收入群众生活比较困难等，《政府工作报告》对2005年的工作进行了部署，提出了若干社会政策宣示（见表3-2）。

表3-2 2005年的社会政策

	政策宣示	政策执行
教育政策	重点加强农村义务教育，完善以政府投入为主的经费保障机制。	重点加强了义务教育特别是农村义务教育。
	继续实施西部地区"两基"攻坚计划。	继续实施西部地区"两基"攻坚计划。两年来新建、改建、扩建农村寄宿制学校2400多所，为16万个农村中小学校和教学点配备了远程教育设施。
	从今年起，免除国家扶贫开发工作重点县农村义务教育阶段贫困家庭学生的书本费、杂费，并补助寄宿学生生活费；到2007年在全国农村普遍实行这一政策，使贫困家庭的孩子都能上学读书，完成义务教育。	中央和地方财政安排专项资金70多亿元，对592个重点贫困县1700万名贫困家庭学生免除学杂费、免费提供教科书和补助寄宿生生活费，还为中西部地区1700多万名贫困家庭学生免费提供教科书，许多辍学儿童重新回到学校。

续表

	政策宣示	政策执行
教育政策	认真解决好进城务工农民子女上学的问题。	
	着力提高高等教育质量。	高等教育持续发展。
	大力发展各类职业教育。	职业教育得到进一步加强。
	加快现代远程教育工程建设。	
	继续促进民办教育健康发展。	
	严格规范各类学校招生和收费制度，加强学校财务管理和监督。	
医疗政策	今年要全面建成疾病预防控制体系，基本完成突发公共卫生事件医疗救治体系建设。	着力加强公共卫生体系建设和农村卫生工作。近三年，中央和地方投入105亿元，基本建成了覆盖省市县三级的疾病预防控制体系；总投资为164亿元的突发公共卫生事件医疗救治体系建设进展顺利。
	切实把医疗卫生工作的重点放在农村，加强农村卫生基础设施和卫生队伍建设。	中央安排30亿元国债资金支持中西部乡镇卫生院建设，改善农村医疗卫生条件。
	推进新型农村合作医疗制度试点，探索建立医疗救助制度。	新型农村合作医疗制度试点已扩大到671个县，惠及1.77亿农民。
	加强重大传染病及地方病、职业病的防治工作。认真落实各项预防、救治、关爱措施，坚决遏制艾滋病蔓延。	加强艾滋病等重大疾病防治。高度重视高致病性禽流感疫情防控工作，有效遏制了疫情蔓延和对人的传播。
	开展城市医疗服务体制改革试点。大力发展社区卫生服务。	
	深入整顿和规范医疗服务收费和药品购销秩序，切实解决群众看病难、看病贵的问题。	
就业政策	继续实行积极的就业政策，预期城镇新增就业900万人，城镇登记失业率控制在4.6%。	城镇新增就业970万人。
	认真落实各项扶持再就业的政策措施，并把实施范围扩大到集体企业下岗职工。今年中央财政安排109亿元资金支持再就业，比上年增加26亿元。地方财政也要增加投入。	加大对就业再就业的政策支持和资金投入。2005年中央财政安排国有企业下岗职工基本生活保障专项补助、再就业补助209亿元，比上年增加29亿元。

续表

	政策宣示	政策执行
就业政策	加强就业指导、培训和服务。统筹做好城镇新增劳动力、高校毕业生、复员退伍军人和农村富余劳动力的就业工作。加强劳动保障监察。	统筹做好城镇新增劳动力、高校毕业生、复员退伍军人等就业工作。中央财政还安排专项资金支持农村劳动力转移培训和城镇退役士兵自谋职业。
社会保障政策	加快社会保障体系建设。完善企业职工基本养老保险制度，坚持社会统筹与个人账户相结合，扩大做实个人账户试点。推进国有企业下岗职工基本生活保障向失业保险并轨，今年在全国多数地区基本解决历史遗留的国有企业下岗职工问题，今后企业裁员将逐步依法直接纳入失业保险或城市"低保"。	社会保障体系不断完善，覆盖面进一步扩大。已有17个省（区、市）完成国有企业下岗职工基本生活保障向失业保险并轨。城市低保对象基本实现应保尽保。
	依法扩大养老、失业、医疗、工伤等社会保险覆盖面，提高个体、私营和外资企业的参保率，完善灵活就业人员的参保办法。	
	加大社会保险费的征缴力度，逐步提高统筹层次。研究制定机关事业单位养老保障制度改革方案。	
	进一步完善城市"低保"制度，有条件的地方可探索建立农村居民最低生活保障制度。	
	继续增加城乡居民收入，特别是中低收入者收入。通过多种措施促进农民收入持续增长。	
	抓紧建立确保进城务工农民工资正常支付的机制，继续做好清欠工作。各类企业都要严格执行最低工资制度，按时足额支付职工工资，并在提高效益的基础上增加职工收入。改革和规范公务员工资制度。	
	推进收入分配制度改革。整顿和规范分配秩序，抓紧完善个人所得税制度，加大收入分配调节力度，逐步理顺分配关系，努力解决部分社会成员收入差距过大的问题，促进社会公平。	

续表

	政策宣示	政策执行
社会保障政策	高度重视解决城乡困难群众基本生活问题。各地要加快建立城乡特殊困难群众的社会救助体系，帮助他们解决看病、住房、子女上学等实际困难。完善农村"五保户"供养制度。做好优待抚恤工作。支持慈善事业发展。	重点优抚对象抚恤补助标准明显提高，中央财政安排优抚事业费74.6亿元，比上年增长90%。28个省（区、市）、2300个县（市）已初步建立社会救助体系的基本框架。
	增加扶贫投入，积极帮助贫困地区群众脱贫致富。做好受灾地区减免税收和受灾群众生产生活救济等工作。	救灾和扶贫工作力度加大。2005年中央财政用于抗灾救灾的资金89亿元，救助受灾群众9000多万人次。中央和地方财政安排扶贫资金162亿元，农村贫困人口比上年减少245万人。
环保政策	加强环境保护和生态建设。要抓紧解决严重影响人民群众健康安全的环境污染问题。	
	以水污染防治为重点，加强工业和城市污染治理，加强农村面源污染治理，加强饮用水源地保护。	
	实行严格的排污总量控制制度，加大环保监督和执法力度。	
	大力推行清洁生产，发展环保产业。	
	继续搞好天然林保护和草原建设，加强风沙源和水土流失治理。我们的奋斗目标是，让人民群众喝上干净的水、呼吸清新的空气，有更好的工作和生活环境。	

资料来源：政策宣示部分根据2005年《政府工作报告》整理，政策执行部分根据2006年《政府工作报告》整理。

2005年中央财政用于科技、教育、卫生、文化等方面的支出1168亿元，比上年增长18.3%；投入国债建设资金95.4亿元。为实现"和谐社会"这一宏观政策目标，着力解决与人民群众切身利益相关的突出问题是2005年政府的中心工作。除了原有的教育、医疗领域，中央政府加大了针对就业和社会保障的政策力度，加强和扩展了政府社会政策职能范围。

三 2006年：社会政策格局成形

2005年底，中共十六届五中全会通过的《关于制定国民经济和社会发展第十一个五年规划的建议》明确提出，未来中国要"更加注重社会公平，使全体人民共享改革发展成果"。2006年是实施"十一五"规划的第一年，中央政府坚持把解决涉及人民群众切身利益的问题放在突出位置，全面加强和谐社会建设，为"十一五"开好局、起好步（见表3-3）。

表3-3　2006年的社会政策

	政策宣示	政策执行
教育政策	从今年起用两年时间，全部免除农村义务教育阶段学生学杂费，今年在西部地区实施，明年扩大到中部和东部地区；继续对贫困家庭学生免费提供教科书并补助寄宿生生活费。	全国财政安排农村义务教育经费1840亿元，全部免除了西部地区和部分中部地区农村义务教育阶段5200万名学生的学杂费，为3730万名贫困家庭学生免费提供教科书，对780万名寄宿学生补助了生活费。
	将农村义务教育全面纳入国家财政保障范围，建立中央和地方分担的农村义务教育经费保障机制。主要是：提高农村义务教育阶段中小学公用经费保障水平，建立农村中小学校舍维修改造投入机制，完善农村中小学教师工资经费保障机制。为此，今后五年国家财政新增义务教育经费累计将达2182亿元。	中央财政连续三年累计投入90亿元，用于农村寄宿制学校建设工程，7651所学校受益。农村中小学现代远程教育工程已投入80亿元，覆盖中西部地区80%以上的农村中小学，1亿多中小学生得以共享优质教育资源。
	要解决城市低收入家庭和农民工子女义务教育阶段上学困难问题，让每个孩子都有平等接受义务教育的机会。	
	继续扎实推进西部地区"两基"攻坚计划，确保到2007年如期实现计划目标。	410个"两基"（基本普及九年义务教育和基本扫除青壮年文盲）攻坚县已有317个县实现目标，西部地区"两基"人口覆盖率由2003年的77%提高到96%。
	发展职业教育是一项重要而紧迫的任务，今后五年中央财政将投入100亿元支持职业教育发展。	中等职业学校招生规模扩大到741万人，在校学生总数为1809万。

续表

	政策宣示	政策执行
教育政策	高等教育要创新教育教学模式和方法，着力提高教育质量，推进高水平大学和重点学科建设。各级各类学校都要全面推进素质教育。要培养一支德才兼备的教师队伍，造就一批杰出的教育家。	高等教育在学人数2500万，毛入学率提高到22%。
医疗政策	加快农村医疗卫生服务体系建设。启动《农村卫生服务体系建设与发展规划》，健全县、乡、村三级医疗卫生服务体系和网络；五年内国家财政将投入200多亿元，对乡镇卫生院和部分县医院房屋和设备进行改造。	加强医疗卫生工作。覆盖城乡、功能比较完善的疾病预防控制体系和突发公共卫生事件医疗救治体系，已经基本建成。启动了农村卫生服务体系建设，中央财政安排27亿元国债资金用于县、乡、村三级医疗卫生基础设施建设。
	加快推进新型农村合作医疗制度建设，今年把试点范围扩大到全国40%的县，中央和地方财政对参加合作医疗农民的补助标准由20元提到40元，中央财政为此将增加支出42亿元。到2008年，要在全国农村基本建立新型合作医疗制度和医疗救助制度。实行城市医疗卫生人员定期到农村服务的制度。	新型农村合作医疗试点范围扩大到1451个县（市、区），占全国总数的50.7%，有4.1亿农民参加；中央财政支出42.7亿元，地方财政也相应增加支出，较大幅度提高参加合作医疗农民的补助标准。
	大力发展城市社区卫生服务。要通过调整城市医疗卫生资源、加大政府投入、加强人才培养、完善服务功能、推进机制创新等措施，加快构建以社区为基础的新型城市医疗卫生服务体系。将符合条件的社区卫生服务机构纳入城镇基本医疗保险定点范围，实行社区首诊制度试点，逐步实现小病不出社区、大病才上医院。探索建立城市医疗救助制度。	以社区为基础的城市医疗服务体系建设加快推进。城乡医疗救助工作有所加强。中央财政安排51亿元，用于支持地方加强公共卫生服务。
	深化医疗卫生体制改革，深入整顿和规范医疗服务、药品生产流通秩序。加强对药品、医疗服务的价格监管。规范医院、医生的医疗和用药行为，加强医德医风建设，提高医疗服务质量，控制医药费用。	
	要支持中医药事业发展，充分发挥中医药在防病治病中的重要作用。	

续表

	政策宣示	政策执行
医疗政策	加强严重危害人民群众健康的重大疾病预防工作，认真落实艾滋病、结核病、血吸虫病等重大传染病防治措施。高度重视防控人感染高致病性禽流感工作。	艾滋病等重大疾病防控取得明显进展。
就业政策	预期城镇新增就业900万人，城镇登记失业率控制在4.6%。	城镇新增就业1184万人。
	继续实施积极的就业政策，千方百计扩大就业。进一步解决体制转轨遗留的下岗失业人员再就业问题和重组改制、关闭破产企业的职工安置问题。国有企业下岗失业人员再就业扶持政策再延长三年，并根据各地实际将适用范围逐步扩大到城镇集体企业下岗职工。加大对军工、森工等困难行业下岗职工再就业的支持力度。	多渠道开发就业岗位，加强职业技能培训工作，开展对"零就业家庭"和就业困难人员的帮扶，505万下岗失业人员实现再就业。
	中央财政今年安排再就业补助资金251亿元，比上年增加42亿元。地方财政也要增加这方面的投入。	进一步完善和落实就业再就业扶持政策，中央财政安排就业再就业资金234亿元。
	重视做好高等学校毕业生就业、退役军人的安置工作，搞好城镇新增劳动力和进城农民工就业工作。	
	加强职业培训和就业服务体系建设。切实维护劳动者的合法权益。	2004年我们提出用三年时间基本解决建设领域历史上拖欠工程款和农民工工资的问题，这项工作基本完成，各地已偿还拖欠工程款1834亿元，占历史拖欠的98.6%，其中清付农民工工资330亿元。
社会保障政策	加快推进社会保障体系建设。切实保证各项社会保险金的及时支付。	
	完善城镇职工基本养老保险制度，搞好做实个人账户试点工作，扩大试点范围；改革养老金计发办法，建立参保缴费的激励约束机制。提高各类所有制企业的参保率，统一城镇个体工商户和灵活就业人员的参保办法，扩大社会保险覆盖范围。加大社会保险费征缴和基金监管力度，多渠道筹集社会保障基金。	加强社会保障体系建设。在东北三省试点的基础上，企业职工基本养老保险做实个人账户试点范围又扩大了8个省份。经过多年努力，国有企业下岗职工基本生活保障向失业保险并轨基本完成。社会保险覆盖面继续扩大，社会保险基金收入不断增加，社保基金使用的监督管理得到加强。

续表

	政策宣示	政策执行
社会保障政策	同时,加强城镇职工基本医疗保险和失业、工伤、生育保险制度建设。继续完善城市低保制度。	城乡社会救助体系框架基本建立,慈善事业不断发展。中央财政用于城市低保的补助资金136亿元,比上年增加24亿元,各地不同程度提高了城市低保补助水平。
	研究制定机关事业单位养老保险制度改革方案。研究适合农民工特点的社会保障办法。	
	完善农村"五保户"供养、特困户救助、灾民救济等制度,增加资金支持并适当提高救助标准。	基本实现了农村"五保"从农民集体互助共济向财政供养为主的转变。加强了孤儿救助和流浪未成年人保护工作。
	有条件的地方要探索建立农村居民最低生活保障制度。各地都要加快城乡特殊困难群众社会救助体系建设。加强防灾减灾救灾工作。	已有25个省(自治区、直辖市)、2133个县(市、区)初步建立了农村最低生活保障制度,1509万农民享受了农村最低生活保障。
	加大扶贫投入和工作力度,进一步减少贫困人口。落实军烈属优抚政策。积极发展社会福利事业和慈善事业,开展多种形式的捐助和帮扶活动。要使失去父母的儿童、没有生活来源的老人和残疾人,得到更多的关爱和帮助,让他们感受到社会主义大家庭的温暖。	大幅度提高各类优抚对象的抚恤补助标准,全年中央财政抚恤事业费支出112亿元,比上年增长47%。完善大中型水库征地补偿和移民后期扶持政策,扶持对象达2288万人,这个长期遗留的问题正在逐步解决。
	今年国家将适当提高企业离退休人员基本养老金标准、优抚对象抚恤补助标准、城市居民最低生活保障补助标准。	提高了企业离退休人员基本养老金标准。
住房政策	继续解决部分城市房地产投资规模过大和房价上涨过快的问题。	加强房地产市场调控和监管。
	要着力调整住房供应结构,严格控制高档房地产开发,重点发展普通商品房和经济适用房。建立健全廉租房制度和住房租赁制度。	着力调整住房供给结构。

续表

	政策宣示	政策执行
环保政策	加快建设环境友好型社会。加强对水源、土地、森林、草原、海洋等自然资源的生态保护。	
	重点搞好"三河三湖"(淮河海河辽河、太湖巢湖滇池)、南水北调水源及沿线、三峡库区、松花江等流域污染防治。	加强三峡库区、松花江、南水北调水源及沿线、渤海等重点流域和区域水污染防治工作。
	大力推行清洁生产,加强工业废水治理工程建设。抓好大气污染防治和重点城市污水处理、生活垃圾无害化处理。	完善节能降耗、污染减排政策,普遍建立节能减排目标责任制。积极推进重点行业、重点企业和重点工程的节能工作,开展循环经济试点。实施燃煤电厂脱硫、城市污水处理、垃圾无害化处理等环保重点工程。
	综合防治农业面源污染和畜禽养殖污染。	
	继续实施自然生态保护工程。抓紧建立生态补偿机制。	扎实推进生态保护和建设。
	强化环境和生态保护执法检查,健全环境保护的监测体系、评价考核和责任追究制度。	连续四年在全国开展整治违法排污企业、保障群众健康环保专项行动。

资料来源：政策宣示部分根据 2006 年《政府工作报告》整理，政策执行部分根据 2007 年《政府工作报告》整理。

2006 年中央财政用于科技、教育、卫生和文化事业的支出分别为 774 亿元、536 亿元、138 亿元和 123 亿元，比上年增长 29.2%、39.4%、65.4% 和 23.9%。从表 3-3 的比较中不难看出，中国政府社会政策格局已经逐渐成形。教育、医疗、就业、社会保障、住房、环保等各个领域都有大量的政策出台，而且大部分都得到有效的执行，达到了一定的政策效果。以教育政策中职业教育的相关内容为例，以前宣示意味大于实质意义，但是在 2006 年，相关政策得到落实并产生了具体效果。而且，有关政策得到政府财政和预算的切实支持，公共支出分类也更加细致，保证了政策的有效执行。

四 2007年：中国社会政策时代的来临

2006年10月，中共十六届六中全会通过了《关于构建社会主义和谐社会若干重大问题的决定》（以下简称《决定》）。《决定》不仅提出了构建社会主义和谐社会的指导思想，也标志着中国社会政策时代的到来。《决定》指明了经济发展与社会发展的关系，指出"社会要和谐，首先要发展。社会和谐在很大程度上取决于社会生产力的发展水平，取决于发展的协调性。必须坚持用发展的办法解决前进中的问题，大力发展社会生产力，不断为社会和谐创造雄厚的物质基础。同时，更加注重解决发展不平衡问题，更加注重发展社会事业，推动经济社会协调发展"。在确立了经济发展与社会政策的关系后，《决定》充分阐述了我国社会政策的基本内容和目标，包括"扎实推进社会主义新农村建设，促进城乡协调发展""落实区域发展总体战略，促进区域协调发展""实施积极的就业政策，发展和谐劳动关系""坚持教育优先发展，促进教育公平""加强医疗卫生服务，提高人民健康水平""加快发展文化事业和文化产业，满足人民群众文化需求"以及"加强环境治理保护，促进人与自然相和谐"。把环境保护政策纳入社会事业和社会政策的范畴，充分表现出《决定》对当代社会政策发展趋势的理解和认同。不仅如此，《决定》还提出了落实社会政策的制度保障，主要有公共财政制度和社会保障制度。关于公共财政制度，《决定》指出，要"完善公共财政制度，逐步实现基本公共服务均等化。健全公共财政体制，调整财政收支结构，把更多财政资金投向公共服务领域，加大财政在教育、卫生、文化、就业再就业服务、社会保障、生态环境、公共基础设施、社会治安等方面的投入"。关于社会保障制度，《决定》指出，要"逐步建立社会保险、社会救助、社会福利、慈善事业相衔接的覆盖城乡居民的社会保障体系"。这些论述，充分反映了最高决策层对社会政策和人民福祉的关注。可以说，《决定》不仅是构建社会主义和谐社会的纲领性文件，也是21世纪中国社会政策的总纲，是中国社会政策的基本宣言。

更重要的是，《决定》还首次在党的最高级别文件中使用了"社会政策"概念。《决定》要求"加强社会建设理论和社会政策的学习研究和教育培训，不断提高各级领导班子和领导干部管理社会事务、协调利益关系、开展群众工作、激发社会创造活力、处理人民内部矛盾、维护社会稳定的本领"（中共中央，2006）。这是我国官方文件首次出现"社会政策"概念，对提升社会政策在中国公共政策格局中的地位带来了积极影响。

根据《决定》精神，2007年的国务院政府工作报告提出，要"更加重视社会发展和改善民生。坚持以人为本，促进社会事业加快发展，积极解决人民群众最关心、最直接、最现实的利益问题，维护社会公平正义，让全体人民共享改革发展成果"（见表3-4）。

表3-4 2007年的社会政策

	政策宣示	政策执行
教育政策	在全国农村全部免除义务教育阶段的学杂费；继续对农村贫困家庭学生免费提供教科书并补助寄宿生活费。	农村义务教育已全面纳入财政保障范围，对全国农村义务教育阶段学生全部免除学杂费、全部免费提供教科书，对家庭经济困难寄宿生提供生活补助，使1.5亿学生和780万名家庭经济困难寄宿生受益。
	完善农村义务教育经费保障机制，不断提高保障水平。	
	"十一五"时期中央财政将投入100亿元，实施农村初中学校改造计划，地方政府也要相应增加这方面的投入。	国家安排专项资金支持2.2万多所农村中小学改造危房、建设7000多所寄宿制学校。
	今年还要继续解决好城市困难家庭和农民工子女接受义务教育问题。	
	确保全面完成西部地区"两基"攻坚计划和农村中小学现代远程教育工程。	远程教育已覆盖36万所农村中小学，更多的农村学生享受到优质教育资源。
	加快教育教学改革，相对稳定招生规模，加强高水平学科和大学建设，创新人才培养模式，优化人才培养结构，努力造就大批杰出人才。	高校重点学科建设继续加强。
	支持和规范民办教育发展，发挥社会力量办学的积极性。	

续表

	政策宣示	政策执行
教育政策	在普通本科高校、高等职业学校和中等职业学校建立健全国家奖学金、助学金制度，同时，进一步落实国家助学贷款政策。	建立健全普通本科高校、高等和中等职业学校国家奖学金助学金制度，中央财政此项支出98亿元，高校资助面超过20%，中等职业学校资助面超过90%，资助标准大幅度提高。
	在教育部直属师范大学实行师范生免费教育。	在实现教育公平上迈出了重大步伐。
医疗政策	积极推行新型农村合作医疗制度。试点范围扩大到全国80%以上的县（市、区）。落实农村卫生服务体系建设与发展规划，健全县、乡、村三级农村卫生服务网络。建设农村药品供应网和监督网，加强农村卫生队伍建设。	国家安排资金改造和新建1.88万所乡镇卫生院、786所医院、285所县中医院和534所县妇幼保健院，为1.17万个乡镇卫生院配备了医疗设备，农村医疗卫生条件明显改善。
	加快建设以社区为基础的新型城市卫生服务体系。优化城市医疗卫生资源配置，重点发展社区卫生服务，落实经费保障措施。	全国建立了2.4万多个社区卫生服务机构，新型城市医疗卫生服务体系进一步健全。
	启动以大病统筹为主的城镇居民基本医疗保险试点，政府对困难群众给予必要的资助。	
	做好重大传染病防治工作，扩大国家免疫规划范围。扩大免费救治病种。大力扶持中医药和民族医药发展。	国家规划免疫预防的疾病由7种扩大到15种，对艾滋病、结核病、血吸虫病等重大传染病患者实施免费救治。
	组织力量抓紧制定深化医药卫生体制改革方案，努力解决好广大群众关心的看病就医问题。	重点加强公共卫生、医疗服务和医疗保障体系建设，覆盖城乡、功能比较齐全的疾病预防控制和应急医疗救治体系基本建成。
就业政策	城镇新增就业人数不低于900万人，城镇登记失业率控制在4.6%以内。	坚持实施和完善积极的就业政策。
	实施有利于促进就业的财政、税收和金融政策，积极支持自主创业和自谋职业。	从财税、金融等方面加大支持力度，中央财政安排就业补助资金五年累计666亿元。

续表

	政策宣示	政策执行
就业政策	重点做好下岗失业和关闭破产企业人员再就业工作，积极帮助"零就业家庭"和就业困难人员就业。 加强高校毕业生就业指导和服务，推进退役军人安置改革。 全面推行劳动合同制度，保障劳动者合法权益。	统筹做好就业再就业工作，全面加强职业技能培训。基本解决国有企业下岗职工再就业问题，完成下岗职工基本生活保障向失业保险并轨。
社会保障政策	加强社会保障体系建设。继续完善企业职工基本养老保险制度，推进做实个人账户扩大试点工作。健全城镇职工基本医疗保险和失业、工伤、生育保险制度。	城镇职工基本养老保险制度不断完善，参保人数突破2亿人。做实基本养老保险个人账户试点扩大到11个省份。2007年城镇职工基本医疗保险参保人数达到1.8亿。88个城市启动城镇居民基本医疗保险试点。
	加快建立适合农民工特点的社会保障制度，重点推进农民工工伤保险和大病医疗保障工作。抓紧研究制定社会保险关系跨地区转移接续办法。	新型农村合作医疗制度不断完善，已扩大到全国86%的县，参合农民达到7.3亿人。
	进一步扩大社会保险覆盖面。多渠道筹集和积累社会保障基金。 完善社会保险费征管方式，提高基金征缴率。 强化社会保障基金、住房公积金等社会公共基金的监督管理。积极发展社会福利事业。	全国社会保障基金积累4140亿元，比2002年增加2898亿元。
	完善城乡社会救助体系。健全城市居民最低生活保障制度、城乡医疗救助制度、城市生活无着的流浪乞讨人员救助制度。 全国范围建立农村最低生活保障制度。中央财政对困难地区给予适当补助。 落实好优抚政策，妥善解决优抚对象的实际困难。切实抓好防灾减灾救灾工作，妥善安排受灾群众的生产生活。支持慈善事业发展。	城乡社会救助体系基本建立。城市居民最低生活保障制度不断完善，保障标准和补助水平逐步提高。2007年在全国农村全面建立最低生活保障制度，3451.9万农村居民纳入保障范围。社会福利、优抚安置、慈善和残疾人事业取得新进展。抗灾救灾工作全面加强，受灾群众生产生活得到妥善安排。

续表

	政策宣示	政策执行
环保政策	完善并严格执行能耗和环保标准。坚决淘汰落后生产能力。	依法淘汰一大批落后生产能力,关停小火电2157万千瓦、小煤矿1.12万处,淘汰落后炼铁产能4659万吨、炼钢产能3747万吨、水泥产能8700万吨。
	突出抓好重点行业和企业。加强企业的节能减排工作。坚持优先发展城市公共交通。健全节能环保政策体系。促进节能环保工作。保护和合理开发利用海洋资源。加快节能环保技术进步。积极推进以节能减排为主要目标的设备更新和技术改造。	节能减排取得积极进展,2007年单位国内生产总值能耗比上年下降3.27%,化学需氧量、二氧化硫排放总量近年来首次出现双下降,比上年分别下降3.14%和4.66%。节约资源和保护环境从认识到实践都发生了重要转变。启动十大重点节能工程。燃煤电厂脱硫工程取得突破性进展。
	加大污染治理和环境保护力度。增加国债资金和中央预算内资金,支持城镇生活污水、垃圾处理和危险废物处理设施建设。继续搞好"三河三湖"(淮河海河辽河、太湖巢湖滇池)、渤海、松花江、三峡库区及上游、南水北调水源及沿线等重点流域和区域污染治理。禁止污染企业和城市污染物向农村扩散,控制农村面源污染。	继续推进天然林保护、京津风沙源治理等生态建设,五年累计退耕还林、植树造林3191万公顷,退牧还草3460万公顷。加强土地和水资源保护,五年整理复垦开发补充耕地152.6万公顷。中央政府投资支持重点流域水污染防治项目691个。
	强化执法监督管理。建立更加有效的节能环保监督管理体系。	
	认真落实节能环保目标责任制。建立和完善节能减排指标体系、监测体系和考核体系,实行严格问责制。	

资料来源:政策宣示部分根据2007年《政府工作报告》整理,政策执行部分根据2008年《政府工作报告》整理。

2007年《政府工作报告》强调预算过程与社会政策的结合,指出"政府预算支出和政府投资要优化结构、突出重点。政府投资使用要确保'三个高于',即:用于直接改善农村生产生活条件的投入高于上年,用于基础教育和公共卫生等社会事业的投入高于上年,用于西部大开发的投入高于上年。同时,加大对节能环保和自主创新的支持"。

值得注意的是2007年全面实现农村义务教育,这是我国教育发展史上的重要里程碑。

五　2008年：社会政策体系日臻完善

按照中共十七大报告提出的"学有所教、劳有所得、病有所医、老有所养、住有所居"指导思想，在"更加注重社会建设，着力保障和改善民生"的主题下，2008年《政府工作报告》对政府社会政策范畴做出比较全面的宣示，囊括了经典社会政策的五大主要部门（教育、医疗、就业、社会保障、住房），具有清晰的社会政策思路（见表3-5）。

表3-5　2008年的社会政策

	政策宣示	政策执行
教育政策	在全国城乡普遍实行义务教育。继续增加农村义务教育公用经费，提高保障水平。	全面实行城乡义务教育，对所有农村义务教育阶段学生免费提供教科书。
	大力发展职业教育。加强职业教育基础能力建设，深化职业教育管理、办学、投入等体制改革，培养高素质技能型人才。	职业教育加快发展。
	提高高等教育质量。优化学科专业结构，推进高水平大学和重点学科建设。普通高校招生增量继续向中西部地区倾斜。	
	加大教育事业投入。地方财政也都要增加投入。 进一步规范教育收费。 鼓励和规范民办教育发展。	国家助学制度进一步完善，中央财政投入223亿元，地方财政也加大投入，资助学生超过2000万人；向中等职业学校中来自城市经济困难家庭和农村的学生提供助学金，每人每年1500元，惠及90%的在校生。
医疗政策	加快建设覆盖城乡居民的医疗保障制度。扩大城镇职工基本医疗保险覆盖面。	城镇居民基本医疗保险试点城市由上年的88个增加到317个。参加新型农村合作医疗的人口8.4亿，参合率91.5%。
	完善公共卫生服务体系。抓好重大疾病防治，落实扩大国家传染病免疫规划范围的政策措施。 推进城乡医疗服务体系建设。	城市社区卫生服务体系建设取得重大进展。

续表

	政策宣示	政策执行
医疗政策	建立国家基本药物制度和药品供应保障体系，保证群众基本用药和用药安全，控制药品价格上涨。	
	支持卫生事业改革和发展，重点向农村和基层倾斜。	医药卫生改革发展稳步推进。
就业政策	加快建设城乡统一规范的人力资源市场，完善公共就业服务体系，促进形成城乡劳动者平等就业制度。	城镇新增就业1113万人。就业和社会保障工作进一步加强。完善促进就业、以创业带动就业的政策。
	加强高校毕业生就业指导和服务。深化退役军人安置制度改革。	
	完善就业援助制度，落实促进残疾人就业政策，建立帮助零就业家庭解决就业困难的长效机制。	
	督促各类企业同劳动者依法签订并履行劳动合同。加强劳动争议处理和劳动保障监察，严厉打击各种非法用工行为。	落实最低工资制度。
社会保障政策	做好社会保险扩面和基金征缴工作。重点扩大农民工、非公有制经济组织就业人员、城镇灵活就业人员参加社会保险。努力解决关闭破产企业退休人员和困难企业职工参加基本医疗保险问题。	各项社会保险覆盖面继续扩大，城镇职工基本养老保险、基本医疗保险参保人数分别增加1753万和2028万，失业、工伤、生育保险参保人数继续增加。 农民工、被征地农民社会保障工作稳步推进。
	推进社会保险制度改革。完善社会统筹与个人账户相结合的企业职工基本养老保险制度。规范发展企业年金制度。探索事业单位基本养老保险制度改革。抓紧制定适合农民工特点的养老保险办法。鼓励各地开展农村养老保险试点。	启动事业单位基本养老保险制度改革试点。积极探索建立新型农村社会养老保险制度。
	采取多种方式充实社会保障基金，强化基金监管，确保基金安全，实现保值增值。	

续表

	政策宣示	政策执行
社会保障政策	健全社会救助体系。重点完善城乡居民最低生活保障制度。健全临时救助制度。同时，积极发展社会福利事业。鼓励和支持慈善事业发展。做好优抚安置工作。加强防灾减灾救灾工作。	全面加强城乡居民最低生活保障制度建设。增加对低收入群体和大学生的生活补贴。大幅度提高重点优抚对象的抚恤优待标准。
住房政策	建立科学、合理的住房建设和消费模式。大力发展省地节能环保型住宅，增加中小套型住房供给，引导居民适度消费。	
	坚持正确发挥政府和市场的作用，政府主要制定住房规划和政策，搞好土地合理供应、集约利用和管理，重点发展面向中低收入家庭的住房。高收入家庭的住房需求主要通过市场调节解决。	加大保障性住房建设和棚户区改造力度，低收入群众住房困难问题得到一定程度缓解。
	坚持加强对房地产市场的调控和监管，规范和维护市场秩序，促进房地产业持续稳定健康发展。	统一个人房地产税收制度，降低住房交易税费，促进房地产市场健康发展。

资料来源：政策宣示部分根据 2008 年《政府工作报告》整理，政策执行部分根据 2009 年《政府工作报告》整理。

按照构建社会主义和谐社会的要求，2008 年中央财政支出重点向社会事业倾斜，用于社会保障、卫生和文化事业的支出分别为 2023.03 亿元、138.03 亿元和 122.97 亿元，增长 23.7%、65.4% 和 23.9%，突出改善社会发展薄弱环节，促进了经济社会协调发展。其中，特别值得一提的是，2008 年的政府工作报告把"住房保障体系"列入了社会建设范畴。

六 2009 年：社会政策重要性进一步凸显

2009 年是进入 21 世纪以来我国经济发展最为困难的一年。国际金融危机扩散蔓延,世界经济深度衰退,我国经济受到严重冲击。在应对国际金融危机的困难情况下,中央政府更加注重保障和改善民生,切实解决人民群众最关心、最直接、最现实的利益问题。坚持把保障和改善民生作为经济工作的出发点和落脚点,实行更加积极的就业政策,把促进增长与扩大就业、改善民生紧密结合起来,让人民群众共享改革发展的成果。

表 3-6 2009 年的社会政策

	政策宣示	政策执行
教育政策	促进教育公平。落实好城乡免费义务教育政策。提高农村义务教育公用经费标准。逐步解决农民工子女在输入地免费接受义务教育问题。	全面落实城乡义务教育政策,中央下达农村义务教育经费 666 亿元,提前一年实现农村中小学生人均公用经费 500 元和 300 元的目标。
	完善国家助学制度,加大对中等职业学校和高等院校家庭经济困难学生的资助,确保人人享有平等的受教育机会。	国家助学制度不断完善,资助学生 2871 万人。
	优化教育结构。大力发展职业教育,特别要重点支持农村中等职业教育。逐步实行中等职业教育免费。	中等职业学校农村家庭经济困难学生和涉农专业学生免学费政策开始实施。
	继续提高高等教育质量,推进高水平大学和重点学科建设,引导高等学校调整专业和课程设置。	
	加强教师队伍建设。对义务教育阶段教师实行绩效工资制度。全面加强教师特别是农村教师培训,鼓励大学生、师范生到基层、农村任教。	实行义务教育阶段教师绩效工资制度。
	推进素质教育。加快课程、教材、教育方法和考试评价制度改革。	
	实施全国中小学校舍安全工程,推进农村中小学标准化建设。	
医疗政策	将全国城乡居民分别纳入城镇职工基本医疗保险、城镇居民基本医疗保险和新型农村合作医疗制度覆盖范围,完善城乡医疗救助制度,提高救助水平。	城镇职工和城镇居民基本医疗保险参保 4.01 亿人,新型农村合作医疗制度覆盖 8.3 亿人。解决关闭破产国有企业退休人员医疗保险问题。

续表

	政策宣示	政策执行
医疗政策	统一制定和发布国家基本药物目录,出台基本药物生产、流通、定价、使用和医保报销政策,减轻群众看病就医基本用药费用负担。	基本药物制度在30%的基层医疗卫生机构实施。
	健全基层医疗卫生服务体系,支持边远地区村卫生室建设,实现全国每个行政村都有卫生室。 促进基本公共卫生服务逐步均等化。扩大免费公共卫生服务范围。增加重大传染病、慢性病和职业病、地方病防治的专项投入。	中央财政医疗卫生支出1277亿元,比上年增长49.5%。支持建设了一批县级医院、乡镇中心卫生院和社区卫生服务中心。 启动实施扩大乙肝疫苗接种等重大公共卫生服务专项。
	推进公立医院改革试点。重点改革管理体制、运行机制和监管机制。逐步取消以药补医机制,推进公立医院补偿机制改革。鼓励各地探索建立医疗服务由利益相关方参与协商的定价机制,建立由有关机构、群众代表和专家参与的质量监管和评价制度。	稳步推进医药卫生事业改革发展。组织实施医药卫生体制改革。
就业政策	促进高校毕业生就业放在突出位置。加快建设一批投资少、见效快的大学生创业园或创业孵化基地。	促进高校毕业生到基层就业、应征入伍和到企事业单位就业见习。
	广开农民工就业门路和稳定现有就业岗位。发挥政府投资和重大项目建设带动农民工就业的作用。鼓励和支持困难企业与员工协商薪酬,采取灵活用工、弹性工时、技能培训等办法,尽量不裁员。加强有组织的劳务输出,引导农民工有序流动。组织返乡农民工参与农村公共设施建设。	中央财政安排就业专项资金426亿元。实施困难企业缓缴社会保险费或降低部分费率、再就业税收减免及提供相关补贴等政策,鼓励企业稳定和增加就业。
	帮助城镇就业困难人员、零就业家庭和灾区劳动力就业。进一步开辟公益性就业岗位。进一步改善对就业的公共服务。加强就业信息发布、职业介绍和就业指导工作。大力开展职业培训。加大对就业困难人员和农民工职业技能培训的政策扶持。	开展系列就业服务活动,多渠道开辟公益性就业岗位。全年组织2100万城乡劳动者参加职业培训。

续表

	政策宣示	政策执行
就业政策	大力支持自主创业、自谋职业，促进以创业带动就业。	
社会保障政策	完善基本养老保险制度；制定实施农民工养老保险办法；出台养老保险关系转移接续办法。完善失业、工伤、生育保险制度。健全城乡社会救助制度。 扩大社会保障覆盖范围。重点做好非公有制经济从业人员、农民工、被征地农民、灵活就业人员和自由职业者参保工作。	普遍建立养老保险省级统筹制度，出台包括农民工在内的城镇企业职工养老保险关系转移接续办法。在320个县开展新型农村社会养老保险试点，推动我国社会保障制度建设迈出历史性步伐。
	提高社会保障待遇。今明两年继续提高企业退休人员基本养老金，提高失业保险金和工伤保险金标准。进一步提高城乡低保、农村五保等保障水平，提高优抚对象抚恤和生活补助标准。 大力发展社会福利事业和慈善事业。	企业退休人员基本养老金连续五年增加，农村五保户供养水平、优抚对象抚恤补助标准、城乡低保对象保障水平都有新的提高。
住房政策	加大对廉租房建设和棚户区改造的投资支持力度，适当提高中西部地区补助标准，扩大农村危房改造试点范围，实施少数民族地区游牧民定居工程。	新建、改扩建各类保障性住房200万套，棚户区改造解决住房130万套。
	选择一些有条件的地区进行试点，把部分住房公积金闲置资金补充用于经济适用住房建设。 积极发展公共租赁住房。落实好支持居民购买自住性和改善性住房的信贷、税收和其他政策。	
	加快发展二手房市场和住房租赁市场。鼓励引导各地因地制宜稳定和发展房地产市场，加强住房市场分类管理。继续整顿房地产市场秩序，规范交易行为。帮助进城农民工解决住房困难问题。	

资料来源：政策宣示部分根据2009年《政府工作报告》整理，政策执行部分根据2010年《政府工作报告》整理。

2009年《政府工作报告》具有明显的时代特色，"促进就业"成为社会政策的首要选择，而"维护社会和谐安定"则成为社会政策的主要目标。更特别的是，2009年报告中，住房政策的宣示不是放在社会政策领域，而是重新纳入了房地产市场政策的范畴，恢复了2006年以前的做法。这一变动可能是基于经济现实的一种权宜之计，但是也反映我们缺乏清晰而稳定的社会政策理念和体系。因此，可以说，就社会政策的学理性而言，2009年政府的社会政策宣示较逊于2008年。究其实，2009年的相关政策宣示更多地反映了国际金融危机下的我国社会经济的现实挑战。

我们尝试比较一下温家宝总理2008年和2009年两份政府工作报告，试图分析国际金融危机下我国社会政策的基本特色。

在这两份政府工作报告中，都有对于我国社会民生状况和年度政府社会政策的具体宣示。在2009年的政府工作报告中，相关部分的小标题改为了"大力发展社会事业，着力保障和改善民生"。从具体政策宣示来看，2009年政府工作报告列出了如下内容："千方百计促进就业""加快完善社会保障体系""优先发展教育""推进医药卫生事业发展""做好人口和计划生育工作""大力发展文化体育事业""加强民主法制建设"以及"加强社会管理，维护社会和谐安定"。

两相比较，我们可以看到，在两份政府工作报告中，虽然目标和落脚点都是"着力保障和改善民生"，但手段的表述有些差别，2009年用的是"发展社会事业"，2008年用的是"注重社会建设"。"社会事业"与"社会建设"可能是两个可以互换的政策话语，但是，从具体的政策宣示来看，两个似乎还是有相当的区别。2009年报告中，在"社会事业"概念下，除就业、社保、教育、卫生等领域外，还纳入了"文化体育事业""民主法制""社会管理"这些内容，超越了常规社会政策的范畴。

尽管如此，笔者对温家宝总理在2009年政府工作报告中的这段话非常赞同，"越是困难的时候，越要关注民生，越要促进社会和谐稳定。坚持把保障和改善民生作为经济工作的出发点和落脚点，实行更加积极的就业政策，把促进增长与扩大就业、改善民生紧密结合起来，让人民群众共享改革发展的成果"。笔者认为，总理的这段话很好地体现了我国发展社会政策的现实需要和基本原则。为此，我国政府需要把"社会政策"纳入官方政策话语体系，并且建立清晰的社会政策理念和体系。

七 2010年：社会政策新发展

2010年是我国继续应对国际金融危机、保持经济平稳较快发展、加快转变经济发展方式的关键一年，是全面实现"十一五"规划目标、为"十二五"发展打好基础的重要一年。2010年的就业形势依然严峻，《政府工作报告》把"千方百计扩大就业"作为保障和改善民生的头等大事。另外，中央进一步完善住房保障政策，促进房地产市场平稳健康发展，坚决遏制部分城市房价过快上涨势头，满足人民群众的基本住房需求（见表3-7）。

表3-7 2010年的社会政策

	政策宣示
教育政策	推进教育改革。坚持育人为本，大力推进素质教育。探索适应不同类型教育和人才成长的学校管理体制和办学模式，提高办学和人才培养水平。鼓励社会力量兴办教育，满足群众多样化的教育需求。
	促进义务教育均衡发展。加快推进中西部地区初中校舍改造和全国中小学校舍安全工程，尽快使所有学校的校舍、设备和师资达到规定标准。为农村中小学班级配备多媒体远程教学设备。加强学前教育和特殊教育学校建设。加大对少数民族和民族地区教育的支持。
	继续加强职业教育。以就业为目标，整合教育资源，改进教学方式，着力培养学生的就业创业能力。
	推进高等学校管理体制和招生制度改革。创建若干一流大学，培养杰出人才。中央财政要加大对中西部高等教育发展的支持。
	加强教师队伍建设。吸引优秀人才投身教育事业。重点加强农村义务教育学校教师和校长培训，鼓励优秀教师到农村贫困地区从教。加强师德教育，增强教师的责任感和使命感。
医疗政策	把城镇居民基本医保和新农合的财政补助标准提高到120元，比上年增长50%，并适当提高个人缴费标准。开展农村儿童白血病、先天性心脏病医疗保障试点，尽力为这些不幸的儿童和家庭提供更多帮助。
	在60%政府举办的基层医疗卫生机构实施基本药物制度，其他医疗机构也要优先选用基本药物。推进基本药物集中采购和统一配送。基本完成城乡基层医疗卫生机构建设规划，大规模开展适宜人才培养和培训。

续表

	政策宣示
医疗政策	进一步完善支持村卫生室建设和乡村医生发展的政策措施。完善基层医疗卫生机构补偿机制，落实岗位绩效工资。开展社区首诊试点，推动形成基层医疗卫生机构和医院功能区分合理、协作配合、互相转诊的服务体系。
	切实加强甲型H1N1流感等重大传染病防控和慢性病、职业病、地方病防治，提高突发公共卫生事件应急处置能力。
	开展公立医院改革试点，坚持基本医疗的公益性方向，创新体制机制，充分调动医务人员积极性，提高服务质量，控制医疗费用，改善医患关系。
	大力支持社会资本兴办医疗卫生机构，在服务准入、医保定点等方面一视同仁。扶持和促进中医药、民族医药事业发展。
就业政策	重点做好高校毕业生、农民工、就业困难人员就业和退伍转业军人就业安置工作。
	加强政策支持和就业指导，鼓励高校毕业生到城乡基层、中西部地区和中小企业就业；拓宽就业、择业、创业渠道，鼓励自主创业、自谋职业等多种形式的灵活就业，以创业带动就业。建立健全公共投资带动就业的机制。继续加强职业技能培训，重点提高农民工和城乡新增劳动力的就业能力。
	完善就业服务体系，健全劳动力输出输入地区协调协作机制，引导劳动力特别是农民工有序流动。
	加快建立统一规范的人力资源市场。维护劳动者合法权益，构建和谐的劳动关系。
社会保障政策	加快完善覆盖城乡居民的社会保障体系。扎实推进新型农村社会养老保险试点，试点范围扩大到23%的县。加快解决未参保集体企业退休人员基本养老保障等遗留问题。将全国130万"老工伤"人员全部纳入工伤保险范围。积极推进农民工参加社会保险。加强城乡低保工作，切实做到动态管理、应保尽保。
	加强残疾人社会保障和服务体系建设，进一步落实好扶残助残的各项政策，为他们平等参与社会生活创造更好的环境。
	企业退休人员基本养老金今年再提高10%。各级政府要进一步增加社会保障投入，中央财政拟安排3185亿元。要多渠道增加全国社会保障基金，加强监管，实现保值增值。
住房政策	促进房地产市场平稳健康发展。要坚决遏制部分城市房价过快上涨势头，满足人民群众的基本住房需求。
	大规模实施保障性安居工程。中央财政拟安排保障性住房专项补助资金632亿元，比上年增加81亿元。建设保障性住房300万套，各类棚户区改造住房280万套。扩大农村危房改造试点范围。

续表

	政策宣示
住房政策	支持居民自住性住房消费。增加中低价位、中小套型普通商品房用地供应，加快普通商品房项目审批和建设进度。规范发展二手房市场，倡导住房租赁消费。盘活住房租赁市场。
	抑制投机性购房。加大差别化信贷、税收政策执行力度。完善商品房预售制度。
	大力整顿和规范房地产市场秩序。完善土地收入管理使用办法，抑制土地价格过快上涨。加大对圈地不建、捂盘惜售、哄抬房价等违法违规行为的查处力度。

资料来源：政策宣示部分根据2010年《政府工作报告》整理。

结　语

纵观2004年至2010年的《政府工作报告》，不难发现，有关社会政策的论述和内容在不断增加，表明社会政策在我国公共政策格局中的地位得到提升，开始成为政府施政的重点。在"发展社会事业""关注群众生活""维护群众切身利益""科教兴国""可持续发展""服务民生"等话语修饰下，我国的社会政策核心价值开始形成，社会政策框架基本确立。

分析近年来的政府工作报告，可以清楚地看到中国社会政策框架形成的轨迹。

首先，社会政策的内涵不断丰富和细化。

在2004年，政府社会政策的重点集中在教育和公共卫生领域。如果说教育政策是老生常谈的话，那么，对公共卫生政策的重视则是对"非典"危机的被动回应。到2005年，主要社会政策范畴的相关政策措施更加丰富和具体，特别是在教育、医疗卫生、就业和社会保障领域。到2006年，社会政策有了新的内容，那就是住房政策和环保政策开始受到关注，逐渐形成较全面、系统的社会政策体系。从前述的表格中可以看到，从2004年到2010年，《政府工作报告》中的社会政策内容越来越丰富和具体。

其次，社会政策与公共预算结合紧密。

公共政策执行必然导致一定的政策成本，形成某种资金要求。公共政策的执行不仅必须要有合理的经费，而且在绝大多数情况下，执行公共政策的经费应该来自国库拨付，并且只能来自国库拨付。否则，在存在利益纷争或潜在的利益纷争的条件下，政策执行经费的非国库拨付，极有可能在社会公平方面导致争议，进而诱发新的政策问题（张国庆，1997：177~178）。因此，任何公共政策都离不开公共财政和公共预算的支持。

然而，在现实中，政策与预算常常发生脱节，无法对应衔接。无论在发达国家还是发展中国家，都不同程度地存在政策和预算分离的现象。发展中国家在这方面的问题尤为严重。长期以来，发展中国家一直受到公共资源分配不合理和公共服务效率长期低下的困扰。导致这种局面的主要原因是政策过程与预算过程的分离。著名公共预算专家凯顿就将预算过程与政策过程的分离列为发展中国家预算编制的十大问题之一（马骏、侯一麟，2005）。

比较上述各表，我们发现，政府工作报告在提出一项社会政策的同时，相应对预算资金做出安排的情况正在逐渐增多，并有望成为惯例。这表明，在政策转型过程中，中国的政策过程与预算过程开始结合起来，形成比较合理的政策建制。

当然，通过梳理政府工作报告，我们也可以发现，虽然社会政策核心价值业已形成，但是规范的社会政策体系还有待完善。

首先，"社会政策"概念尚未进入《政府工作报告》中。2006年的《决定》虽然使用了"社会政策"一词，但是，《决定》对就业、社会保障、收入分配、教育、医疗、住房等具体社会政策领域的表述，都以"关系群众切身利益的问题"等概念来表达。而在《政府工作报告》中，这些领域常常以"社会事业"来指代，明确的"社会政策"概念还没有成为《政府工作报告》的正式表述。由于缺乏明确而系统的社会政策概念，不同年份的《政府工作报告》中有关教育、医疗、就业和社会保障等政策宣示和执行情况之间缺乏协调一致。也就是说，前一年《政府工作报告》的政策宣示在第二年的《政府工作报告》中没有得到清楚的回应。这可以从前述的有关表格中看到。因为缺乏明确的社会政策概念而带来的另一个问题是，有关社会政策支出的统计口径不一，难以确定每一年度的社会政策支出。另外，官方话语中的"社会事业"包括科技、教育、文化、卫生、体育，同时与"精神文明建设相联系"，而且，科技、文化、体育等内容并非属于社会政策的范畴。

其次，某些领域，如针对有需要的个人所提供的社会服务，像老人照顾、残障人士照顾等，目前只是作为社会救助内容纳入社会保障政策的范畴，仍未完全成为独立的社会政策领域，因而也制约了有关政策和实践的发展。随着国民经济的发展和人民生活水平的提升，个人社会服务的需求将不断加大，需要政府政策做出及时的回应。

再次，社会保障政策没有与其他社会政策或社会事业的发展很好地协调与配合，甚至出现了冲突，导致公众难以感受到整体福利水平的提升。尽管社会政策领域在不断扩大，但是高企的房价与不断上涨的公共服务收费抵消了来自社会保障的收益，导致很多人感受到生活的重压。

最后，中国目前还缺乏城乡一体的社会政策体系。《政府工作报告》中有关教育、就业、社会保障等社会政策领域主要涉及城镇地区。在农村，相关的政策则归入所谓"新农村建设"政策。如何统筹兼顾，相互衔接，形成完整的社会政策体系还需要努力。

第二篇

社会支出

第四章 国际社会支出概念及其指标体系

社会政策支出,也称社会支出,反映的是一个国家或地区在社会政策领域的投入,是社会政策的量化指标。社会政策支出为社会政策的最终落实提供物质保证,否则再好的社会政策也会成为空中楼阁。社会支出是社会政策研究领域一个重要的研究课题,富有价值并且充满潜力。西方发达市场经济国家和许多重要的国际组织都非常重视社会支出,不仅构建了社会支出的指标体系,积累了丰富系统的统计资料,并且用社会支出水平来衡量一个国家或地区在改善人们福利水平方面做出的努力。

一 西方的社会支出概念

在当代世界,人们通常在两种情况下使用"社会政策"一词,第一,用来指称那些影响人民福利的实际的政府政策、计划或制度安排;第二,用来指称研究前述政策的学术领域。也就是说,社会政策有两方面的含义,既指政府具体的社会政策,也被用来指"社会政策学"这门学科。尽管社会政策是一个常用语,但是从学术的角度来看,即使是在西方,至今也没有一个关于社会政策的公认定义。英国著名社会政策学者迈克尔·希尔(Hill,2003)将社会政策定义为"影响公共福利的国家行为"。这是一个很宽泛的定义,那么,社会政策具体包含哪些领域呢?这似乎也没有标准答案。

在英国大学中,开设社会政策课程可供选择的主题有29种之多,其中包括老龄化、儿童保育、犯罪和刑事审判、教育、环境、健康护理、房地产、贫困与社会排斥、就业等诸多领域，可谓包罗万象，涉及面极其广泛（Baldock，2007）。经济合作与发展组织（OECD）将主要社会政策领域（social policy areas）界定为老人照顾、遗属抚恤、无劳动能力者补助、健康护理、家庭照顾、失业、住房和其他政策领域①。在社会政策学研究中，对于社会政策的范畴有所谓经典（传统）社会政策与新社会政策之分。传统社会政策的范畴主要受英国福利国家的设计者贝弗里奇（Beveridge，1942）的影响，他认为，社会政策的目的是要帮助人们解决社会生活中的"五大恶"：贫穷、疾病、肮脏、无知、失业。受贝弗里奇的影响，传统社会政策主要包括以下五大方面：社会保障政策（解决贫穷问题）、医疗卫生政策（解决疾病问题）、住房政策（解决肮脏问题）、教育政策（解决无知）和就业政策（解决失业问题）。这五大政策领域构成传统福利国家的基础。后来，随着福利国家的发展，针对个人或群体特殊需要的个人社会服务，或者说社会照顾，如老人照顾，家庭照顾等不断扩大，成为传统社会政策的第六大领域。新社会政策的范畴则包括交通、环保、资讯、休闲、食品安全等政策领域，尤其是社会规制政策。按照日本著名社会政策学者武川正吾（2011）的观点，社会政策（福利国家）主要有两大功能，一是提供给付，也就是提供各种福利与服务；一是进行社会规制，也就是以稳定和提高市民生活为直接目的的规制，如保护劳动者的劳动标准，消除各类歧视的反歧视条例，保障就业机会平等的法律政策，保障消费者安全的食品药品管制等。不过，社会政策的社会规制功能没有得到应有的关注。

　　从量上来研究社会政策固然有很多方法，但是最常用的方法恐怕还是将一个社会用于各项社会政策的支出加起来。但是，这个过程相当复杂而且缺乏统一的标准，因为从客观上讲，在不同的国家和社会，社会政策所涵盖的领域不同，而且为社会政策筹集资金的方式也多种多样。比如美国社会保障局（Social Security Administration）提出的一个概念——"社会福利支出"（social welfare expenditure），是指直接令个人和家庭受益的现金利益、服务和政府对公共项目的管理支出。这一宽泛的概念涵盖了用于

---

① 本章初稿与黄英平合作完成。经合组织官方网站：http：//www.oecd.org/document/9/0,3343, en_ 2649_ 34637_ 38141385_ 1_ 1_ 1_ 1, 00. html。

社会保障（老年人、遗属、失去劳动能力者、健康保险）、健康和医疗计划、教育、住房、退役军人计划、公益项目的支出[①]。英国的社会政策支出包括社会保障、医疗、教育、住房与环境、个人社会服务等方面。

由以上所举数例可以看出，不同国家（地区）对社会政策的界定各有差别，因此社会政策支出的计算标准也各不相同。那么，在国际上是否存在较为一致的标准呢？事实上是存在的。这一标准就是由经济合作与发展组织（OECD）提出来的"社会支出"（social expenditure/spending）这一概念。社会支出，又称为社会给付（social benefits），指的是"当环境对家庭和个人的福利造成不利影响时，由公共部门或私营部门提供的利益和财政资助（financial contributions）"。判断一项支出是否是社会支出，要看这项支出的目的是否是"社会的"，以及这项支出是否广泛地实现了人与人之间的资源再分配。经合组织将具有社会目的的支出（社会支出）归纳为如下几类：老年人津贴、残疾人津贴、意外伤害和传染病、疾病津贴、老年人及残疾人服务、遗属抚恤金、家庭津贴、家庭服务、劳动力市场培训政策、失业补助、住房津贴、公共健康支出、低收入群体津贴。社会支出的形式包括现金给付（cash benefits）（比如养老金、生育给付、社会救济金）、社会服务（比如医学护理、儿童护理、老年人和残疾人护理）和为达到某种社会目的而进行的税负减免（Adema, 2001）。但是，社会支出不包括家庭之间出于互助目的而相互提供的金钱或物品，因为只有机构（institution）提供的利益才能成为社会支出（家庭不属于机构的范畴）；也不包括企业发给职工的报酬（比如工资、奖金），因为这些是职工的劳动应得，或者是企业出于激励的目的而提供的（Adema and Ladaique, 2005）。经合组织提出"社会支出"这一概念，目的是满足日益迫切的对社会政策进行量化的需要。经合组织于1980年建立了社会支出数据库（Social Expenditure Database，简称为SOCX）。这个数据库提供了成员国自1980年以来的有关社会支出的数据，利用这一数据库研究社会支出的总体变化趋势，并且对成员国社会支出进行比较研究。经合组织

[①] http://www.libraryindex.com/pages/72/How-Much-Does-Nation-Spend-on-Welfare.html.

通过社会支出占GDP的比重来判断一国在多大程度上维持了那些身处不利境地的人们以及弱势群体的生活标准。

围绕"社会支出"这一概念，经合组织又提出了若干次级概念，构成一个科学的概念体系。社会支出可以划分为公共社会支出（public social expenditure）和私人社会支出（private social expenditure），区分公共和私人社会支出的标准是由谁来控制资金流（financial flows），如果给付是由公共部门（比如中央政府、地方政府或者社会保障基金会）提供的，就是公共社会支出（政府为其雇员提供的福利属于公共社会支出）；而由非公共部门提供的其他给付，就是私人社会支出。

在大多数欧洲国家，公共社会支出占社会支出的大部分（大约90%），在荷兰和英国，这个比重为80%。在美国，私人社会支出占社会支出的30%和GDP的9%（Adema and Ladaique，2005）。虽然美国的私人社会支出占社会支出的比重较欧洲国家为高，但是公共社会支出仍然占社会支出的大部分。由此可见，社会支出主要是由公共部门提供的，也就是说，公共部门在提供社会支出中扮演了主要角色。现金给付是公共社会支出的主要形式。在经合组织成员国中，除了韩国以外，现金形式的支出占公共社会支出的大部分，1997年，经合组织成员国的平均比例为63%。而在现金支出中，老年人津贴和遗属津贴又占大部分，1997年经合组织成员国平均比例为58%。在社会服务的支出中，健康护理占大部分，在经合组织成员国中，平均有75%的社会服务支出是健康护理方面的支出。在北欧国家，健康护理方面的支出占社会服务支出的比重要低一些（54%），这是因为这些国家很大一部分社会服务的支出用在了家庭服务、对老年人和残疾人的服务上（Adema，2001）。由此可见，西方社会支出主要投向了老年人群体和健康护理方面。

从2003年开始，经合组织首次提供24个成员国净社会支出（net social spending）的数据，将税收体系对社会支出的影响考虑进来，从而使数据更具科学性和可比性①。经合组织之所以提出"净社会支出"这一

---

① 经合组织官方网站：http://www.oecd.org/document/9/0,3343,en_2649_34637_38141385_1_1_1_1,00.html。

概念，是由于仅仅使用"公共社会支出"这一指标来衡量各国政府在社会福利方面的努力程度还存在不足，正如威廉·阿德玛（Adema，2001）指出的那样："大多数对于社会支出的分析往往局限在毛公共社会支出（gross public social expenditure）上，当然，如果分析的目的是弄清税前社会支出所带来的影响，这些数据是有用的。但是，如果只关注在预算分配中有多少支出是用于社会性的目的以及这些支出规模呈现何种趋势，这对于全方位地研究社会支出是不够的。比如，大多数的政府在提供社会支出的同时还会向公民征税，这意味着政府会以税收的形式将发放给公民的福利重新拿回来。所以，就存在着一个'实际'（公共）社会支出，而这个'实际'（公共）社会支出是无法通过原先的毛公共社会支出体现出来的。"阿德玛所说的"实际"（公共）社会支出指的就是净公共社会支出，这一指标用来衡量政府实际上投入了多少社会支出。净公共社会支出在数量上等于毛公共社会支出减去加诸公民的税收。显然，这一指标反映了税收体系对社会支出造成的影响，可以更加科学地反映了政府在社会支出方面做出的努力（见图 4-1）。

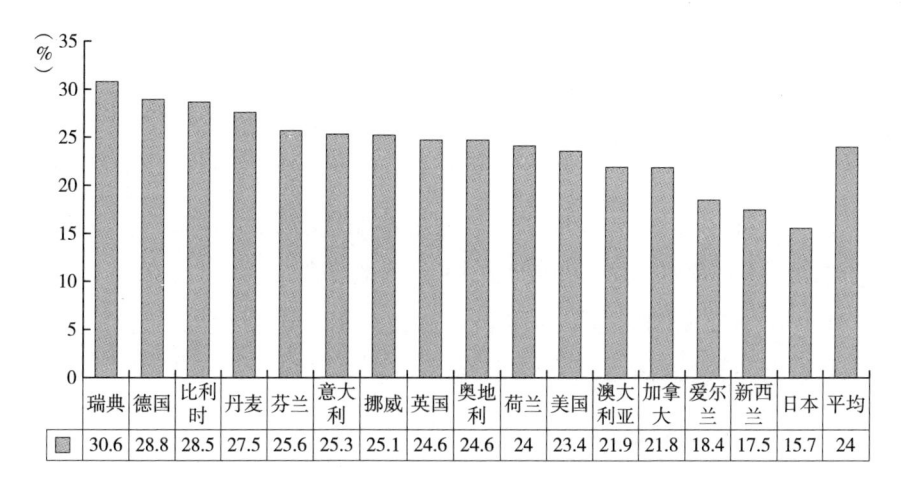

国家	瑞典	德国	比利时	丹麦	芬兰	意大利	挪威	英国	奥地利	荷兰	美国	澳大利亚	加拿大	爱尔兰	新西兰	日本	平均
%	30.6	28.8	28.5	27.3	25.6	25.3	25.1	24.6	24.6	24	23.4	21.9	21.8	18.4	17.5	15.7	24

图 4-1 西方主要国家净社会支出占 GDP 的比重[①]

英国学者约翰·鲍多克（Baldock，2007）对经合组织提出的"社会

[①] http://www.nationmaster.com/graph/eco_net_soc_exp_of_gdp-economy-net-social-expenditure-gdp.

支出"概念进行了发展,将其发展为"社会政策支出"(social policy expenditure)概念。他认为,当把社会支出作为社会政策的结果和体现时,"社会支出"就是"社会政策支出",二者具有相同的外延。他将社会政策支出界定为"由公共部门(政府)和其他组织(非政府组织和私营部门)在某一政策领域向公民提供的金钱和服务的总和",并且将社会政策支出作为社会政策的量化指标。由于"社会政策支出"这一概念是由"社会支出"概念演化而来,并且具有相同的外延,那么我们同样可以根据提供金钱和服务的主体不同将社会政策支出分为"公共社会政策支出"和"私人社会政策支出",公共社会政策支出指的是由公共部门在某一政策领域向公民提供的金钱和服务,私人社会政策支出指的是非公共部门在某一政策领域向公民提供的金钱和服务。

二 主要国际组织的社会支出指标体系

不同的国际组织对于社会支出的体系有着不同的界定,并且由于语言和习惯上的差异,该项支出的名称也略有区别,比如,如前所述,经合组织就将其定义为"社会支出"(Social Expenditure),同时构建了社会支出数据库;亚洲开发银行(ADB)将其称为"社会保护支出"(Social Protection Expenditure),并以社会保护指数来衡量社会支出水平的高低;同时,欧洲统计处(Eurostat)针对包括欧盟成员国在内的31个国家的12项社会保护领域进行了统计,构建了欧洲综合社会保护体系统计(ESSPROS)。了解和熟悉国际组织在社会支出上的统计指标,对于构建中国社会支出科目具有重要的借鉴作用。

(一)经合组织的社会支出体系

经合组织将社会政策量化为"社会支出",它是指"公共机构和私人机构向家庭和个人提供的福利以及财政资助,目的是在外部环境对他们的福利产生不利影响的时候向他们提供支持;而且这种福利和财政资助的提供既不能要求对某些物品或服务进行直接付款,也不能基于个人合同或个人转账"(OECD,2007)。

经合组织构建的社会支出数据库（SOCX），从各个项目层级囊括了33个经合组织国家在1980年至2007年公共和私人社会支出的数据，从而便于开展国际比较，并在2007年首次针对其中27个经合组织国家，进行了"净社会支出"（除去税收的影响）评估。

经合组织的社会支出数据库根据社会政策的目的或对象，将其划分为9大领域（见表4-1）。

表4-1 OECD社会支出指标体系（SOCX）

类 别	项 目
养老（Old-age）	养老金，提前退休金，对老年人提供的家务助理和家庭服务
遗属（Survivors）	抚恤金和丧葬支出
残疾相关抚恤金（Incapacity-related benefits）	照顾服务，残疾人抚恤金，因职业伤害和法定意外而支出的福利，雇员疾病支出
健康（Health）	门诊和住院的医疗支出，医疗物品，疾病预防
家庭（Family）	儿童补贴和贷款，儿童照料援助，带薪产假和育儿假，单亲补贴
劳动力市场政策（Active labour market policies）	就业服务，促进就业的青年培训措施，对残疾人的就业措施
失业（Unemployment）	失业金，遣散费，因劳动力市场原因而提前退休的养老金
住房（Housing）	住房津贴和租金补贴
其他社会政策（Other social policy areas）	给予低收入家庭的未归类的现金福利，其他社会服务；扶持性项目，例如在经合组织国家中很普遍的食物补贴

资料来源：OECD. Social Expenditure 1980-2003, 2007: 7-16。

这其中既包括现金福利支出，如养老金，社会援助款项，产假期间的收入支持；也包括社会服务的支出，如儿童照顾，对老年人和残疾人的照顾；还包括相关的税收减免，如对有孩子家庭的优惠税收待遇等等。

然而，由于社会政策的内涵和外延本身并非清晰无疑，因此，对于哪些项目或科目应该纳入社会支出的范畴，哪些不应该纳入其中，经合组织有着自身的界定。

（1）项目支出必须是社会性（social）的。"社会性"意味着支出项目须被用于社会性扶持，反映了社会政策的目的，但是针对具体的项目不同国家仍存有异议，比如人寿保险项目包括对遗属的福利，发挥着一定的社会功能，因此通常能获得税收优惠，但是人寿保险存款却不包括在社会性范畴之内。

（2）福利项目必须包括人际间的再分配（Inter - personal redistribution）或者是强制性参与（compulsion）的特点。

如果项目支出是法律规定的，或者说项目支出旨在对项目参与人员进行资源再分配，那么这项支出便被视为社会支出。

（3）社会支出按控制相关资金流的主体划分为公共社会支出和私人社会支出。

公共社会支出是指各级政府控制着资金流，如社会保险和社会救助支出；反之，不是由各级政府提供的社会福利都被认为是私人的，这包括雇主和非政府组织等。同时，私人社会支出又被区分为强制性（Mandatory）私人社会支出和自愿性（Voluntary）私人社会支出（OECD，2007：10）。考虑到本章的研究问题，将不对私人社会支出做深入的分类探讨。

（二）亚洲开发银行的社会保护支出

根据社会保护战略（SPS）的规定，亚洲开发银行认为，所谓社会保护，就是"一系列政策和计划，通过推进有效率的劳动力市场、减少人民接触风险的机会、增强他们在面临危害和收入中断/减少时保护自己的能力，达到减少贫困和脆弱性的目的"（ADB，2008：7）。由于社会保护项目的对象集中于亚洲太平洋地区，因此在应对不同发展程度的成员国的需求时具有多样性和针对性，但是其包含5个主要政策或项目组成部分：劳动力市场政策和项目、社会保险、社会援助、旨在保护社区的小型/地区基础的方案以及儿童保护。具体组成部分如表4-2所示。

表4-2 亚洲开发银行社会保护指标体系

劳动力市场项目（Labor Market Programs）
直接提供就业（促进中小企业的发展和公共工程建设）
就业交流或其他就业服务
技能拓展和培训*
劳动立法（包括最低劳动力年龄、工资标准、健康和安全方面等等）

续表

社会保险项目（Social Insurance Programs）
失业保险、医疗保险、残疾保险、工伤保险、生育保险、养老保险
社会救助和福利服务方案（Social Assistance and Welfare）
针对贫弱孤寡的福利和社会服务 现金或其他形式的转移支付（如食品消费券） 临时补助金
小型/区域项目（Micro and Area – Based Schemes）
小额保险 农业保险 社会基金（通常涉及小范围的自然和社会基础设施的建设和维护）　* 灾害防备和管理
儿童保护（Child Protection）
儿童早期发展（如基本营养、接种疫苗和教育计划）　* 教育援助（如学校膳食计划、奖学金和收费减免） 健康援助（为弱势儿童减免费用） 街头流浪儿童的保护措施 为制止虐待儿童和使用童工而开展的儿童权利的宣传/教育项目 青少年项目以减少其病害（特别是艾滋病和吸毒）和犯罪 家庭津贴（如以现金或其他形式援助育儿家庭以满足其基本的生活所需）

资料来源：ADB, *Defining an Agenda for Poverty Reduction – Proceedings of the First Asia and Pacific Forum on Poverty*, Volume 2,, Manila, 2002：57；ADB, *Social Protection Strategy*, Manila, 2001：14 – 22。

在对社会保护体系加以分类之后，接下来便是量化各项支出和福利，形成各国的社会保护指数。然而，以上的分类指标在实践操作过程和数据采集中存在一定困难。因为几乎所有的亚洲国家都有自己的社会保护体系，即使它们并未统一使用这一术语，但是它们所实施的社会保护范畴要远远小于亚洲开发银行的定义。对于哪些项目应该纳入研究中，而哪些项目不应纳入其中，在诸多国家展开了公开而充分的探讨后，最终把社会保护认定为"旨在增强弱势群体抵御、减少及应对各种风险能力一系列政策和项目，它们以弱势群体为标的群体，涉及现金或者实物的转移，通常不是与农业发展、基本设施建设、健康、教育相关的活动"。由于定义和范围的变更，表4 – 2分类中的部分内容被排除于社会保护项目的研究之外,如技能发展和培训、社会基金和早期儿童发展的项目(表4-2中用*标注)。

社会保护指数(SPI)作为衡量各国社会保护支出水平高低的指标,其构成包括四类取值(ADB,2008):

(1) 社会保护支出(SPEXP) = 社会保护项目总支出/国内生产总值

(2) 社会保护项目受惠者人口(SPCOV) = 社会保护项目标的群体的受惠者数/相关标的群体总数

(3) 社会保护项目分配(SPDIST) = 社会保护受益人数/贫困人口

(4) 社会保护影响力(SPIMP) = 人均社会保护支出/贫困线

SPI = w1SPEXP + w2SPCOV + w3SPDIST + w4SPIMP (w代表对每项取值所赋予的权重)

社会保护指数取值范围为0~1,数值的大小和社会保护支出水平成正比。日本和韩国排在首位,而其他相对比较富裕的国家却不一定就比那些相对贫穷的邻国要高,以印度和巴基斯坦为例,两国的GDP水平相近,但是社会保护指数却大相径庭,印度为0.46,而巴基斯坦则只有0.07[1]。也就是说,社会保护的支出并不一定与国家的经济实力成正比。整体而言,亚洲地区国家的社会支出占GDP的比重一般在5%以下,救助了35%的目标受助群体,其中包括失业者、老年人、残疾人和穷苦人等。此种将社会保护项目量化的方式可以在中国公共社会支出的统计中加以借鉴。

(三) 国际劳工组织(ILO)的社会保障方案

国际劳工组织认为,可靠的社会保障统计是政策制定和完善管理的重要前提,但是一些国家缺乏量化社会保障的意识或是其统计方式难以和国际标准对接,因此该组织开展了广泛的社会保障调查以收集、保存和传播可供国际比较的社会保障统计数据。其采用的系统方法与欧洲综合社会保护统计体系(ESSPROS)和经合组织社会支出数据库(SOCX Social

---

[1] ADB, index shows poor countries can provide basic social protection http://news.xinhuanet.com/english/2008-05/14/content_ 8169073.htm, 2008-05-14.

Expenditure Database）的统计框架相协调。

国际劳工组织社会保障调查的目的是收集全世界有关社会保障的统计数据，它包括社会保障支出和社会保护计划的收入，有关被保护者、社会给付的受益人以及给付数量的数据。国际劳工组织收集社会保障数据已超过半个世纪，最初称为"社会保障成本调查"（The Inquiry into the Cost of Social Security）。从1949年至今，国际劳工组织进行了18次这类调查，调查数据通过公开出版物和国际劳工组织网站传播，成为社会保障领域专业人士可资利用的独特的比较数据来源。由于资源所限，该调查在1999年之后中止了。为了改进社会保障领域的知识基础，国际劳工组织在2003年试行社会保障调查（the ILO Social Security Inquiry）。新的社会保障调查充分利用了社会保障成本调查中的概念，同时也采用了更加综合的途径。旧的社会保障成本调查局限于社会保障的支出和融资，而新的调查则包括受益者数量、被保护人数量的数据以及平均给付水平的数据。

社会保障调查收集与社会保障有关的统计信息，包括与就业相关的社会保障计划、公共卫生、福利和反贫困计划，以及对贫困和弱势家庭提供的现金、服务或商品的各类非公共计划。国际劳工组织在2005年出版的《社会保障调查手册》中对调查数据做了明确说明，并按其功能区分为11类社会保障给付，其中又依据给付的形式（现金/实物）加以细分，从而构成一个完整的功能分类清单（见表4-3）。

（四）欧盟统计处的欧洲综合社会保护统计体系（ESSPROS）

欧洲综合社会保护统计体系记载了欧盟国家的社会保护收支数据。所谓社会保护，是指来自公共或私人机构旨在降低家庭和个人负担的各类干预，这些负担是与年老、疾病或健康、养育和家庭、残疾、失业等风险或需要有关。而社会保护支出则包括三类：社会保护给付（Social Protection benefits）、行政成本（Administration costs）和其他支出（Other expenditure）。从欧盟国家的社会保护支出结构来看，社会保护给付占开支的主体部分，一般在90%以上，行政成本和其他支出比例不

表4-3 社会保障给付的覆盖范围

1. 养老（Old age）	5. 生育（Maternity）
现金福利	现金福利
养老金	代替工作收入的生育现金福利
提前退休金	实物福利
退休补助金	新生儿的生育补助金
其他现金福利	6. 工伤和职业病（Employment injury and occupational disease）
实物福利	
为退休者提供的实物或服务（如公交服务）	现金福利
护理院的住宿援助	工伤伤残抚恤金
2. 残疾（Invalidity/Disability）	工伤遗属抚恤金
现金福利	工伤带薪病假
残疾抚恤金	其他工伤现金福利
残疾补助金	实物福利
其他现金福利	7. 失业（Unemployment）
实物福利	现金福利
对实物或服务的报销（如残疾人就业培训、家庭护理或专门机构的住宿）	失业补偿/遣散费
	因劳动力市场原因的提前退休
3. 遗属（Survivors）	实物福利
现金福利	医疗保健
遗属抚恤金	其他实物或服务
鳏寡抚恤金	8. 家庭和儿童（Family and children）
孤儿救济金	现金福利
其他受抚养者补贴金	育儿假福利
遗属补助金	家庭和儿童津贴
其他现金福利	儿童患病期的特定现金津贴
实物福利	其他一次性现金津贴
丧葬花销	实物福利
其他实物福利（如税收减免）	日托服务
4. 疾病和健康（Sickness and Health）	税收、费用减免或其他实物支出。
现金福利	9. 住房（Housing）
带薪病假	住房现金福利
其他疾病现金福利	租金援助
实物福利	10. 基础教育（Basic education）
住院医疗	现金基础教育补贴
门诊治疗	学费、伙食或教材补贴
医生服务	11. 其他收入支持或援助
药品	
其他实物福利	

资料来源：ILO，*Social Security Inquiry Manual*，2005：45-56。

是很大①。

　　社会保护给付是指通过社会保护计划以现金或实物形式向家庭和个人进行的直接转移支付，用以减轻其各项风险或需要所带来的负担，其中不包括通过财税体制提供的给付。具体来讲，社会保护给付是指通过社会保障基金、其他政府机构、服务家庭的非牟利机构、雇主管理的非缴费的社会保险计划、保险公司或其他机构管理的私营社会保险计划等提供给家庭的给付。这些给付按社会保护功能分为八大类（代表一系列的风险或需要）（见表4-4）。

表4-4　社会保护给付的指标组成

类　别	项　目
疾病/健康给付（sickness/healthcare benefits）	带薪病假，医疗服务，药品供给
残疾给付（disability benefits）	残疾年金，提供给残疾人的商品和服务（不包括医疗）
养老给付（old age benefits）	养老金，提供给老年人的商品和服务（不包括医疗）
遗属给付（survivors' benefits）	与家庭成员死亡有关的收入维持和支持（如遗属年金）
家庭/儿童给付（family/children benefits）	与妊娠、分娩、抚养和照顾家庭其他成员有关的支持
失业给付（unemployment benefits）	由公共机构资助的职业培训
住房给付（housing benefits）	由政府提供的协助家庭支付住房成本的各类措施
社会排斥给付（social exclusion benefits）	收入支持，吸毒和酗酒者的康复服务，其他零散给付（除医疗服务之外）

资料来源：European Communities，*European social statistics – Social protection expenditure and receipts*（*Data 1997 – 2005*），2008：58。

（五）国际货币基金组织（IMF）的社会保护项目

　　国际货币基金组织发展和构建了各类数据和统计信息，其中就有政府财政统计（Government Finance Statistics），它是对成员国政府机关及所属部门在收入、支出、债务、股票等资金上的年度统计。社会保护项目就是其中统计信息的组成部分。

---

① ESSPROS Social protection backgrounds，http：//epp. eurostat. ec. europa. eu/statistics_explained/index. php/Social_ protection_ backgrounds.

社会保护项目包括一系列的干预，旨在减轻所界定的社会风险给家庭和个人带来的负担。社会风险是指对家庭的福利产生不利影响的事件或环境，或是需要更多的资源，或是收入的降低（IMF，2001）。社会支出（Social spending）就是面向社会大众所提供的一种转移支付。社会性需求就意味着社会保护项目排除了个体或家庭从自身利益考量而购买的私人保险内容。

社会保护包含两方面意涵：其一，风险分担（risk sharing），这部分权利或资格的获得不是出自直接市场交易的结果；其二，家庭之间的再分配（redistribution across households），而这种再分配多少带有一些国家强制力的色彩。社会保护项目体系则是基于以上内容加以构建，包括教育、医疗保健和社会保障三大类内容[①]。

1. 教育

（1）学前和初等教育

（2）中等教育

（3）中等教育后的非高等教育

（4）高等教育

（5）无法定级的教育

（6）教育辅助服务

（7）研究和发展教育

（8）未另分类的教育

教育支出分为向学生个人提供的服务支出和在集体基础上提供的服务支出，前六项支出就属于个人服务，后两项则属于集体服务支出。而其项目细分则是以联合国教育、科学及文化组织（UNESCO）1997年《国际标准教育分类》（ISCED-97）中的级类为依据。

2. 医疗保健

（1）医疗产品

（2）器械和设备

（3）门诊服务

（4）医院服务

---

① 资料来源：IMF, *Government Finance Statistics Manual* 2001：76。

（5）公共医疗保健服务

（6）研究和发展医疗保健

（7）未另分类的医疗保健

政府的医疗保健开支包括向个人提供的服务支出和在集体基础上提供的服务支出，研究和发展医疗保健以及未另分类的医疗保健则属于集体服务支出。其中，医疗保健的二级科目，如门诊服务和医院服务又进行了细分。以门诊服务为例，它包括医生、牙医、护理医生和辅助人员直接向门诊病人提供的药物、假肢、医疗器械和设备以及同医疗保健有关的其他产品，具体细分为一般医疗服务、专科医疗服务、牙科服务、辅助医疗服务。从预算收支编制的角度考虑，类、款、项、目的具体化有助于信息的公开和审查。

3. 社会保障

（1）疾病和残疾

（2）养老

（3）遗属

（4）家庭和儿童

（5）失业

（6）住房

（7）未另分类的社会排斥

（8）研究和发展社会保护

（9）未另分类的社会保护

同样的，社会保障开支也分为向个人和家庭提供服务和调动而产生的支出和在集体基础上提供的服务的支出。社会保障职能及其定义以欧洲共同体统计处（Eurosat）和欧洲综合社会保护统计体系（ESSPROS）为依据，但是不包括医疗卫生的内容。

在统计口径上，社会保护支出是针对各级政府支出进行统计，其中包括中央政府、州（省）政府和地方政府，而中央政府的支出又分为预算内支出、预算外支出、社会保障基金和中央政府一般支出。

结　语

前文已就各国际组织构建的社会支出体系进行了具体的阐述，虽然其指标体系各具特色和侧重点，但是总的来说，其对于社会支出概念和内涵的理解基本一致，即指由政府采取的一系列干预措施所带来的支出，这些措施旨在提高人们抵抗风险的能力，从而增进社会福利或福祉。

从前述国际组织的社会支出指标体系来看，无论是支出的分类，还是具体项目，应该说都存在一些差别。经合组织社会支出数据库的指标体系包括养老、遗属、残疾、健康、家庭、劳动力市场政策、失业、住房及其他社会政策方面等9大类支出，但是没有包括教育支出；亚洲开发银行的社会保护（SP）指标体系包括5大类：劳动力市场政策和项目、社会保险、社会援助、旨在保护社区的小型/地区基础的方案以及儿童保护，但没有包括住房支出，也没有突出医疗支出；国际劳工组织的社会保障调查（SSI）的统计指标则囊括了11项社会给付方面的支出，分别是养老、遗属、残疾、疾病和健康、家庭和儿童、生育、工伤和职业病、失业、住房、基础教育及其他收入支持和援助，统计口径与经合组织的SOCX比较一致，但覆盖范围更广些。尽管如此，也没有包括基础教育之外的教育支出；欧洲综合社会保护统计体系（ESSPROS）的统计指标包括医疗、残疾、养老、遗属、家庭/儿童、失业、住房和社会排斥8大类给付，但没有包括所有公共医疗和劳动力市场项目上的支出。国际货币基金组织的社会支出统计指标（Government Finance Statistics）分为教育、医疗和社会保障三大类，每一类都包含多个具体项目。

为了便于比较和理解，这里将各国际组织（国际货币基金组织由于其分类方式比较独特而没有列入对比中）社会支出指标项目进行了梳理，并以图表的形式展现如下（见表4-5）：

表4-5 国际组织社会支出指标对比

指　　标	SOCX	SSI	ESSPROS	SP
养老	√	√	√	√
残疾	√	√	√	√
疾病/健康	√	√	√	√
失业	√	√	√	√
生育		√		
工伤		√		√

续表

指　标	SOCX	SSI	ESSPROS	SP
家庭/儿童	√	√	√	√
住房	√	√	√	
遗属（社会救助）	√	√	√	√
劳动力市场	√			√
基础教育		√		
社会排斥			√	
小型/区域项目				√

注：(1)"√"代表该国际组织的指标体系中包括了该项目支出的内容；

（2）每项指标科目并不代表各国际组织在该项科目下的二级科目内容一致；

（3）由于亚洲开发银行的社会保护项目一级科目设定宽泛，因此根据其二级科目内容加以分类和比较，如社会保险项目包括养老、残疾、失业保险等。

从表4-5可以看出，多数国际组织的社会支出指标都包括养老、残疾、疾病/健康、失业、家庭/儿童、遗属、住房等项目。最明显的是，这些统计指标都非常重视家庭与儿童支出。

第五章　从社会保障支出到社会支出：中国公共社会支出指标构建初探

虽然国际上对社会支出的研究由来已久并且成果丰硕，但是在我国，有关社会支出的研究还略显匮乏，这主要是因为："社会政策"这一概念在我国不太流行，而"社会支出"又是与"社会政策"这一概念相伴而生的概念，因此，社会支出受到的关注也相对较少；我国学术界和官方使用的"社会保障"概念在某种程度代替了"社会政策"这一概念。因此，在我国，衡量社会保障领域支出的概念是"社会保障支出"。

但是，"社会保障"和"社会保障支出"这两个概念无法代替"社会政策""社会支出"这两个概念，它们的内涵和外延都是有差别的。我国社会保障虽然是一个大体系，但是仍然无法囊括所有的社会政策领域，如教育、医疗。在构建社会主义和谐社会的大背景下，政府对民生领域的投入也在不断加大，这就急需有更为完善的一个指标来衡量我国社会政策领域的支出。在这方面，国际社会流行的"社会支出"概念可以为我们提供重要借鉴。

由于各种原因，我国对于"社会政策"、"社会保障"和"社会保险"等多个概念一直未有较为清晰一致的界定，有时甚至模糊混用，这不利于进行广泛的国际比较，也不利于借鉴国际经验。因此，使"社会支出"的概念适用于我国，建构我国的社会支出的指标体系，探索我国社会支出的统计口径，从一定程度上可以弥补学术界在该领域研究的空白，为社会政策打开新的研究领域和研究方向进行一次有益的探索。

一 中国社会保障支出的概念

长期以来,我国学术界和政府偏爱使用"社会保障"这一概念来指称各种有关公众福祉的项目,诸如各类社会保险、社会救助、慈善活动等。正如郑功成教授指出的,所谓社会保障,是"各项保险制度、社会救助制度、社会福利制度及相关补充保障措施的统称"(郑功成,2002:2)。

官方对于社会保障概念的权威性界定最早见于1993年党的十四届三中全会通过的《关于建立社会主义市场经济体制若干问题的决定》。该决定首次提出,要"建立多层次的社会保障体系",其内容包括"社会保险、社会救济、社会福利、优抚保障和社会互助、个人储蓄积累保障"。可见,我国的社会保障概念是一个十分宽泛、多层次的概念,连个人储蓄这种私人理财行为也包括在内。

2002年4月29日国务院新闻办公室发布的《中国的劳动和社会保障状况》白皮书,把社会保障政策分为十大部分,包括养老保险、医疗保险、失业保险、工伤保险、生育保险、最低生活保障、社会福利、优抚安置、灾害救助和社会互助(国务院新闻办公室,2002)。2004年9月7日国务院新闻办公室发布的《中国的社会保障状况和政策》白皮书,同样将社会保障政策分为十大部分,包括养老保险、失业保险、医疗保险、工伤保险、生育保险、社会福利、优抚安置、社会救助、住房保障和农村社会保障(国务院新闻办公室,2004)。与2002年白皮书相比,2004年的白皮书有所不同,在2004年白皮书中,社会保障的范围有所扩大,纳入了住房政策;分类也更加科学,如最低生活保障政策、灾害救助和社会互助等,不再单列,而是被归入社会救助类别。

2007年,党的十七大报告指出"社会保障是社会安定的重要保证,要以社会保险、社会救助、社会福利为基础,以基本养老、基本医疗、最低生活保障制度为重点,以慈善事业、商业保险为补充,加快完善社会保障体系"。与以往对社会保障基本内容做笼统的表述不同,这一表述澄清了社会保险、社会救助、社会福利、慈善事业和商业保险之间的关系,明确指出社会保险、社会救助和社会福利是社会保障制度的基础，是政府行为；慈善事业是民间行为，商业保险是市场行为，它们是以政府为主体的基础性社会保障制度的补充。不仅如此，十七大报告还对社会保障制度的具体项目做出了说明，包括城镇基本养老保险制度、农村养老保险制度，城镇职工基本医疗保险、城镇居民基本医疗保险、新型农村合作医疗制度建设，城乡居民最低生活保障制度，失业、工伤、生育保险制度，社会救助，优抚安置，残疾人事业，老龄工作，防灾减灾，以及廉租房制度（胡锦涛，2007）。

有了"社会保障"的概念，我们不难对"社会保障支出"概念做出界定。所谓"社会保障支出"，是指一个国家或地区的公共部门（政府）、私营部门（比如私人保险机构）和非营利组织（比如慈善组织）在社会保障领域向公民提供的金钱和服务的总和。我国使用"社会保障支出"这一概念来核算我国社会保障领域的投入。但是关于社会保障支出统计口径的选择，存在多种观点。宋士云、李成玲（2008）认为，目前学术界主要有两种统计社会保障支出的方法：一是从社会保障项目出发，将社会保险、社会福利、社会优抚和社会救济支出相加得到社会保障总支出数额；二是从社会保障支出承担主体出发，把劳动和社会保障部、民政部、人事部、卫生部等部门在社会保障方面的支出分别统计，然后相加得到。财政部社会保障司课题组（2007）认为，我国财政社会保障支出的统计口径一般包括原政府收支分类科目中的抚恤和社会福利救济费、社会保障补助支出和行政事业单位离退休费三大类。需要说明的是，以上社会保障支出口径不含卫生经费中的行政事业单位医疗经费等支出。穆怀中（1997a）认为，我国社会保障支出的口径可分为三类：一是不含住宅投资和价格补贴的保障水平，为"小口径统计分析"保障水平；二是含住宅投资的保障水平，为"中口径统计分析"保障水平；三是含住宅投资和价格补贴的保障水平，为"大口径统计分析"保障水平。贾英姿（2008）认为，在理论界和实际工作中，人们对社会保障支出的各项指标往往有不同的取舍和估算，从而形成不同的统计口径，甚至有的统计口径之间还存在较大的差距。

正因为社会保障支出的统计口径没有达成一致，笔者拟选取比较有代表性的两种观点来讨论一下我国的社会保障支出水平。第一种是财政部社会保障司课题组提供的数据（代表官方的观点）；第二种是贾英姿在其专著《中国社会保障支出水平研究》中提供的数据（代表学术界的观点）。

表5-1 我国社会保障支出水平（1998~2005年）

年份	社会保障支出（亿元）	其中：财政社会保障支出（亿元）	其中：社会保障基金支出（亿元）	GDP（亿元）	财政支出（亿元）	社会保障支出水平（占GDP比重%）	社会保障支出占财政支出的比重（%）
1998	2154	596	1558	84402	10798	2.55	5.52
1999	3015	1197	1818	89677	13188	3.36	9.08
2000	3688	1703	1985	99215	15156	3.72	11.24
2001	4246	1987	2259	109655	18104	3.87	10.98
2002	5272	2636	2636	120333	21375	4.38	12.33
2003	5718	2656	3062	135823	23686	4.21	11.21
2004	6656	3116	3540	159878	27746	4.16	11.23
2005	7836	3699	4137	183084	32894	4.28	11.24

资料来源：财政部社会保障司课题组，2007，《社会保障支出水平的国际比较》，《财政研究》第10期。

表5-1展示的是1998年至2005年我国的社会保障支出水平。从表5-1中可以看出，该统计口径是将社会保障支出分为两大部分，第一部分是财政支出中有关社会保障的支出，在政府收支分类改革之前（2007年以前），在《中国统计年鉴》的"社会保障支出"这一科目中反映；第二部分是社会保障基金支出，这一项在政府收支分类改革以前的《中国统计年鉴》的，并没有相关的科目反映，在政府收支分类改革以后，在《中国统计年鉴》中"社会保险基金支出"这一科目中反映。从表5-1中可以看出，财政部社会保障司课题组统计的社会保障支出水平从1998年的2.55%提高到2005年的4.28%，提高了1.73%。2005年我国社会保障支出水平为4.28%。社会保障支出占财政支出的比重自2000年以来稳定在11%左右的水平。

表 5-2 我国社会保障支出水平（1990~2002 年）

年 份	社会保障支出（亿元）	GDP（亿元）	社会保障支出水平（％）
1990	990.1	18547.9	5.34
1991	1158.0	21617.8	5.36
1992	1372.5	26638.1	5.15
1993	1739.9	34634.4	5.02
1994	2044.9	46759.4	4.37
1995	2464.5	58478.1	4.21
1996	2846.5	67884.6	4.19
1997	3176.3	74462.6	4.27
1998	3522.5	78345.2	4.50
1999	4866.9	82067.5	5.93
2000	5330.6	89442.2	5.96
2001	6508.6	95933.3	6.78
2002	7318.2	102397.9	7.15

资料来源：贾英姿，2008，《中国社会保障支出水平研究》，中国税务出版社，第149页。

表5-2展示的是另外一种统计口径下我国社会保障支出水平。表5-2中"社会保障支出"的统计口径如下：1998年以前按历年《中国劳动统计年鉴》的"全国保险福利费用总额"和《中国民政统计年鉴》的"民政事业费"之和作为当年社会保障支出。1999年以后，根据《中国统计年鉴》《中国劳动统计年鉴》以及每年财政决算对有关项目进行整合，得出社会保障支出，具体项目包括行政事业单位离退休费、企业职工基本养老保险支出、基本医疗保险基金支出、失业保险基金支出、工伤保险基金支出、生育保险基金支出、国有企业下岗职工基本生活保障支出、抚恤和社会福利救济支出、扣除居民个人卫生支出以外的卫生总费用、补充全国社会保险基金支出以及企业关闭破产用于社会保障方面的支出（贾英姿，2008）。可以看出，这种口径下计算的社会保障支出水平要比第一种口径下计算的同期社会保障支出水平高2%~3%。

二 中国社会保障支出和社会支出的指标差异性

在经合组织的研究中，按照控制资金流的主体将社会支出划分为公共社会支出和私人社会支出。欧洲国家的净公共社会支出（平均值为 GDP 的 28%）就远高于非欧洲国家，如美国（GDP 的 17.4%），但这并不意味着美国的社会支出水平低，主要是由于美国具有高比例的私人社会支出。同样的，中国也存在大量的私人社会支出，如企业福利支出，但相关数据的收集比公共社会支出数据更困难。因此，本章只将与国家财政直接相关的社会支出，即公共社会支出纳入统计口径之中。

根据国际劳工组织开展的社会保障调查，中国具体的社会支出项目达 30 项之多（详见表 5-3），而且对每一项福利支出的主管部门和支出数额均有记录。这些数据有两个主要来源：一是亚洲开发银行的社会保护指数（SPI），它提供了中国在 2005 年所有社会保护项目的情况，一是 2000 年至 2008 年的《中国统计年鉴》。这些支出同时包括政府部门支出和非政府部门支出。

表 5-3　中国社会支出涵盖的范围（2005 年）

序 号	名　称	主管部门
1	残疾军人抚恤金	民政部
2	城镇职工基本医疗保险	劳动和社会保障部①
3	城镇职工基本养老保险	劳动和社会保障部
4	灾害救助	民政部
5	教育救助	教育部
6	扶贫移民项目	国家发改委
7	残疾人就业服务	中国残疾人联合会
8	以工代赈	国家发改委
9	政府信用贷款	中国农业银行
10	对潜在移民的政府培训	农业部，劳动和社会保障部，教育部，建设部
11	医疗救助	民政部
12	孤儿院	民政部
13	老人院	民政部
14	住房救助	建设部

---

① 根据 2008 年 3 月十一届全国人大一次会议通过的《国务院机构改革方案》，"劳动和社会保障部"与"人事部"合并为"人力资源和社会保障部"。

续表

序号	名称	主管部门
15	国际小额信贷	国际组织
16	以贷款为基础的就业创造	中国农业银行
17	生育保险	劳动和社会保障部
18	新型农村合作医疗	卫生部
19	行政事业单位离退休金	财政部
20	残疾人扶贫项目	中国残疾人联合会
21	非政府组织和国际机构为贫困人口服务的项目	非政府组织
22	残疾人康复服务	中国残疾人联合会
23	农村低保、特困、五保和其他项目	民政部
24	农村社会养老保险	劳动和社会保障部
25	退伍军人和遗属的社会福利金	民政部
26	城市流浪乞讨人员救助	民政部
27	失业保险	劳动和社会保障部
28	城市最低生活保障	民政部
29	城镇就业和再就业促进计划	劳动和社会保障部
30	工伤保险	劳动和社会保障部

资料来源：ILO http：//www.ilo.org/dyn/ilossi/ssimain.schemes？p_ lang = en&p_ geoaid =156。

从表5-3的统计可以看出，中国社会支出的主管部门主要是劳动和社会保障部、民政部、教育部、财政部、卫生部、建设部和国家发改委。按照社会政策的目的和对象，依据SOCX的统计口径，可以将国际劳工组织SSI对中国公共社会支出的28个统计项目（除去第15项和第21项的支出），再做以下分类（见表5-4）。

对比中国现有的社会保障支出统计口径——社会保险、社会救助、社会福利、社会优抚支出，可以看到，社会保险支出的覆盖范围基本上包括国际组织支出指标中的养老、残疾、工伤、生育项目；社会救助、社会福利和社会优抚支出则与国际组织统计的遗属、残疾及部分其他社会福利项目类似。很明显的是，住房、家庭/儿童、劳动力市场、教育等项目并未包括在内。实际上，我国已经存在以上的社会政策支出，那么这部分支出

表 5-4　中国公共社会支出指标再分类

类　型	社会支出项目	中国社会保障支出类型
养老	城镇职工基本养老保险，行政事业单位离退休，农村社会养老保险，失业保险	社会保险
疾病/健康	城镇地区基本医疗保险，医疗救助，新型农村合作医疗	
工伤	工伤保险	
失业	失业保险	
生育	生育保险	
遗属/社会救助	孤儿院，敬老院，残疾人就业服务，残疾人减贫项目，残疾人康复，农村低保、特困、五保和其他，城乡低保及相关福利，残疾军人抚恤金，退伍军人和遗属的社会福利金，教育救助，住房救助，流浪乞讨人员救助，灾害救助	社会救助 社会福利 社会优抚
劳动力市场	政府信用贷款，城镇就业和再就业促进计划，以工代赈，对潜在移民者的政府培训，以贷款为基础的就业创造	
教育	各类教育	
住房	住房保障	
其他社会福利	移民扶贫项目	社会救助

项目理应纳入统计范畴之中。鉴于社会保障支出统计范围的局限性，有必要在充分参考国际组织社会支出指标体系的背景下，构建中国公共社会支出指标。

三　中国公共社会支出指标体系

根据中国现有的社会政策制度安排，可将社会支出指标划分为六大类：社会保障支出、劳动力市场支出、公共教育支出、公共卫生医疗支出、保障性住房支出和社会福利服务支出。

（一）社会保障支出

社会保障是缓解贫困、保障民生、促进经济社会发展、维护社会稳定和社会公平正义的重要制度，也是现代政府支出的重点领域和公共支出的主体部分（王延中、龙玉其，2011）。社会保障支出就是政府通过财政向由于各种原因导致暂时或永久性丧失劳动能力、失去工作机会或生活面临困难的社会成员提供基本生活保障的支出。2009年《中国财政年鉴》中社会保障总支出统计项目包括财政对社会保险基金的补助、行政事业单位离退休、就业补助、城市居民最低生活保障、自然灾害生活救助（中华人民共和国财政部，2009）。但是这种分类统计方式略显宽泛和模糊。在《中国统计年鉴》中，社会保障支出是和就业支出合并计算的，包括社会保障和就业管理事务、民政管理事务、财政对社会保险基金的补助、补充全国社会保障基金、行政事业单位离退休、企业改革补助、就业补助、抚恤、退役安置、社会福利、残疾人事业、城市居民最低生活保障、其他城镇社会救济、农村社会救济、自然灾害生活救助、红十字事务等。这种分类又会使社会保障支出不够明晰。在这里，我们对社会保障支出的界定是以我国社会保障的常用概念为参照，即分为社会保险支出、社会救济支出和社会优抚支出、其他社会福利支出（见表5-5）。

表5-5 社会保障支出的统计指标

类	款	项
社会保障支出	社会保险支出	城镇职工基本养老保险，城镇职工基本医疗保险，生育保险，工伤保险，失业保险，农村社会养老保险，新型农村合作医疗，财政对社会保险基金的补助，补充全国社会保障基金
	社会救助和社会优抚支出	城乡居民最低生活保障，残疾人抚恤金及其他福利支出，退役安置，退伍军人及遗属的抚恤金，孤寡、"五保"福利支出，灾害救助，城市流浪乞讨人员救助，住房救助，医疗救助，教育救助
	其他社会福利支出	行政事业单位离退休费

（二）劳动力市场支出

中国式小康的衡量标准之一就是"安居乐业"，其中"乐业"便是指就业问题，在社会政策中表现为劳动力市场政策，因此，劳动力市场支出自然是公共社会支出不可或缺的指标之一。劳动力市场支出主要是指政府在促进就业上的财政支出。

从 20 世纪 90 年代国有企业改制以来，我国政府针对国有企业的下岗职工再就业问题颁布了一系列政策。1998 年，国务院发出《关于切实做好国有企业下岗职工基本生活保障和再就业工作的通知》；2002 年，国务院再次发出《关于进一步做好下岗失业人员再就业工作的通知》，将创造就业岗位和机会作为社会政策工作的重点；2007 年，我国颁布了专门的《就业促进法》，在完善失业保险的同时，该法第 15 条更规定在财政预算中"拨付就业专项资金用于职业介绍、职业培训、公益性岗位、职业技能鉴定、特定就业政策和社会保险等的补贴，小额贷款担保基金和微利项目的小额担保贷款贴息，以及扶持公共就业服务等"。自 2003 年以来，各级财政不断加大对就业工作的支持力度，如就业补助资金投入已从 2003 年的 99.24 亿元增加到 2009 年的 430 亿元。因此，参照 OECD 国家支持就业的专项财政项目和我国实际情况，我们将劳动力市场支出分为专项就业补助支出和公共就业服务支出两个指标（见表 5-6）。

表 5-6 劳动力市场支出的统计指标

类	款	项
劳动力市场支出	专项就业补助支出	职业介绍、职业培训、公益性岗位、职业技能鉴定、特定就业政策和社会保险等的补贴，小额贷款担保基金，微利项目的小额担保贷款贴息
	公共就业服务支出	再就业促进计划等的投入

（三）公共教育支出

教育支出是我国现有社会政策支出的重心之一，也是我国社会保障支出未能涵盖的重要内容。国际上将教育支出按支出的主体分为公共教育支出（public expenditure on education）和私人教育支出（private expenditure on education）。我国教育部门将国际上的公共教育支出界定为财政预算内教育支出，具体来说，就是中央、地方各级财政或上级主管部门在本年度内安排并划拨到教育部门和其他部门主办的各级各类学校、教育事业单位，列入国家财政预算支出科目的教育经费，它主要来自政府的财政拨款。用预算内教育支出占政府财政预算支出的比重作为衡量指标，表明教育支出在公共预算中的地位,这在很大程度上反映了政府公共财政预算的优先安排向社会发展或民生领域倾斜的状况(顾昕、周适,2010:10)。私人教育支出则是指来自社会团体、企业和个人等非财政性渠道的教育投入,包括民办教育经费、社会捐赠经费、事业收入以及家庭或个人的补习费或"择校费"等。学术界常以公共和民间教育支出在教育总费用中所占的比重来衡量政府和市场在教育投入中所扮演角色的重要性。

近年来,我国政府对教育领域越来越重视,2006年审议通过了新的《义务教育法》,其中第六章关于经费保障的规定如下:"国务院和地方各级人民政府将义务教育经费全面纳入财政预算,按照教职工编制标准、工资标准和学校建设标准、学生人均公用经费标准等,及时足额拨付义务教育经费。"这意味着国家从法律上确立了义务教育的经费保障机制。2008年起免除全国义务教育的学杂费。与此同时,还实施了中央财政专项资金支持推进中等职业学校教师素质提高计划,国家示范性高等职业院校建设计划,以及高校和中职学校家庭经济困难学生资助政策。此外,针对高等教育也出台了一些新的助学政策,如为家庭经济困难的高校学生提供"绿色通道",以及国家奖学金、国家助学金、国家助学贷款、勤工助学、特殊困难补助、学费减免等多种方式并举的资助政策。2012年,国家财政性教育经费支出五年累计7.79亿元,年均增长21.58%,占国内生产总值的比例达到4%,首次达到国际基准线。

根据以上教育政策举措,可将公共教育经费划分为三级教育支出结构,即初等教育或义务教育、中等教育和高等教育支出,这也是现今对教育支出研究所普遍采用的划分方式。王善迈和顾昕等学者均通过实证研究得出我国初等教育投入不足,高等教育投入偏高的结论。初等教育具有极大的正外部性,但投入相对不足,表明现有的配置模式使得少数人享受了较高比例的公共教育资源,有损教育公平和社会公正的实现(安东尼·哈尔、詹姆斯·梅志里,2006)。此外,根据《中国统计年鉴》对"非普通学校类机构"教育经费的统计,它包括以上三级教育机构之外的职业教育、特殊教育和学前教育的支出以及其他支出,而其他则是指教育行政以及行政附属型事业(如教育出版社、教育研究机构等)单位的支出(顾昕、周适,2010:13)。据此,本章将公共教育支出的统计口径按教育支出的对象拟定如下（见表 5-7）。

表 5-7 公共教育支出的统计指标

类	款	项
公共教育支出	三级教育支出	初等教育支出，中等教育支出，高等教育支出
	非普通学校类教育支出	职业教育支出，特殊教育支出，学前教育支出
	其他教育支出	教育行政支出，行政附属型事业支出

（四）公共医疗卫生支出

世界卫生组织将国民卫生费用定义为"所有以促进、恢复或维持全国和个人健康为基本目标的活动所发生的费用"（世界卫生组织，2000）。前述各国际组织在对社会支出的统计中均包括健康/疾病方面的支出。我国的健康支出除了社会保障支出中的医疗保险支出外，还包括公共卫生、医学科研和卫生监督等其他卫生健康方面的支出。

2009 年我国出台的新医改方案，确定了包括实现全民医保、建立健全医疗服务体系和促进基本公共卫生服务均等化等五项工作重点，这意味着我国将在公共卫生医疗领域加大投入。顾昕（2009a：10）认为，新医改明确了政府主导的多元卫生投入机制。在基本医疗保障体系中，基本医疗服务费用是由政府、社会和个人三方合理共同负担的，而政府则承担着所有公共卫生的投入，向全体中国人以大体上平等（均等化）的方式提供公共卫生服务。

从我国《卫生统计年鉴》的测算口径来看，我国医疗卫生支出包括政府预算卫生支出、社会卫生支出和个人现金卫生支出。政府预算卫生支出指各级政府用于卫生事业的财政预算拨款，分为公共卫生服务支出和公费医疗支出。公共卫生服务支出包括卫生事业费、中医事业费、计划生育事业费、高等医学教育经费、预算内基本建设支出、医学科研经费、卫生行政管理经费以及政府其他部门卫生支出等。社会卫生支出是指政府预算外社会各界对卫生事业的资金投入，其中包括社会团体卫生支出、企业卫生支出、乡村集体经济卫生支出、私人办医卫生支出新增值、预算外基本建设支出和其他卫生支出等。个人卫生支出是指居民个人支付的卫生支出，包括城市居民医疗卫生支出和乡村居民医疗卫生支出（李亚青，2001：29）。

本章集中探讨公共医疗卫生支出。政府预算卫生支出是由政府财政直接拨款，因此属于公共医疗卫生支出的范畴，代表着政府在该领域的投入；而社会卫生支出和个人现金卫生支出则排除在本研究的统计口径之外（见表5-8）。

表5-8 公共卫生医疗支出的统计指标

类	款	项
公共卫生医疗支出	公共卫生服务支出	卫生事业费，中医事业费，计划生育事业费，高等医学教育经费，预算内基本建设支出，医学科研经费，卫生行政管理经费，政府其他部门卫生支出
	公费医疗支出	行政事业单位工作人员和高校学生的医疗费用

（五）住房保障支出

从2011年开始，《中国统计年鉴》将"住房保障支出"单列，可见这一支出类别所占比例日益上升。《国家基本公共服务体系"十二五"规划》对住房保障服务做出界定："为城镇低收入住房困难家庭提供廉租住房或租赁补贴；为城镇中等偏下收入住房困难家庭、新就业无房职工和城镇稳定就业的外来务工人员提供公共租赁住房；为符合条件的棚户区居民实施住房改造；为农村困难家庭危房改造提供补助。"由此可见，住房保障主要是致力于解决住房困难的制度安排。我国现行的保障性安居工程大致包括经济适用住房、限价商品住房、各类棚户区改造、廉租房、公租房以及农村危房改造。2007年，国务院发布的《关于解决城市低收入家庭住房困难的若干意见》，对经济适用房、廉租住房的建设与管理等做出了具体规定。

但根据财政部对"住房保障支出"的定义，财政部机关及部属单位按照国家政策规定用于住房改革方面的支出，包括住房公积金、提租补贴、购房补贴。如财政部公布的 2013 年中央住房保障支出共计 370.23 亿元的预算中，保障性安居工程支出预算为 40.49 亿元，而住房改革支出预算为 329.74 亿元。相比 2012 年，前者下降了 53.6%，后者提高了 1.9%。因此，本章选择保障性住房支出和住房改革支出作为衡量指标（见表 5-9）。

表 5-9 住房保障支出的统计指标

类	款	项
保障性住房支出	保障住房建设费	廉租房建设费，经济适用房相关支出，危旧房改造支出
	保障住房补贴	房屋改造补贴，住房租金补贴，其他相关的货币支出

（六）社会服务支出

经济合作与发展组织认为，"社会支出"的形式不仅包括现金给付，也包括各种社会服务。社会服务是指具有"个人导向"的，为有特殊需要的个人或群体（特别是弱势群体）提供的服务，也被称为社会照顾服务。社会服务是一个完整社会政策体系的重要组成部分，是社会福利水平的衡量标志。但长期以来，中国社会政策体系侧重于为公众提供基本的经济福利，尤其是社会保险，而忽视社会服务的发展（岳经纶，2010a）。计划经济年代的社会服务主要由企事业单位或农村公社负责，但经济市场化改革使社会服务逐步走向社会化。面对不断变化的人口、家庭结构和社会经济转型所带来的公众需求多元化，急需社会服务的发展与提升来加以应对。近年来，我国各地纷纷推动社会工作的发展，就是努力提升社会服务水平的尝试。

通常来说，社会服务的供给者可以是政府部门，也可以是专业社会组织或志愿服务机构。如果从社会支出的角度看，主要关注政府部门直接提供，或者通过购买非政府组织服务的形式提供的社会服务。长期以来，我国没有个人"社会服务"概念，只有"社会福利"概念。我们使用的"社会福利"概念其实就是西方使用的"社会服务"概念，只是我们的社会服务对象很狭窄，主要面向孤寡老人、残疾人和孤儿。随着社会建设的加强，当下各级政府都在大力发展社会服务，普惠型社会服务已成为大趋势。由于我国没有特别区分社会服务与社会福利，因此，缺乏完整的社会服务支出数据。本章姑且将民政统计年鉴中的"社会服务事业支出"作为社会服务支出（见表5-10）。

表5-10 中国公共社会支出指标体系

类	款	项
社会保障支出	社会保险支出	城镇职工基本养老保险，城镇地区基本医疗保险，生育保险，工伤保险，失业保险，农村社会养老保险，新型农村合作医疗
	社会救助和社会优抚支出	居民最低生活保障，残疾人抚恤金及其他福利支出，退伍军人及遗属的抚恤金，孤寡、五保福利支出，灾害救助，城市流浪乞讨人员救助，教育救助，医疗救助，住房救助
	其他社会福利支出	行政事业单位离退休费
劳动力市场支出	专项就业补助支出	职业介绍、职业培训、公益性岗位、职业技能鉴定、特定就业政策和社会保险等的补贴，小额贷款担保基金，微利项目的小额担保贷款贴息
	公共就业服务支出	再就业促进计划等的投入
公共教育支出	三级教育支出	初等教育支出，中等教育支出，高等教育支出
	非普通学校类教育支出	职业教育支出，特殊教育支出，学前教育支出
	其他教育支出	教育行政支出，行政附属型事业支出
公共卫生医疗支出	公共卫生服务支出	卫生事业费，中医事业费，计划生育事业费，高等医学教育经费，预算内基本建设支出，医学科研经费，卫生行政管理经费，政府其他部门卫生支出
	公费医疗支出	行政事业单位工作人员和高校学生的医疗费用
保障性住房支出	保障住房建设费	廉租房建设费，经济适用房相关支出，危旧房改造支出
	保障住房补贴	房屋改造补贴，住房租金补贴，其他相关的货币支出
社会服务支出	社会服务事业支出	社会服务事业基本设施建设，专业社会服务机构发展

四　中国公共社会支出水平年度报表

在亚洲开发银行的社会保护研究中，采用了社会保护指数将社会支出各项福利加以量化。同样的，在研究我国公共社会支出时也可以引入一定的参考指标用来衡量和比较我国公共社会支出的高低。

目前，学术界通常用社会保障支出占国内生产总值的比重（GDP）作为社会保障水平的测定指标。杨翠迎、何文炯（2004）从弹性的角度考虑社会保障支出增长率与我国GDP增长率之间的比值得到我国社会保障支出水平系数；穆怀中（1998）也依据人口理论和柯布—道格拉斯生产函数构建社会保障支出适度水平公式。国内生产总值这一指标能反映一国或地区经济实力的总体状况，在进行国际比较时具有较强的可比性，因此，本章对于公共社会支出水平的研究也将引入国内生产总值这一指标。除此之外，由于公共社会支出与国家财政密切相关，因此也将我国的财政支出纳入参考指标中。现构建公共社会支出水平计算公式如下：

$$SP = Sa/G \times 100\%$$

其中，SP代表公共社会支出占国内生产总值的比重，Sa代表公共社会支出总额，G为国内生产总值（GDP）。考虑到各国或地区经济发展水平的差异性，因此，通过计算公共社会支出占国内生产总值的比重，较之单纯的统计公共社会支出的总额，能更公平合理地反映国家或地区在社会政策上的投入。

$$SF = Sa/F \times 100\%$$

其中，SF代表公共社会支出占政府财政总支出的比重，Sa为公共社会支出总额，F为各级财政支出。本章的研究主题集中在"公共"社会支出上，因此，国家或地方政府财政对社会政策投入的多少是本章重要考察数据。

为更具体地展现社会支出的变化情况，本章还引入了人均社会支出这一指标。人均社会支出（PERS）的计算公式是：PERS = Sa/人口总数 $\times 100\%$。

接下来本章将进行社会支出指标的具体应用。本章选择2003年至2012年作为考察阶段，利用前述中国社会支出指标体系，统计这一阶段我国社会支出的变化情况。为保证测量口径的一致性，本章主要从《中国统计年鉴》以及《中国财政年鉴》《中国民政统计年鉴》中收集数据，并以相关网络资源作为补充，对2003~2012年中国社会支出情况进行统计（见表5-11）。

表5-11 2003~2012年中国社会支出年度统计

单位：亿元

年份	社会保障与就业支出[1]	公共教育支出[2]	公共医疗卫生支出[3]	保障住房支出[4]	社会服务支出[5]	社会支出合计	PERS（元）	SP（%）	SF（%）
2003	2613.0	2937.3	778.1	631.4	498.9	7458.7	577.2	5.5	30.3
2004	3055.5	3365.9	854.6	616.6	577.4	8470.0	651.6	5.3	29.7
2005	3626.2	3974.8	1036.8	646.4	718.4	10002.6	765.0	5.4	29.5
2006	4048.7	4780.4	1320.2	655.6	915.4	11720.3	891.6	5.4	29.0
2007	5447.2	7122.3	1990.0	659.6	1215.5	16434.6	1243.8	6.2	33.0
2008	6804.3	9010.2	2757.0	727.6	2146.5	21445.6	1614.9	6.8	34.3
2009	7606.7	10437.5	3994.2	726.0	2181.9	24946.3	1869.3	7.3	32.7
2010	9130.6	12550.0	4804.2	2376.9	2697.5	31559.2	2353.6	7.9	35.1
2011	11109.2	16497.3	6429.5	3820.69	3229.1	41086.0	3049.4	8.7	37.6
2012	12585.5	21242.1	7245.1	4479.6	3683.7	49236.0	3636.2	9.5	39.1

注：1. 由于2007年及其后的《中国统计年鉴》的计算口径改为"社会保障和就业支出"，因此这里将"社会保障支出"与"劳动力市场支出"合并计算。因2007年之前《中国统计年鉴》缺乏"就业支出"数据，而《中国财政年鉴》中"社会保障总支出"项目包括了就业支出，因此2003~2006年的统计从这里取值。

2. "公共教育支出"来自《中国统计年鉴》。2007年之前统计为"教育事业费"，2007年及以后为"教育支出"。

3. "公共卫生医疗支出"来自《中国统计年鉴》。2007年之前统计为"卫生事业费"，2007年及以后为"医疗卫生支出"。

4. "保障性住房支出"在《中国统计年鉴》中只有2010~2012年的数据。2003~2008年的数据是根据张锐的《我国政府住房保障支出水平分析》一文整理得出。2009年的数据来自《FRESA：财政专题——住房保障支出》。

5. "社会服务事业费"根据《国家民政部发布2010年社会服务发展统计报告》得出，http：//www.china.com.cn/policy/txt/2011-06/17/content_22803002_2.htm。

从表 5-11 中可以看到,从 2003 年到 2012 年的十年中,我国各项社会政策支出的绝对量呈现持续上升的趋势,整体公共社会支出水平,无论是用公共社会支出占 GDP 的比重,还是用公共社会支出占政府财政总支出的比重(见图 5-2)来衡量,也都呈现上升趋势,尽管个别年份的比重略有波动。与此同时,我国人均社会支出(PERS)的绝对数额也呈现持续上升的趋势(见图 5-1)。这些数据表明,从 2003 年到 2012 年这一时期,政府逐步加大了对社会政策领域的投入,因此这一时期是我国社会政策的重建扩张时期。

图 5-1 2003~2012 年中国人均社会支出

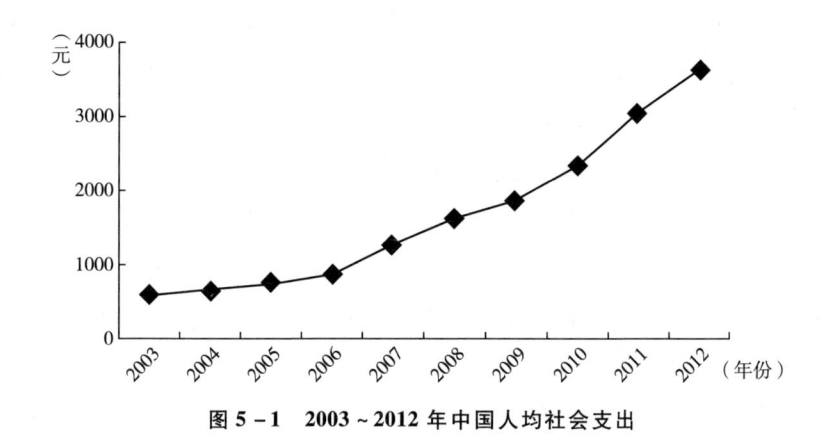

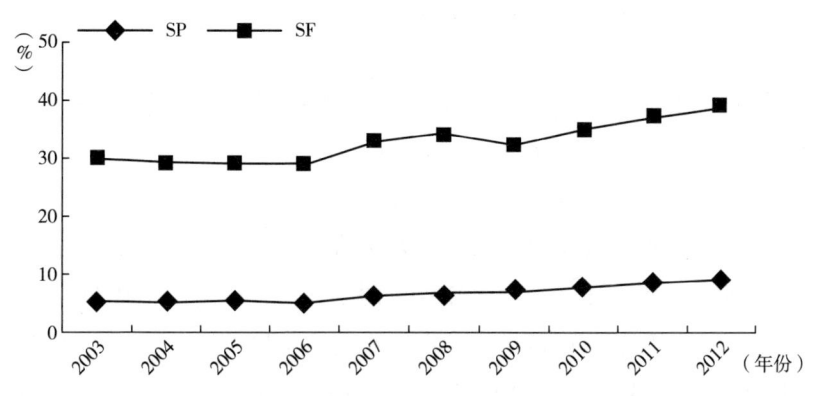

图 5-2 2003~2012 年中国社会支出占 GDP 比重、社会支出公共财政支出比重

尽管如此,与我国经济增长的整体趋势相比较,我国的公共社会支出,无论是整体支出水平,还是支出增长幅度,都落后于经济增长。表 5-11 显示,在这 10 年间,我国社会支出占 GDP 的比重从 2003 年的

5.5%增长到2012年的9.5%,增长了4个百分点;而同一时期,我国GDP总量增加了5倍,年增长率达到10.5%。从社会支出占公共财政支出的比重来看,2003年的数据是30.3%,2012年的数据是39.1%,十年间总计增加不到9%,而且在2006年和2009年略有下降。因此,总体来说,我国财政向社会政策的倾斜程度仍旧比较有限,社会支出水平与经济发展不成比例。

结　语

本章借助于国际社会支出的经验,对我国公共社会支出指标体系的建构作了初步的尝试,并在此基础上对中国公共社会支出的水平作了初步的计算。尽管如此,应该说,无论是从对国际经验的借鉴还是从对我国实际社会支出的测算来看,这一尝试还非常粗糙,仅处于初级阶段。

公共社会支出水平事关国民福祉水平。就社会支出占公共财政支出的比重来看,西方发达国家的比重通常在60%以上。以英国为例,在2011~2012年度的财政预算中,英国政府用于教育、医疗、社会保障等领域的支出占年度公共财政支出的2/3,占年度GDP的31%（Dean,2012)。若以此为标准,我国的公共社会支出水平还是偏低的,尽管我们正在欢呼民生时代的来临（岳经纶,2010b)。偏低的社会支出比例成为制约中国社会发展的一个重要因素（莫家豪等,2013)。这与杨翠迎、何文炯（2004）从社会保障水平与经济发展的适应性关系角度出发得出的结论有所不同,杨翠迎等认为,中国要根据经济发展情况适度控制社会保障水平的发展速度,防止因社会保障水平过度增长而给经济发展带来不利影响。由前文分析可知,社会保障支出的统计口径已是小于社会支出的统计口径,而本部分的分析显示,我国社会支出水平的增长相对于经济发展水平来说是缓慢的,更无法与西方发达国家相提并论,也就无从谈起"控制发展速度"了。我们认为,评价社会保障支出或是社会支出,不能单纯从对经济发展的影响的角度出发,而更应该考虑社会发展是否能够与经济发展同步协调。

第六章 社会保障水平的地区差异问题研究：广东个案

一 引言

社会保障作为基本公共服务的重要内容之一，是社会安全网有效运行的基本途径，是对和谐社会至关重要的"减震器"（联合国开发计划署，2008：45）。公平地享有社会保障权是公民的一项基本权利（张慧平、王霄艳，2006），且社会保障具有准公共产品属性（柯卉兵，2010a；杨莲秀，2008），因此，根据经济发展的不同程度向国民提供社会保障服务是世界各国政府的基本职责。政府财政支出是社会保障所需资金的一个重要来源，而公共财政的一个重要职能便是改善民生，包括为社会保障体系建设提供资金支持（陈颐，2008）。政府对社会保障的财政投入在相当程度上决定了社会保障的数量和质量，可以反映出政府提供社会保障公共服务的供给程度。我国的社会保障支出主要以地方支出为主，地方政府是社会保障服务的主要提供者。2009 年，地方社会保障和就业财政支出占全国的 94%，中央支出仅占 6%（国家统计局，2010：290）。由于各个地方对社会保障的财政投入大不相同，地方社会保障水平差异显著，与推进基本公共服务均等化的理念不相符合，也阻碍着我国社会保障体系的进一步发展和完善。

目前学者对社会保障水平地区差异的研究主要从全国范围出发，研究省级社会保障水平差异（林治芬，2002；柯卉兵，2009；朱庆芳，1995；

彭海艳，2007）。但是根据目前中国社会保障体系的特点，市县一级基层政府是社会保障服务的主要提供者，且中国走向社会保障均衡化的发展模式必然遵循从小范围均衡到大范围均衡的路径，因此，本章将以广东省为例，从公共财政的视角，考察广东省社会保障水平的地区差异，并试图挖掘差异存在的原因，并提出解决措施。

二　社会保障与社会保障水平

"社会保障"（Social Security）一词最早出现在美国1935年颁布的《社会保障法》中，此后，"社会保障"一词被有关国际组织及多数国家所接受（张曼等，2010）。但是受社会经济因素、文化与传统习惯、宗教以及价值观念的影响，不同国家和地区，甚至同一国家和地区的不同时期，社会保障的概念都存在较大差异。

目前国内学术界对社会保障有不同的理解。郑功成（2000a：11~12）指出，"社会保障是各种具有经济福利性的，社会化的国民生活保障系统的统称，包括经济保障、服务保障和精神保障三个层次"。社会保障是指覆盖全体国民的一切旨在提高人们生活水平的社会制度措施。陈良谨（1990：5）将社会保障定义为"国家和社会，通过国民收入的分配与再分配，依法对社会成员的基本生活权利予以保障的社会安全制度"。李珍（2001：8）则认为，社会保障是"国家通过立法并依法采取强制手段对国民收入进行再分配，对暂时或永久失去劳动能力及因各种原因造成生活困难的社会成员提供基本生活保障，以保证劳动力再生产、社会安定、经济有序进行的措施、制度和事业的总称"。在他们看来，社会保障是国家以再分配手段达到社会安全稳定的一种正式的制度安排。

根据目前学术界的主流观点和中国的社会保障制度，本章采用官方的"社会保障"定义，具体来说，目前中国社会保障体系包括社会保险、社会福利、社会救济和优抚安置等内容。与此相对，我国现行的社会保障资金主要分为财政预算内社会保障资金和社会保险资金两大内容（柯卉兵，2010b：7）。社会保险资金主要是按照国家法律、法规规定由用人单位和劳动者按规定缴纳的社会保险费，一般由各级社会保险经办机构（社会保险基金管理中心等）进行管理。"财政预算内的社会保障资金在我国现阶段主要表现为支出项目，包括卫生经费支出、抚恤和社会福利救济支出、行政事业单位离退休经费支出、社会保障补助支出和社会保险经办机构事业费。"（林治芬，2007：46~47）本章讨论的是公共财政视角下的社会保障水平的地区差异问题，因此主要研究财政预算内的社会保障资金的情况。

关于社会保障水平的含义与衡量，不同学者有不同的观点。杨翠迎、何文炯（2004）认为，"社会保障水平是指社会成员享受社会保障经济待遇的高低程度，常用人均社会保障支出，或社会保障支出与GDP的比值来反映"。刘钧（2005：110~111）认为，"社会保障水平是一定社会保障制度对由于发生年老、疾病、失业、贫困等原因而造成经济困难的社会成员提供基本生活保障的能力。社会保障水平代表着一个国家给予公民提供保障的程度和水平"。李珍（2007：94）认为，社会保障水平在微观层次上是指受益人的受益水平或保障水平，在中观层次上是指社会保障支出占财政支出的比重，在宏观层次上是指社会保障支出占GDP的比重。孙光德、董克用（2004：76~79）则认为，社会保障水平是指一定时期内一个国家或地区社会成员享受社会保障待遇的高低程度，一般用社会保障总支出占国内生产总值的比重、社会保障覆盖率、人均社会保障待遇水平、社会保障自身制度结构等多项指标衡量。而穆怀中（1997b：111）认为，社会保障水平是指社会成员享受社会保障经济待遇的高低程度，是社会保障体系中的关键要素，直接反映社会保障资金的供求关系，间接反映社会保障体系的运行状况。

大部分学者基本认同社会保障水平是指一定时期内社会成员享受社会保障待遇的高低程度。一般用社会保障财政支出与财政支出、国内生产总值等的比重，社会保障覆盖率、人均社会保障待遇水平、社会保障制度结构等多项指标来衡量。本章采用社会保障财政支出、人均社会保障财政支出的绝对数指标和社会保障财政支出与财政支出比重、社会保障财政支出与国内生产总值比重的相对数指标来衡量社会保障水平。

三 广东社会保障水平地区差异程度及特点

(一) 广东省社会保障财政支出和财政负担的地区差异

社会保障财政负担是指政府社会保障支出占财政支出的比重,比重越高,说明某地区的社会保障财政负担越重,反之,则说明该地区的社会保障财政负担越轻。根据《广东财政年鉴(2009)》提供的数据,2008年广东省各市财政支出和社会保障支出情况如表6-1所示,珠三角地区的财政支出远高于粤北地区和粤东粤西地区各市[1],珠三角地区的深圳、广州、东莞、佛山的社会保障支出最高,粤东地区的汕头、揭阳、汕尾、潮州社会保障支出相对较低。从社会保障财政负担的情况看,粤北地区的社会保障财政负担最重,梅州市高达16.17%,最低的清远市也达12.61%,远高于广东省平均水平;珠三角地区的社会保障财政负担最轻,深圳市仅为4.26%,最高的广州市为12.37%,低于粤北地区社会保障财政负担最轻的清远市(见图6-1)。

表6-1 2008年广东各市社会保障财政支出及财政负担情况

单位:万元,%

地 区	社会保障财政支出	财政总支出	社会保障财政负担	地 区	社会保障财政支出	财政总支出	社会保障财政负担
深圳市	379028	8898555	4.26	汕尾市	49254	401193	12.28
佛山市	196699	2445100	8.04	潮州市	49369	374330	13.19
中山市	84347	1012189	8.33	阳江市	60701	459288	13.22
珠海市	103258	1056821	9.77	湛江市	158084	1110111	14.24
惠州市	105252	1062985	9.90	茂名市	128113	839748	15.26
东莞市	232742	2182626	10.66	清远市	96073	761874	12.61
江门市	108895	925977	11.76	云浮市	56552	413454	13.68

---

[1] 本章采用传统的地理划分法对广东省进行区域划分,将广东省21市分为四大区域:珠三角、粤东、粤西和粤北山区。其中,珠三角包括九市:广州、深圳、珠海、东莞、佛山、中山、惠州、肇庆、江门,为经济发达区域;粤东指汕头、汕尾、潮州、揭阳;粤西为湛江、阳江、茂名;粤北山区五市指梅州、河源、韶关、云浮和清远。

续表

地区	社会保障财政支出	财政总支出	社会保障财政负担	地区	社会保障财政支出	财政总支出	社会保障财政负担
肇庆市	96771	789942	12.25	韶关市	109257	713284	15.32
广州市	882718	7133508	12.37	河源市	99391	632029	15.73
汕头市	59975	874279	6.86	梅州市	131585	813684	16.17
揭阳市	64930	623369	10.42				

资料来源：根据《广东财政年鉴（2009）》有关数据整理计算。

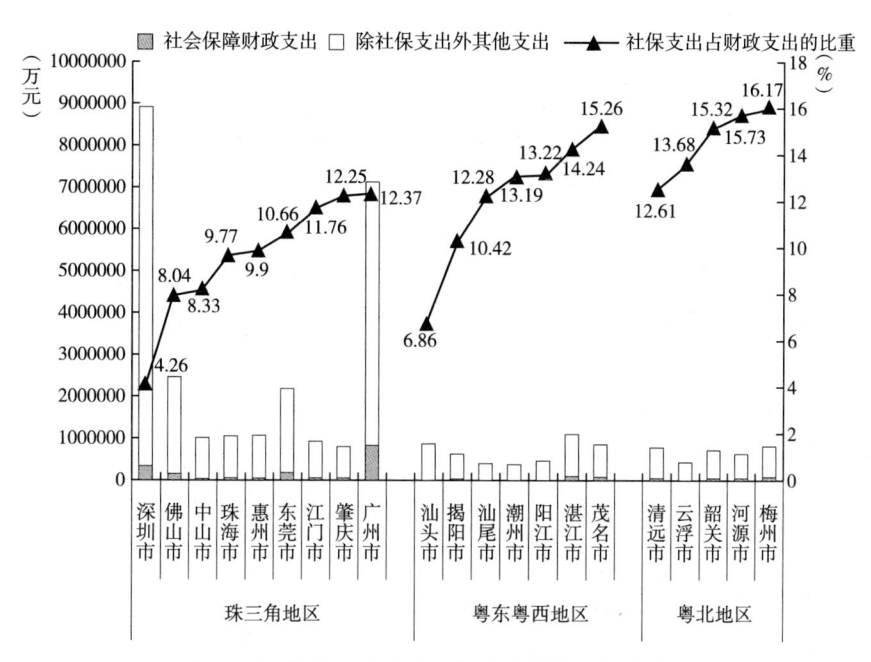

图 6-1 2008 年广东各市社会保障财政负担情况

资料来源：根据《广东财政年鉴（2009）》有关数据整理计算。

广东省各市的社会保障财政负担与财政支出和社会保障支出存在巨大差距。如表 6-1 和表 6-2 所示，2008 年社会保障财政支出存在很大差异，广州市社会保障支出最多，为 882718 万元，是社会保障支出最少的汕尾市（49254 万元）的 17.92 倍。从变异系数来看，财政支出和社会保障支出的离散程度都很高，说明广东省各市社会保障支出存在很大差异。从社会保障财政负担来看，2008 年社会保障财政负担最大的是粤北地区的梅州市，高达 16.17%，而社会保障财政负担最小的深圳市仅为

4.26%，极值比高达3.8倍。从变异系数来看，广东各市社会保障财政负担有所下降，从2007年的0.3下降到2008年的0.26。与财政支出和社会保障支出的离散程度相比，社会保障财政负担的离散程度较小，但是从区域分布来看，珠三角地区、粤西粤东地区与粤北地区的总体差异程度较大（见表6-2），因此，广东省各市社会保障财政负担的差异情况也不容忽视。

表6-2 2007~2008年广东各市社会保障财政支出及社会保障财政负担差异情况

	2007年			2008年		
	财政支出合计	社会保障财政支出	社会保障财政负担（%）	财政支出合计	社会保障财政支出	社会保障财政负担（%）
最大值（万元）	7279677	721587	16.23	8898555	882718	16.17
最小值（万元）	311127	39650	3.45	374330	49254	4.25
极差（万元）	6968550	681937	12.78	8524225	833464	11.91
极值比（倍）	23.40	18.20	4.70	23.77	17.92	3.80
平均值（万元）	1342520	119739	11.19	1596397	154904	11.73
标准差（万元）	1817888.7	142597.9	3.38	2159942.6	178780.2	3.02
变异系数	1.35	1.19	0.30	1.35	1.15	0.26

注：(1) 极差，用于测算社会保障财政支出、人均社会保障财政支出、社会保障财政负担、社会保障支出水平最高地区与最低地区的差异，计算公式为：$R = Xmax - Xmin$，其中R为极差，$Xmax$为最大值，$Xmin$为最小值。

(2) 标准差，样本中各变量与其均值的离差平方的平均值的算术平方根，用于测量离散趋势，计算公式为 $S = \sqrt{\sum (x_i - x)^2 / n}$。其中$S$为标准差，$x_i$表示$i$地区的样本值，$x$表示各个地区的均值，$n$表示地区个数。标准差越大，说明各个地区社会保障指标绝对差距越大，标准差越小，说明各个地区的社会保障指标绝对差距越小。

(3) 极值比，又称倍率，用于比较两个单位之间的相对差别，可以比较处于两个极端位置的社会保障水平指标，如社会保障财政负担最高的地区和最低地区的比例，计算公式为 $I = Xmax/Xmin$。其中I为极值比，$Xmax$为最大值，$Xmin$为最小值。

(4) 变异系数，标准差系数或者离散系数，用于标准差指标的改进，使不同均值的数组之间能够进行组内差距比较，计算公式为 $V = \frac{s}{x} = \sqrt{\sum (x_i - x)^2 / n} / x$。其中$V$为变异系数，$S$为标准差，$x_i$表示$i$地区的样本值，$x$表示各个地区的均值，$n$表示地区个数。变异系数越大，表示地区间社会保障指标的差异程度越大，说明社会保障地区差异问题越严重；变异系数越小，则表示地区间社会保障指标的差异程度越小，说明社会保障地区差异问题越不严重。

资料来源：根据《广东财政年鉴（2009）》有关数据整理计算。

从社会保障财政支出比重与人口比重来看，广东省各市社会保障水平差异明显。从图 6-2 可见，2008 年广州市人口占全省的比重为 9.49%，其社会保障财政支出比重却高达 27.14%，湛江市人口比重为 9.12%，其社会保障财政支出比重仅为 4.86%，二者相距很大。当然，需要指出的是，这里没有考虑两地的老龄化程度及医疗水平等方面的差异。从图 6-2 中可以直观地看到，广州、深圳、珠海、佛山、东莞和中山这六个珠三角城市拥有较小的人口比重却占较大的社会保障财政支出比重。由此可见，广东省各市社会保障财政支出占全省社会保障财政支出的比重与各地人口占全省人口的比重呈现较大的非对称性，差异水平明显。

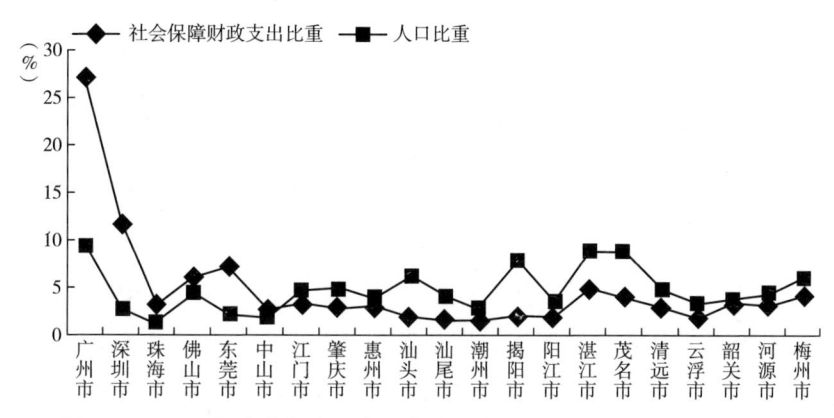

图 6-2　2008 年广东各市社会保障财政支出比重与人口比重对比情况

资料来源：根据《广东财政年鉴》（2009）和《广东统计年鉴》（2009）有关数据整理计算。

（二）广东省人均社会保障财政支出的地区差异

人均社会保障财政支出是指各地区社会保障财政支出总量的人均值。若人均社会保障财政支出越高，则该地区的社会保障服务供给越充分，社会保障水平也就越高。反之，人均社会保障财政支出越低，则该地区的社会保障服务供给越不足，社会保障水平也就越低。从图 6-3 可见，珠三角地区人均社会保障财政支出远远领先于粤北地区和粤东粤西地区，其中 2008 年深圳、东莞、广州、珠海人均社会保障财政支出超过 1000 元，而粤东粤西地区人均社会保障财政支出普遍低于 200 元，两极化程度明显。从年份变化来看，2008 年广东各市人均社会保障财政支出与 2007 年相比

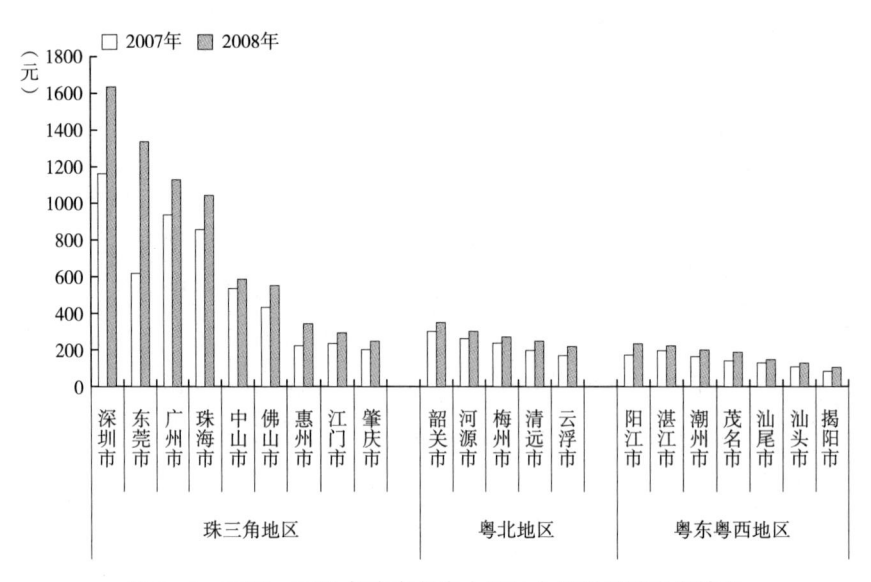

图 6-3　2007~2008 年广东各市人均社会保障财政支出情况

注：人口基数为年末户籍总人口。

资料来源：根据《广东财政年鉴》（2008、2009）和《广东统计年鉴》（2008、2009）有关数据整理计算。

都有所增长，但同样是珠三角地区增幅最为明显，粤北地区增幅最小。

从差异的具体程度来观察，广东省各市人均社会保障财政支出差异十分明显。2008 年广东省各市人均社会保障财政支出最低的揭阳市为每人101.26 元，最高的深圳市为每人1630.30 元，二者相差1529.04 元，深圳市人均社会保障财政支出为揭阳市的16.1 倍。从标准差和变异系数来看，2008 年人均社会保障财政支出的标准差为 427.49 元，变异系数为 0.94（见表 6-3），显示 2008 年广东省各市人均社会保障财政支出的离散程度较大，且与 2007 年相比更为严重。可见，广东省社会保障服务的供给存在显著差异，珠三角地区社会保障服务供给与广东其他地区相比更为充足。

表 6-3　2007~2008 年广东各市人均社会保障财政支出差异情况

	2007 年	2008 年
最大值（元）	1158.65	1630.30
最小值（元）	79.88	101.26

续表

	2007 年	2008 年
极差（元）	1078.77	1529.04
极值比（倍）	14.51	16.10
平均值（元）	345.13	456.33
标准差（元）	294.02	427.49
变异系数	0.85	0.94

资料来源：根据《广东财政年鉴》（2008、2009）和《广东统计年鉴》（2008、2009）有关数据整理计算。

（三）广东省社会保障支出水平的地区差异

社会保障支出水平是指社会保障支出占 GDP 的比重。它是相对于国民经济发展程度而言的概念，常用于进行国家之间、省市之间的横向比较。这个概念大致可以对比广东各市社会保障达到的水平与经济发展程度之间的适应程度。一般来说，随着国民经济发展程度的提高，社会保障支出占 GDP 的比重应该上升（林治芬，2002）。从表 6-4 和图 6-4 可以看出，珠三角地区社会保障支出水平普遍低于广东省其他地区，粤北地区的社会保障支出水平为全省最高。2008 年深圳市社会保障支出占地区生产总值的比例为 0.49%，而梅州市则为 2.75%。珠三角地区社会保障支出高于粤北地区和粤东粤西地区，但是由于珠三角地区的地区生产总值也远远超过其他地区，因此其社会保障支出水平也较低。珠三角地区社会保障支出水平与经济发展水平显现较大的不对称性，其社会保障支出水平远低于经济发展水平。

表 6-4　2008 年广东省各市社会保障支出水平情况

地区	社会保障支出（万元）	地区生产总值（亿元）	社会保障支出水平（%）	地区	社会保障支出（万元）	地区生产总值（亿元）	社会保障支出水平（%）
广州市	882718	8215.82	1.07	中山市	84347	1408.52	0.60
深圳市	379028	7806.54	0.49	江门市	108895	1280.59	0.85
珠海市	103258	992.06	1.04	阳江市	60701	483.84	1.25

续表

地 区	社会保障支出（万元）	地区生产总值（亿元）	社会保障支出水平（%）	地 区	社会保障支出（万元）	地区生产总值（亿元）	社会保障支出水平（%）
汕头市	59975	974.78	0.62	湛江市	158084	1048.66	1.51
佛山市	196699	4333.3	0.45	茂名市	128113	1217.84	1.05
韶关市	109257	545.87	2.00	肇庆市	96771	715.85	1.35
河源市	99391	394.13	2.52	清远市	96073	746.62	1.29
梅州市	131585	477.88	2.75	潮州市	49369	442.76	1.12
惠州市	105252	1290.36	0.82	揭阳市	64930	725.03	0.90
汕尾市	49254	350.23	1.41	云浮市	56552	319.86	1.77
东莞市	232742	3702.53	0.63				

资料来源：根据《广东财政年鉴》(2009)和《广东统计年鉴》(2009)有关数据整理计算。

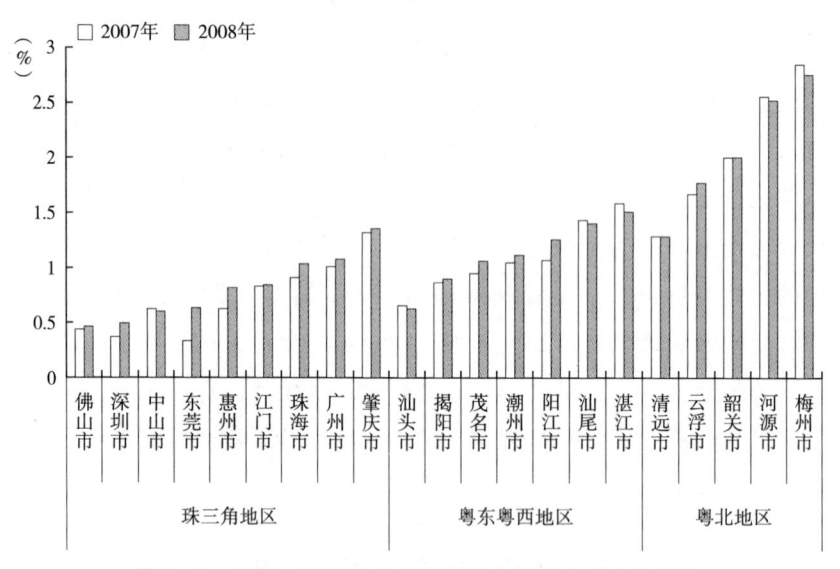

图 6-4　2007~2008 年广东各市社会保障支出水平情况

资料来源：根据《广东财政年鉴》(2008、2009)和《广东统计年鉴》(2008、2009)有关数据整理计算。

从社会保障支出水平的具体差异程度来看，广东省各市社会保障支出水平存在较大差异，2007年社会保障财政支出占GDP的比重最大的是梅州市，最小的是东莞市，二者相差8.64倍。从变异系数来看，2007年广东各市社会保障支出水平的变异系数为0.57，而2008年为0.50，比2007年有所下降，但是从变异系数本身来看，该问题还是相当严重（见表6-5）。

表6-5　2007~2008年广东各市社会保障支出水平差异情况

	2007年	2008年
最大值（%）	2.85	2.75
最小值（%）	0.33	0.45
极差（%）	2.52	2.30
极值比（倍）	8.64	6.11
平均值（%）	1.16	1.21
标准差（%）	0.006	0.006
变异系数	0.57	0.50

资料来源：根据《广东财政年鉴》（2008、2009）和《广东统计年鉴》（2008、2009）有关数据整理计算。

（四）广东省社会保障水平的地区差异程度及特点

综合社会保障财政支出、社会保障财政负担、人均社会保障财政支出和社会保障支出水平来看，广东省各市社会保障财政支出和人均社会保障财政支出这两个绝对数指标的差异程度最大。以变异系数衡量的社会保障财政支出的离散程度高达1.15，最大值与最小值之间相差833464万元，极值比达17.92（见表6-6）。根据区域分布，珠三角地区的社会保障财政支出远高于广东省其他地区（见图6-2）。人均社会保障财政支出的差异程度也相当高，从表6-6可以看到，最大值是最小值的16.1倍，二者相差1529.04元（见表6-6）。根据区域分布，珠三角地区人均社会保障财政支出领先于粤北地区和粤东粤西地区，两极化程度明显（见图6-4）。

与社会保障财政支出和人均社会保障财政支出的巨大差异相比，社会保障财政负担和社会保障支出水平的差距相对较不明显。广东省各市社会保障支出水平的变异系数为0.5（见表6-6），离散程度较高，根据前文论述，珠三角地区社会保障财政支出远远领先于其他地区，但是因为地区生产总值较高，因此珠三角地区社会保障支出水平低于广东省其他地区，显示其社会保障支出水平与经济发展程度的不对称性。相对而言，各市社会保障财政负担的差异程度最小，从表6-6可以看到，社会保障财政负担的变异系数为0.26，从地区分布来看，珠三角地区的社会保障财政负担最小，其次是粤东粤西地区，粤北地区社会保障财政负担最大。

表6-6　2008年广东社会保障水平地区差异情况

	社会保障财政支出（万元）	社会保障财政负担（%）	人均社会保障财政支出（元）	社会保障支出水平（%）
最大值	882718	16.17	1630.30	2.75
最小值	49254	4.25	101.26	0.45
极 差	833464	11.92	1529.04	2.30
极值比	17.92	3.80	16.10	6.11
平均值	154904	11.73	456.33	1.21
标准差	178780.2	3.02	427.49	0.006
变异系数	1.15	0.26	0.94	0.50

资料来源：根据《广东财政年鉴》（2008、2009）和《广东统计年鉴》（2008、2009）有关数据整理计算。

由此可见，广东省社会保障水平的地区差异呈现以下两大特点。

第一，社会保障水平呈现中间高、四周低的地区非均衡分布模式。珠三角地区社会保障水平显著高于粤北和粤东粤西地区，其中社会保障财政支出与人均社会保障财政支出差异性最为明显，两极化程度高。

第二，社会保障水平与经济发展水平呈现非适应性特征。无论珠三角地区还是广东省其他地区，社会保障水平都低于其经济发展水平，尤其珠三角地区普遍低于全省平均水平，社会保障水平与经济发展水平的非适应性十分显著。

那么，究竟是什么原因导致广东的社会保障水平出现如此大的差距？与目前的社会保障财政体系有何关系？与政府间社会保障权责划分又有何联系？下文将对此问题进行论述。

四　广东社会保障水平地区差异的原因分析

（一）社会保障水平差异的体制性原因：基层财权和财力与事权不相匹配

正确划分社会保障在各级政府间的权责是社会保障事业发展的根本问

题（林治芬、高文敏，2006：97）。但是，我国社会保障制度面临的各级政府提供社会保障权责不分的难题却长期存在（陶勇，2007：96）。

社会保障权责划分包括对事权和财权的划分。社会保障事权是指社会保障事务行使和承担的权力与责任，具体指与社会保障有关的法律、法规、政策制定和发布权、基金管理监督权、日常管理权、结余资金投资运营权、资金补偿权以及由于行使上述权力应承担的责任的统称（杨良初等，2007）。财权是指各级政府为了满足一定的支出需求而筹集财政收入的权力，包括税权、费权和债权，财权是一级政府所拥有财力[①]的主要决定因素之一（马海涛，2009）。目前我国政府间社会保障权责划分不清晰、不规范，各级政府间事权层层下放，而财权和财力却层层上收。

1. 政府间事权界定模糊，社会保障事务责任层层下放

1994 年我国实行分税制财政体制改革，明确了中央和地方之间的财权关系，但是并未对事权划分作清晰界定。1993 年 12 月 25 日，国务院发布的《国务院关于实行分税制财政管理体制的决定》对中央政府和地方政府的事权划分仅仅作粗略规定：中央政府承担中央本级负担的公检法支出和文化、教育、卫生、科学等各项事业费支出，地方政府承担地方文化、教育、卫生等各项事业费，对社会保障事权和支出范围没有作明确的划分，导致实际上政府间社会保障事权界定模糊。实际中，与中央政府相比，地方政府承担着社会保障政策管理和运行的主要责任，社会保险项目以地级市甚至县为统筹单位，地级市和县政府负责社会保险项目的运行和管理，并承担主要的财政补贴责任；社会救助和社会福利项目有来自中央的财政补贴，但是由地方政府负责运行和管理（彭宅文，2009）。但是，在许多国家，社会保障服务多数由中央政府或省级财政负担，根据国际货币基金组织政府财政统计年鉴（2002 年）的数据，在中央和地方政府社会保障和福利总支出中，2002 年美国中央政府所占比重为 67.82%，地方政府为 32.18%；2001 年加拿大中央政府所占比重为 69.09%，地方政府为 30.91%；1998 年英国和澳大利亚的中央政府所占比重分别为 79.67% 和

---

① 财力是指一级政府所拥有的可支配的以货币形式表现的财政资源的大小。一般来说，一级政府所拥有的财力大小主要由一级政府所享有的财权大小、经济发展条件和水平等因素制约。

90.28%，地方政府分别为20.33%和9.73%（柯卉兵，2008）。

2. 地方政府财力有限，财权层层上收

在目前分税制财政体制之下，中央政府和地方政府、省级政府和下级政府之间的财政收入及其承担的社会保障支出责任呈现失衡状态。中央政府集中了较大部分的财政收入，却只承担了小部分的社会保障支出，而地方政府承担了大部分社会保障支出责任，却只有小部分的财政收入。2008年国家财政收入中央政府占53.3%，地方政府占46.7%；而国家财政支出中中央政府只占21.3%，地方政府占78.7%；具体到社会保障和就业支出，中央政府仅占5.1%，而地方政府所占的支出比例高达94.9%（国家统计局，2009：264）。从广东财政收入与支出情况来看，2007年与2008年省级财政收入所占比例远高于其财政支出所占比例，而县级财政情况则刚好相反，财政收入所占比例远远低于财政支出所占比例（见图6-5）。从图6-6可以看到，2008年县级财政收入占全省财政收入的27.36%，却要承担38.46%的财政支出和43.08%的社会保障支出。

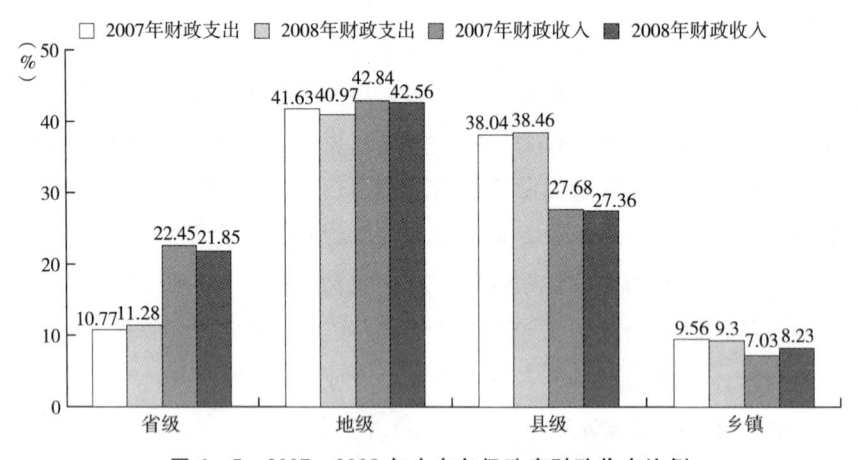

图6-5　2007~2008年广东各级政府财政收支比例

资料来源：根据《广东财政年鉴》（2008、2009）有关数据整理计算。

地方政府在社会保障服务提供方面承担主要的管理和运营责任，且提供主要的社会保障财政资金，因此地方社会保障水平的高低主要依赖于地方政府的管理与投入。具体而言，地方社会保障水平的高低与一个地方的经济发展水平和政府财政能力存在十分显著的相关关系。从图6-7可以

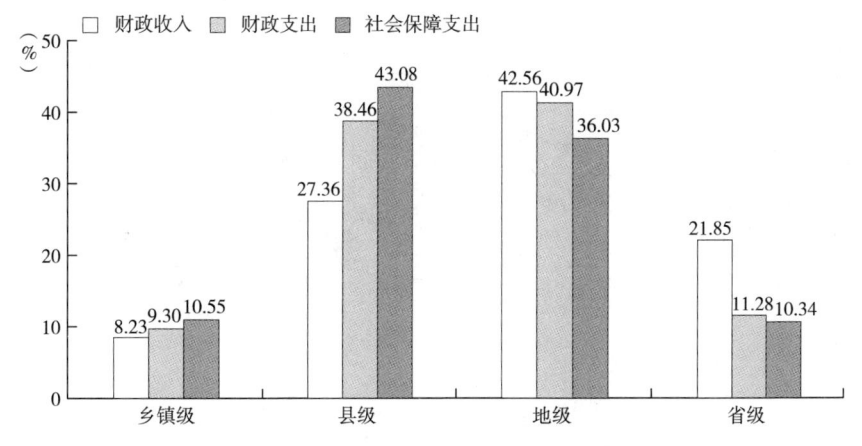

图6-6 2008年广东各级政府财政收支与社会保障和就业支出比例对比

资料来源：根据《广东财政年鉴》（2008、2009）有关数据整理计算。

看到，人均社会保障财政支出与人均地区生产总值、人均财政收入和人均财政支出之间呈显著的正相关关系（相关系数分别为0.879、0.888和0.877），人均地区生产总值越高、人均财政收入和人均财政支出越多，人均社会保障财政支出越高。

此外，根据《广东统计年鉴》（2009）和《广东财政年鉴》（2009）的相关数据，笔者计算了广东省各市人均地区生产总值、人均财政收入、人均财政支出和人均社会保障支出的差异情况，发现四者的离散程度都比较高（见图6-7）。由此可见，广东省各市社会保障水平的差异很大程度上由地区经济发展水平差异以及地区政府财政能力差异所决定。

表6-7 2008年广东各市经济发展水平、政府财政能力和社会保障财力差异状况

	人均地区生产总值	人均财政收入	人均财政支出	人均社会保障支出
最大值（元）	89814	34425.58	38275	1630.298
最小值（元）	11604	348.8694	972.1306	101.2569
极差（元）	78210	34076.71	37302.87	1529.041
极值比（倍）	7.74	98.68	39.37	16.10
平均值（元）	33281.57	4284.91	5258.76	456.33
标准差（元）	24874.29	7540.96	8104.55	427.49
变异系数	0.75	1.76	1.54	0.94

资料来源：根据《广东财政年鉴》（2009）和《广东统计年鉴》（2009）有关数据整理计算。

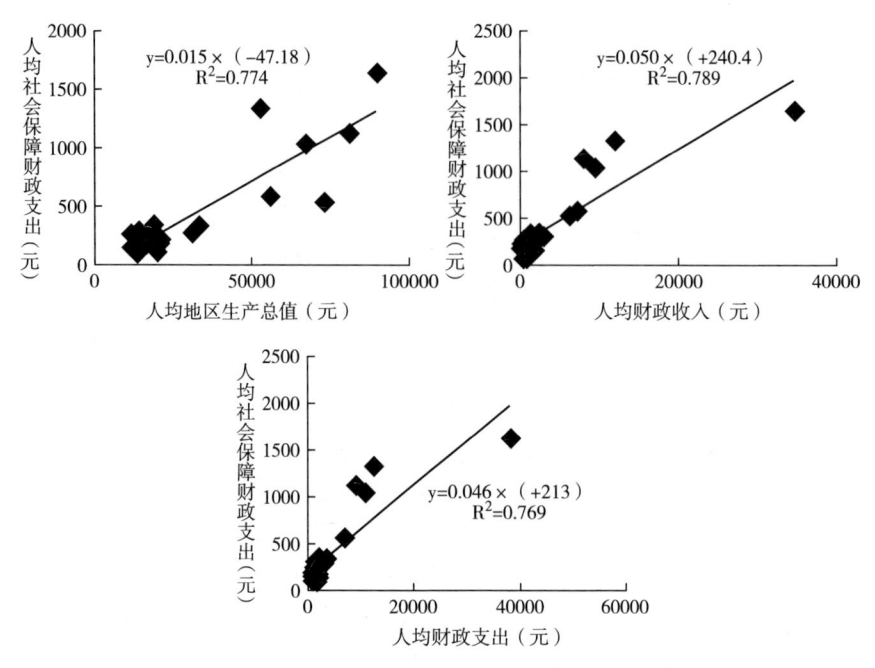

图 6-7 2008年广东各市人均社会保障财政支出与人均地区生产总值、
人均财政收入、人均财政支出关系散点图

资料来源：根据《广东财政年鉴（2009）》和《广东统计年鉴（2009）》有关数据整理计算。

综上所述，在实际的政府间权力博弈中，上级政府拥有较大的财权，集中了较大部分的财力，而下级政府却要承担辖区内居民较多的社会保障支出需求，形成社会保障财权层层上收、事权层层下放的局面，造成地方政府社会保障事权与财权严重不对称。社会保障服务水平的高低在很大程度上由地方的经济发展水平和财政能力所决定。在目前的财政体系之下，地区经济的非均衡发展决定了地方政府财政能力的强弱，经济发达的地区可以获得更多的财政收入，提供相对较为充足的公共服务，而经济落后的地区财力匮乏，公共服务供给往往不足。广东省经济发展程度差异较大，珠三角地区经济发展水平远远领先于广东省其他地区，而且其财政能力大大强于粤北、粤东和粤西地区，有足够的财政能力提供社会保障服务；粤北、粤东、粤西地区财政能力较弱，对提供社会保障服务方面既无积极性也无能力，从而引发地区之间社会保障水平的巨大差异。

（二）地区间社会保障水平差异扩大的重要原因：财政转移支付制度存在缺陷

地区间社会保障水平差异与我国财政分权体制所造成的地方政府事权与财权不相匹配、财政收入与支出的差距固然相关，但是，"财政支出任务和收入之间的显著差异并不是中国特有的现象，其他国家的政府也采取各种各样的政策来解决这些问题"（经济合作与发展组织，2006：63）。西方国家社会保障水平得以均衡发展的一个重要原因，就是较好地明确社会保障事权划分，采取了政府间社会保障财政转移支付制度来纠正财政体系的纵向失衡，以解决社会保障水平地区差异的问题。但是，我国财政转移支付制度本身存在缺陷，在调节社会保障水平地区差异的问题上作用不大。

1. 转移支付形式多样，结构不合理

世界上大多数国家采取的财政转移支付形式主要有两种，即具有均等化作用的一般性转移支付和专项转移支付，并且一般以前者为主，后者为辅。我国财政转移支付形式多样，包括体制补助和上解、税收返还、一般性转移支付、专项补助和年终结算补助（或上缴）等形式（上海财经大学公共政策研究中心，2006：381~382）。首先，税收返还是中国财政转移支付的主要形式，在很长一段时间内一直占中央对地方财政转移支付总额的50%以上，目前仍占36%左右，税收返还在一定程度上肯定了各地区的既得利益，是造成地区间差距继续扩大的一个制度性原因。其次，专项转移支付比重也较大，所占比例达30.7%，并且种类庞杂；另外，相当部分的专项资金也没有用到规定的用途上，存在部分专项转移支付资金被地方政府截留挪用的现象。最后，我国真正属于均等化转移支付形式的实际上只有一般性转移支付，中央对地方一般性转移支付所占比重目前尚不到10%（安体富，2007），各省对下一级的一般性转移支付所占比重也仅在27%左右（周坚卫，2008：401），因此，一般性转移支付所发挥的均等化作用十分有限。

2. 转移支付资金分配办法规范化、公开透明度差

在我国目前转移支付的形式中，只有一般性转移支付采取因素法，通过公式计算来分配资金,但是在标准收入和标准支出的范围、内容、指标的选择上都有待改进和完善。税收返还制度是按基数法确定,形成一省区一率的计算方法,非常不规范;而专项转移支付的拨款方法也十分不规范,具有很大随意性,立项审批不规范,项目确定、范围选择都不太合理,并且缺乏有效的监督,造成资金被截留、挪用、浪费和低效率的现象(安体富,2007)。

3. 省级以下财政转移支付制度建设落后

目前我国省级以下财政转移支付制度较不完善。首先,省市级财政向县市级财政的一般性转移支付额偏小,但县市级财政上解额却较大,加剧了许多县乡严重的财政困难状况(上海财经大学公共政策研究中心,2006:385~386)。其次,一些地区公式化的财政转移支付制度还没有建立起来,在省级以下,税收收入和转移支付的分配成为一种"向下滴漏"的过程,上级政府根据不规范、各地差别很大的标准决定分配多少给下级政府(安体富,2007)。再次,我国目前尚未对省级政府对市县转移支付做出统一规定,导致省对下转移支付制度法制化程度低、规范化与透明度差。实际上,特别在专项补助方面,下级财政获得多少补助,往往需要靠讨价还价以及与上层领导的关系,导致资金分配与公共服务产品提供的数量和质量无相关性,并且容易导致寻租(铁卫、祝玉坤,2010)。最后,省政府为了追求政绩往往倾向于将资金更多地转移给能带来经济效益的县市而不是下拨给缺乏公共设施和教育医疗资金的县市(郭云、李赖志,2010)。

我国财政转移支付制度本身存在的这些问题,使其在增加地方政府财政收入,提升地方政府社会保障支出能力,促进地方政府社会保障事权和财权相对称等方面不能发挥有效作用。由此可见,财政转移支付体系存在的种种问题是广东省社会保障水平地区差异扩大的一个重要原因。

结 语

本章通过对广东省社会保障水平的地区差异程度进行定量测量,并对其原因进行分析发现:一方面,我国社会保障权责划分存在问题,财权层层上收，事权层层下放，导致地方政府社会保障事务财权、财力与事权严重不对称，地方政府在社会保障服务提供方面既要承担管理运营责任，又要负责社会保障财政支出的大部分责任。另一方面，我国财政转移支付制度存在问题，财政转移支付中有均等化作用的一般性转移支付较少，资金分配办法缺乏规范化和透明度，管理运行具有较大的随意性，而且省以下财政转移支付制度建设落后，在增加地方政府财政收入，提升地方政府社会保障支出能力方面不能发挥有效作用。因此，社会保障服务水平的高低在很大程度上由地方政府的财政能力和经济发展水平所决定。广东省各市经济发展水平差异较大，地方政府财政能力强弱不均是造成广东省社会保障水平差异的直接原因（见图6-8）。

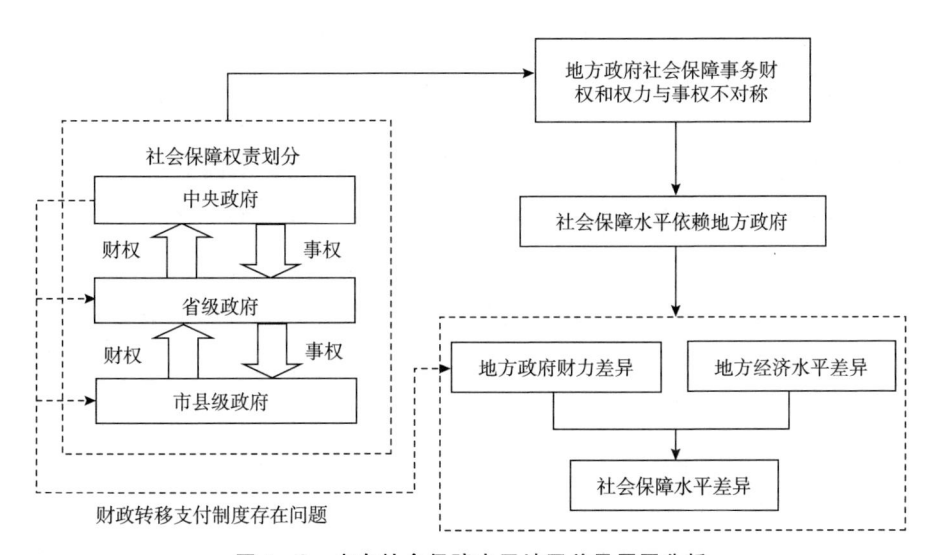

图6-8 广东社会保障水平地区差异原因分析

通过对广东省社会保障水平地区差异原因的分析，笔者认为改善社会保障水平的地区差异，促进社会保障均衡化发展主要可以从以下几方面入手。

1. 适当上移事权，清晰划分政府间社会保障事权

社会保障服务属于准公共产品，但是其包括的社会保险、社会福利、社会救助和安置优抚的公共产品特性具有强弱之分。根据收益范围和效用外溢程度的不同，可以将公共产品分为地方公共产品、区域公共产品和国家公共产品（Breton，1965）。不同层次性的公共产品应当由不同层级的政府负责提供，全国性的公共产品应由中央政府负责提供，地方性公共产品应当由地方政府负责提供，区域性公共产品则由中央政府主导并视其外溢程度大小在中央政府与地方政府之间合理分担（柯卉兵，2010a：99）。因此，凡是属于全国性宏观调控的社会保障事务应由中央政府负责；凡是地区性的社会保障事务可以由地方政府承担。根据以上依据，通过立法形式，对政府间社会保障事权进行划分与调整，尽快明确理顺省以下各级地方政府的事权范围，将地方各级政府事权与支出责任安排重心适当上移，适当减少县乡政府的事权和支出责任，将社会保障服务的支出重心适当向省和中央上移，让省级财政在提供社会保障服务中发挥更大的作用。

2. 建立有效转移支付制度增加地方政府社会保障的财力，促进"财力与事权相匹配"

在分税制财政体系制度框架之下，处于不同区域的同一级政府即使拥有相同的财权，也会因为经济发展水平的不同而拥有不同的财力（丁元竹，2009：43）。因此，为了进一步理顺政府间财政分配关系，保证"财力与事权相匹配"的实现，应在合理划分政府间财权和事权的基础上，建立以各级政府基本公共服务能力均衡化为目标的规范化的财政转移支付制度，通过中央财政与省级财政以及省以下财政的转移支付，增加地方政府社会保障财力。具体措施包括以下几方面：在中央层面，中央政府应当制定全国社会保障的最低标准，并以科学的经济和财政指标作为规范化转移支付的依据；在地方层面，应当建立完善省以下的一般性转移支付制度，形成合理的省以下财政分担机制；在具体操作层面，应当提高一般性财政转移支付在全部转移支付中的比例，由此提高转移支付的均等化作用；控制和缩小专项转移支付的规模和范围，加强对专项转移支付的审批管理与监督；核定各级政府的"标准收入能力"和"标准支出要求"，进一步完善一般性转移支付资金分配的计算公式，提高转移支付的科学性和透明度。

3. 建立纵向转移与横向转移相结合的模式

我国一直实行单一纵向转移模式，在继续实行以纵向转移支付模式为主的同时，应当试行横向转移支付。这样做有利于缓解中央政府和省级政府在促进社会保障均等化时所产生的财政压力，也有利于加快地区间协调发展，提高整体经济发展水平，从而最终也有利于促进发达地区经济的发展。从广东省社会保障水平地区差异的分析来看，珠三角地区的经济发展水平和收入水平较高，与广东省其他地区存在较大的差异，珠三角地区有条件从财力上支持不发达地区的社会保障发展。事实上，广东省为逐步推进全省基本公共服务均等化，促进区域协调发展，印发了《关于建立推进基本公共服务均等化横向财政转移支付机制的指导意见》，试图在建立纵向转移和横向转移相结合的转移支付模式方面进行有益的尝试。但在实际操作中，横向转移支付的形式、转移水平、转移机制等方面仍然有待进一步完善。

第三篇

社会保险

第七章 渐进与突变：养老保险制度变迁研究

一 问题的提出

在我国由计划经济向市场经济轰轰烈烈的社会转型中，社会保障改革是非常重要的组成部分。养老保险作为社会保障的核心内容之一，其改革的历程最为波澜壮阔和跌宕起伏，自然也吸引了众多学者的研究兴趣。现有诸多有关养老保险改革[①]的研究，主要集中在三个领域。

一是养老保险改革过程的描述。很多学者根据养老保险政策变革的重要节点和自己对改革历程的理解，按照历史时间顺序把改革分成不同的阶段。蔡昉等人认为，养老保险制度改革经历了体制恢复（1976~1984年）、改革探索（1985~1992年）、提出整体框架（1993~2000年）和完善体制内容（2001年以来）等重要发展阶段（蔡昉，2008：280）。龙健（2001）也指出，我国的养老保险制度改革过程大体上可以分为4个阶段：探索和试点阶段（1984年10月~1991年5月）、发展阶段（1991年6月~1995年2月）、深化阶段（1995年3月~1997年6月）、全面推进和调整阶段（1997年7月以后）。穆怀中（2008）则认为，20世纪80年代中期到90年代中期，是养老保险制度名义改革期；从20世纪90年代中期开始进入实际改革期。郑功成对制度变革历程的论述较有特色，他根据制度重构中的关键事件把养老保险制度变迁分成三个阶段，并对每个阶

---

① 城镇企业职工基本养老保险制度是中国城镇养老保险制度的主体（王延中，2004：249）。本章对中国养老保险改革的论述主要是指城镇企业职工基本养老保险。

段的特点进行了归纳,制度变革的起始:由单位保险到去单位化;制度创新的标志:统账结合模式的出台;制度变革的发展:统账结合模式的统一与完善(郑功成,2002)。

二是对养老保险改革结果的评估。总体来看,大部分学者都以一种辩证的眼光来看待我国养老保险改革,一方面充分肯定改革取得的成就,另一方面也指出其存在的问题。成就方面,蔡昉(2008)认为,养老保险改革打破了计划经济时代形成的板块封闭式与国家统包型福利制度,初步完成了城镇养老体制从传统的国家(单位)保障体制向社会保障体制的转变,基本探索了一套与社会主义市场经济相容的城镇养老保险制度。郑功成则把成就概括为:从单位化走向社会化,责任共担机制取代单一责任主体,单一层次保障转变为多层次保障,新制度覆盖的人口持续扩大,制度创新的尝试难能可贵(郑功成,2009:312~318)。但是,改革中也存在一些明显的失误:分散决策与分割管理对推进改革造成危害,改革中急于求成使改革效果适得其反,对历史债务的处理不力影响了新制度的确立,具体责任的模糊化影响了养老保险责任的分摊,农村养老保险停滞不前(郑功成,2009)。王延中(2004)同样认为,我国城镇企业基本养老保险制度还存在不少问题:基本养老保险费率太高,社会统筹基金入不敷出,个人账户空账严重,个人账户基金的管理体制不能适应保值增值的要求。林毓铭(1999)也指出了我国养老保险改革面临的四大挑战。在众多问题中,深入研究最多的当属养老保险的空账和隐性债务问题,学者们探讨了隐性债务形成的根源、化解的思路等(李明镇,2001;申曙光、彭浩然,2009a)。

三是养老保险改革的社会经济效应分析。社会保障制度作为市场经济体制的重要组成部分,必须同经济发展、社会进步相适应。统账结合的养老保险改革实施后,居民对政府财政的社会保障支付预期下降,导致以养老保障为目的的私人储蓄有所上升;同时社保基金的入市,对资本市场影响也日渐显现(穆怀中,2008)。何立新等人的研究结果也表明,养老保险改革对家庭储蓄率会产生明显的影响。家庭养老金财富与当期收入之比下降100个百分点,将导致家庭储蓄率平均增加30~40个百分点,但不同家庭养老金财富变化的影响不同,养老金财富对家庭储蓄率影响显著的是户主为 35~50 岁的家庭（何立新等，2008）。

四是对未来养老保险发展的展望。基于对现有养老保险改革存在问题的不同态度，对未来养老保险发展的方向存在两种不同的意见：一种意见对现有社会保险模式的合理性提出质疑，认为我国搞不起社会保险，社会保障改革和发展需另辟蹊径，实施一种不同于社会保险的社会保障新计划（尚晓援，2001；陈平，2002），高书生（2006）提出了一种只包括养老和医疗两大项目并且实行项目捆绑式、不设个人账户、实行全国统筹、现收现付的社会保障新制度。另一种意见则肯定作为改革成果的部分积累制，认为未来主要是根据目前凸显的问题提出针对性的改进对策（郑伟、袁新钊，2010；郑功成，2009）。

综合上述研究成果我们可以发现，对养老保险改革及制度变迁过程描述性的研究居多，解释性的成果较少；政策性研究（政策评估和政策建议）的色彩强烈，学理性的研究不够；侧重改革对劳动力市场、居民储蓄消费等其他因素的影响，忽视了影响养老保险改革的因素，即把养老保险改革作为一个自变量，而不是一个因变量。为此，本章试图超越现有研究取向，从政策过程的理论视角，对中国养老保险改革及制度变迁的逻辑进行解释性的研究，并为推进本土公共政策决策模式做出贡献。

二 养老保险制度变迁的过程

描述和分析养老保险改革的过程是解释制度变迁的基础。尽管对改革过程阶段性描述的成果已经不少，但对阶段性特征的提炼和概括还远远不够，以至于不能清晰地显示养老保险制度变迁的鲜明特征。本章认为，从养老保险政策变动的幅度来看，改革过程大体上可以分为三个阶段。

（一）社会统筹的重新启动

新中国成立初期，曾经专门制定了针对干部和工人退休或退职的政策，但"文化大革命"使国家机器运转遭到严重破坏，社会保障自然也难逃厄运，很多干部和工人到了法定退休年龄，却不能正常办理退休手续。为此，国务院在 1978 年出台了《关于安置老弱病残干部的暂行办法》和《关于工人退休、退职的暂行办法》。这两个文件虽然规范了职工的养老问题,但执行后很快遇到新的问题:新老企业养老负担畸轻畸重,退休职工生活待遇不均不稳,部分集体企业职工退休甚至没有保障。

在这样的背景下,发挥保险的"大数法则"作用、恢复传统劳动保险的财务机制就被提上议事日程。1983年下半年,劳动人事部提出退休费用实行社会统筹的意见,并在江苏省泰州市、广东省江门市和东莞市、四川省自贡市等个别地区进行试点。从1984年起,退休费用社会统筹迅速在全国范围内普遍展开。到1993年末,全国有50多万户企业参加了退休费用社会统筹,涉及在职职工7800多万人、离退休人员1700多万人,约占全国企业职工总数的70.8%和离退休人员的81.2%(卫生软科学编辑部,1994)。

(二) 个人缴费及个人账户的引入

随着经济体制改革的逐步深入,退休费用社会统筹也越来越不能满足发展的需要。一方面,城镇所有制改革和农村集体经济的解体,越来越多的非公有制经济从业人口和农民不能被社会保障网覆盖(申涌、云杉,1986);另一方面,企业自主经营、自负盈亏后,传统国家(单位作为国家的代理)包揽、企业办社会的模式越来越行不通了。因此,迫切需要重新划分国家、企业、个人三者各自的社会保障责任。1991年6月,国务院发布的《关于企业职工养老保险制度改革的决定》(国发〔1991〕33号)明确指出,"改变养老保险完全由国家、企业包下来的办法,实行国家、企业、个人三方共同负担,职工个人也要缴纳一定的费用"。

与此同时,设立个人账户的改革探索也在积极推进。1989年3月,由国家经济体制改革委员会提出、国务院同意,在深圳市和海南省进行社会保障制度综合改革试点。两地结合实际,制定了试点方案,方案最大的特点就是不再实行单一的现收现付统筹制,而是采用储存基金保险制和现收现付统筹制相结合的模式,实行个人账户制和共济基金账户制相结合(高书生,2006:81)。这种新的模式得到了弗里德曼等国际机构专家和国外学者的充分肯定,他们认为现收现付与预筹积累两者融合是社会保险发展的趋势,因为现收现付难以应对人口老龄化,预筹积累的保值增值压力很大，两者结合是谨慎的现实的方案（国家体改委国外经济体制司、分配体制司，1989）。在充分试点和讨论的基础上，1993年党的十四届三中全会《关于建立社会主义市场经济体制若干问题的决定》对我国养老保障体制改革做出了具体规定："城镇职工养老和医疗保险金由单位和个人共同负担，实行社会统筹和个人账户相结合。"1995年3月，国务院《关于深化企业职工养老保险制度改革的通知》（国发〔1995〕6号）对统账结合的基本养老保险模式进行了具体规定，并提供了两个实施方案以便各地选择执行。

（三）统账结合模式的完善

国务院发布《关于深化企业职工养老保险制度改革的通知》后，全国各地积极行动，到1996年上半年，除西藏自治区外，共有29个省、自治区、直辖市制定了统账结合的养老保险改革方案。其中，上海、吉林、黑龙江、江西、河南、云南、青海7省市选择了实施方案一，北京、天津、浙江、湖南、广东5省市选择了实施方案二，湖北、河北、陕西、山西、内蒙古、辽宁、江苏、安徽、福建、山东、广西、四川、贵州、甘肃、宁夏、新疆16个省（自治区）及电力、水利、石油、交通、煤炭5个部门，吸收方案一、方案二的优点，结合本地区、本部门的实际情况，制定了第三类方案。海南则实行具有当地特色的办法。由此可见，从实施的具体情况来看，全国形成了多个统账结合的模式，最大的差别就是个人账户的规模相差很大，从最低的4%到最高的17%，给养老金制度改革带来很多矛盾（高书生，2006：125）。因此，急需制定全国统一的养老保险制度。1997年7月16日，国务院发布的《关于建立统一的企业职工基本养老保险制度的决定》（国发〔1997〕26号）对此做出了回应，统一了企业缴费率、统一了个人账户规模、统一了基本养老保险金计发办法。

国家虽然下发了统一制度的文件，但贯彻落实并不顺利。主要是受亚洲金融危机的影响，国外经济形势发生了很大变化，特别是1998年以来国有企业改革力度进一步加大，很多企业关停并转，养老保险费的收缴率连年下降；同时，退休人员却不断增加，一些地方为了完成国企改革任务和减轻下岗分流的压力，放松了对职工退休条件的控制，提前退休现象十分严重。这样一来，养老保险基金入不敷出，收支压力非常大。面对这些问题，政府和研究机构都在进行反思，有的人认为是养老金的新旧体制衔接出了问题，历史欠账拖累新体制的运行；有的人则反对刚刚建立的统账结合模式，要求取消个人账户，认为这种制度设计不太符合中国国情（高书生，2006：158～166）。2000年，国务院《关于完善城镇社会保障体系的试点方案》（国发〔2000〕42号）对这些争议做出了回应，继续坚持社会统筹与个人账户相结合的制度模式，但对具体实施办法加以改进和完善，如缩小个人账户规模、做实个人账户、社会统筹基金与个人账户基金实行分账管理、提高基础养老金水平。这次调整以辽宁省为试点，逐步在全国推进。

通过对三个阶段的分析可以发现，第一个阶段是在"文化大革命"破坏了养老金现收现付的统筹机制后，对过去劳动保险财务机制的恢复；第二个阶段则引入了个人缴费和个人账户，与原有养老保险制度相比有较大的突变；第三阶段尽管面临取消个人账户的争议，但主要是对新的统账结合模式的修复和完善。总之，第一阶段和第三阶段是渐进的政策演变，第二阶段是政策的突变。

三 制度变迁的逻辑

长期以来，学术界关于制度变迁的幅度存在渐进式与突变式两种争论。渐进论认为，制度变迁是缓慢的、逐步推进的。如诺斯基于英美的经验，认为制度变迁绝大部分是渐进的。他指出，"如果制度不是属于报酬递增的，而且主观观念常常按真实的模型进行修正，那么暗含的假定是：行动者将通过再签约以达成一个更为有效的联合解决方式。事实上，由于制度框架存在报酬递增，其变迁过程是渐进式的"（诺斯，1994：129）。查尔斯·林德布罗姆（1988）也认为，决策的过程就是渐进的过程，决策者只不过是基于过去的经验，对现行政策稍加修改而已。政策制定是各种政治力量、利益集团相互作用、讨价还价的过程，是对过去的政策加以修正、补充的过程，政策上大的变化是由许多微小变化积累引发的质变。突变论则强调制度的急剧变化，注重变化过程的间断或突然转换，变迁的结果彻底背离变化前的状态。有学者针对过往理论对急剧制度变迁的机理解释不足的缺陷，提出了制度变迁的"供—求模型"，即变迁需求是由于危机的出现导致赌博心态，变迁供给则是指很多改革方案并不是国内认真制定的，而是对外现成制度的借用（Weyland，1991，转引自曾毅，2009：43）。马克思主义也持制度突变的观点，认为被统治阶级将以暴力手段实现对根本经济制度的彻底否定，马克思、恩格斯在《共产党宣言》中明确表示，"工人革命的第一步就是使无产阶级上升为统治阶级……无产阶级将利用自己的政治统治，一步一步地夺取资产阶级的全部资本，把一切生产工具集中在国家即组织成为统治阶级的无产阶级手里"（马克思、恩格斯，1995：293）。20世纪90年代以来，伴随着俄罗斯和东欧社会主义国家以及中国的体制转轨，许多过渡经济学家对于计划体制向市场体制转轨的突变方式和渐进方式的优劣进行了比较分析（Sachs，1992；盛洪，1994）。由于中国转型比俄罗斯和东欧相对成功，渐进式改革受到青睐。但实际上对于改革的成功来说，改革次序比改革速度更重要，改革目标模式演化轨迹对改革成功意义重大（张旭昆，2004）。

从经验事实的观察来看，改革和制度变迁的过程中既有不知不觉的渐进变化，也有偶尔发生的重大变迁。因此，渐进论与突变论并非二元对立，而是相互融合在一个制度变迁过程当中。对此，间断平衡理论有精辟的解释，其代表人物鲍姆加特纳（Baumgartner）和琼斯（Jones）最先用"断续性平衡"（punctuated equilibrium）这一概念来描述公共政策在经历长时间稳定后被骤然发生的、具有实质性变革意义的事件所打破。其中，政策垄断主要用来解释政策稳定和渐进变迁，它指的是一个政策制定的封闭系统，这一系统只向这一封闭网络内的主体敞开，主体由对某一政策持有同一信念、同一理念和同一构想的各个官僚主体、国会议员和利益集团领袖所组成，政策垄断中的利益集团抵制着其他利益集团的进入并维持着政策的长期稳定；但垄断者把持的利益均衡可能破裂，从而走向更加开放的议题网络，随之社会对问题的关注就会更加强烈和具有批判性，进而促成替代性信念和替代性政策的产生（Baumgartner and Jones，1993：66）。后来，琼斯进一步识别了几种撼动公共政策制定的因素，包括新参与者及新思想入侵政策竞技场、扩展并重新界定议题，政策企业家促进新理念并在整个政策过程中引领新的政策提案，媒体对公共问题的界定，公众把关注点转向问题的另一面和新的解决思路（Jones，1994）。

通过前面对养老保险政策改革历程的分析，我们可以发现，既有渐进的养老金社会统筹，也有突变的个人缴费和建立个人账户，还有统账结合模式下个人账户的不断修补完善。显然，这是一个渐进与突变并存的制度变迁过程。那么，我们要问的是，导致这样一种制度变迁特征的原因是什么？是否遵循与产生于美国的间断平衡理论一样的逻辑？

（一）突变的逻辑

从突变的特征来看，首先是由于国家与社会对计划经济福利体制反思过度。毋庸置疑，计划经济时期国家对经济社会的全面干预尤其对城镇职工福利的"大包大揽"留下了深刻的历史遗产，这种历史遗产在改革开放的话语下对社会政策的发展产生了负面的影响。在20世纪90年代的中国，理论界和政策制定者的一个共识是中国的社会保障制度建构要避免"福利化"（徐月宾、张秀兰，2005）。在这种背景下，福利国家在20世纪70年代末的危机被中国解读为高福利导致劳动生产率的下降。官方在社会保障改革过程中有意回避使用"福利"或"社会福利"等词语。在改革开放初期，人们还是习惯使用"劳动保险"（不用个人缴费）一词，"社会保险"概念很少用。但国务院体制改革办公室却两次非常明确地提出发展社会保险事业，其用心良苦，绝非"兜"概念，反映出改革思路上的变化（高书生，2006：78）。中国学者在解读以高福利著称的北欧模式时，同样倾向于忽略其社会团结与公民权的内容，同时夸大该体制下福利滥用与不可持续问题的严重性（Lin，2001）。对此，改革的亲历者乌日图[①]说得十分清楚：

> 我们当时是把社会保障作为一种福利来看，盲目地批判这种福利

[①] 乌日图，历任国家体改委分配和社会保障司副司长、国务院职工医疗保险制度改革领导小组办公室常务副主任，劳动和社会保障部医疗保险司副司长、司长，第十届全国人大常委、财经委主任委员助理、副主任委员。现任第十一届全国人大常委、财经委副主任委员。

性……由于我们把社会保险归为福利，所以社保制度是在批评中建立的。这让制度本身带有了先天的缺陷（夏波光，2008：114）。

社会保险改革就是在这种对福利的批判声中建立的，所以在制度设计时"就没有作为国家的一项基本的民生制度去考虑，并没有把社会保障制度作为一个独立的体系来考虑""拿养老和医疗保险制度来说，我们建立这个制度当初，就是为国有企业改革配套而推行的，或者是为国有企业减包袱卸负担，为国家财政减包袱卸负担。它是作为国有企业改革的一个配套工程推出的，这样就历史性地决定了这个制度本身的局限性和它的缺失"（夏波光，2008）。因为我们把过去不用个人缴费的劳动保险制度看成一种福利病，所以自然在新的养老保险制度中要引入个人缴费，实行"国家、企业、个人三方共同筹资机制"。不过，国家并没有参与前期的直接筹资，而是承担最后的兜底责任，所以实际上应该是雇主和雇员双方筹资机制①。

但是，引入个人缴费机制并不一定要建立个人账户，世界上有很多国家都要求雇员缴纳社会保险税或费，但并没有搞个人账户。如德国要求公民缴纳养老保险费，但实行现收现付制度。对于为什么要建立个人账户，主要有两种解释，一种认为是认识错误，没有搞懂个人账户与个人缴费的关系。时任劳动部副部长王建伦说：

> 引入个人缴费机制是正确的，但是个人缴费不见得都要形成个人账户，我觉得那个时候对于社会保险的基本问题还是没有思考透，没有弄明白。那个时候认为个人缴费必须形成个人账户，所以，就做了那种选择。总的来讲，我认为没有搞懂个人账户和个人缴费的关系（刘洪清，2008：47~48）。

这种解释有些牵强，因为当时全球很多国家都进行福利改革。20世纪70年代末以来，西方福利国家改革的一个重要动向就是变政府的单一

---

① 党的十四届三中全会通过的《中共中央关于建立社会主义市场经济体制若干问题的决定》一针见血地指出："城镇职工养老和医疗保险金由单位和个人共同负担，实行社会统筹和个人账户相结合"，而不是其他文件中"实行国家、企业、个人三方共同负担"的提法。

福利为混合福利,即除了政府以外,雇主和雇员也应该对社会保障负有责任,并且鼓励私营部门以职业年金与私人养老计划和医疗计划参与福利资源的配置。特别是世界银行提出的养老金"三支柱"模式在全球产生了深远的影响(世界银行,1994),成为欧洲福利国家改革的模板。智利、新加坡等一些国家甚至实行完全的个人积累制。在个人账户兴起和个人对自己养老负责的全球话语体系下,正在积极学习国外社会保障改革经验的中国不可能完全不知晓个人账户。因此,笔者认为,在养老保险中引入个人账户的第二个原因是因为受到国际影响,对国外经验的借鉴以及国外行动者的参与导致了养老保险制度的突变。对此,改革的亲历者乌日图如是说:

> 20世纪80年代是我们研究讨论养老和医疗保险制度模式比较热闹的时候,我现在还清楚地记得,当时美欧国家由于经济衰退,凯恩斯主义受到打击,新自由主义思想盛行,大家对福利制度提出质疑,反对国家福利,特别批判国家福利制度。这样一种理论氛围,也影响到我国的社会保障制度模式选择。虽然当时的理论争论是围绕西方市场经济国家展开的,但是它的确影响到我们国家学术界,也影响到我们这些制定政策的人,因为社会保障制度本来就是舶来品,此前在我们国家是没有的,我们在吸收国外的经验时,不可避免地受到了影响(夏波光,2008:113~114)。

尽管国际政治经济环境的巨大变化使得20世纪80年代以来新自由主义席卷全球并在社会舆论中占据主流,从发达资本主义国家、东亚发展型国家到苏联东欧地区社会主义国家,都不约而同地将新自由主义当作改革的模板(李姿姿,2009:67),但对于实行了多年社会统筹的国家来说,在基本养老保险中引入个人账户绝非小事,无论是国内还是国外,都存在明显的不同意见。在党的十四大闭幕后不久的1992年12月中国社会保障与经济改革国际研讨会上,时任劳动部副部长令狐安明确指出中国不能搞个人账户积累制。

> 必须明确,没有互助互济功能,社会保险就失去了存在的意义。

在中国，是不能实行公积金制的。如果实行这一制度，因为过去没有储蓄，每年政府和企业要另拨出几百亿，甚至上千亿元。现在，中国已有2400万退休职工，一年要支付560多亿元，如果再拿出几百亿元搞公积金制，企业人工成本将大幅度上升，无法承受（令狐安，1995：88）。

同时，在国际上，国际劳工组织也持与世界银行不同的意见，它们对世界银行极力推崇的智利模式表现出很不赞赏的态度。国际劳工组织适用劳工条约及建议书专家委员会成员冯·迈德尔（Baron Bemd Maydell）如是说：

> 智利模式过分强调养老保障的私有化，过分强调自我保障，而忽视了社会成员间的互助，忽视了社会保障制度中"社会"二字的含义。在欧洲，人们将社会保障看作是国家福利的一部分，是国家的责任。因此，对社会保障私有化的做法普遍是不接受的（王晓晔，1997：24）。

显然，国家对国际国内话语是有选择性的吸纳。一方面，国际上实行个人账户积累制的主流改革趋势，为中国社会保障改革提供方案选择的可能；另一方面，是否真的引入中国还是国家自主选择的结果。但是，为什么养老保险最终又选择了"统账结合"①，而不是完全的基金积累制呢？笔者认为，这与制度的路径依赖和国家财政有限关系密切。

（二）渐进的逻辑

中国建设新型养老保险制度不是在白纸上写字，而是在原来已经建立了一套完整的退休养老制度的基础上变革，对原有制度的路径依赖和惯性，使得新制度不可避免地要受到原有制度的影响和牵制（郑功成，2009：327）。最开始的社会保障改革不是由中央政府主导，甚至不是由省一级政府主导，而是地方原有的医疗保障制度、退休养老制度难以为继

---

① "统账结合"表明养老保险制度变迁既有突变，又有渐进的特点。

而自发探索一些新的办法，后来才逐渐被上级政府所认可，并开始组织试验。渐进改革的方式与策略还表现在社会保障改革往往不是立即以新制度取代旧制度，而是新制度与旧制度并存，从而形成了双轨甚至多轨并存的社会保障格局，新制度在实践中逐渐替代原有制度，经历着此消彼长的过程（郑功成，2008a：104）。由于我国计划经济时代长期实行现收现付制度，这必然影响后来的制度选择。杨伟民（2007）也指出了中国社会政策制定中的路径依赖，她从当时的制度环境、决策者对社会福利制度的认识、习惯性的政策制定和实施方式以及制度改革过程中有关各方的利益追求等方面证明了社会保障改革中存在的路径依赖现象。这种制度的路径依赖甚至在后来个人账户建立之后依然影响深远。2000年的时候，由于个人账户严重空账，一时间出现了"放弃个人账户、完全回到现收现付"和"做实个人账户，让其实账运营"的激烈争论，新建立的"统账结合"制度面临重新抉择。但由于制度的不稳定必然影响社会的不稳定，因此，即便是曾经反对个人账户的人也支持继续实行个人账户。时任劳动部副部长王建伦说：

> 2000年的时候，又开始了一场辩论，一些人认为个人账户没必要，取消个人账户算了。说实在的，从个人角度来看，我是极力反对个人账户的。但是，2000年要取消个人账户，我也极力反对。我认为作为一个基本的社会政策，应该是执政党和政府的重要选择，也应该是一个很谨慎的选择。法国的社会保险改革就出现了多次的社会震荡，避免大的震荡实际上是保持了稳定。所以，推倒重来不是最好的办法。我们可以在执行过程中，采取技术手段，逐步调整与完善，这完全可以做到（刘洪清，2008：48）。

除了我国过去一直采取现收现付的养老保险模式所导致的路径依赖，没有实行完全积累的另一个重要原因在于当时企业没有能力承担、国家财政又不愿意承担"长期看起来很好"的完全积累模式。1993年时任劳动部副部长朱家甄这样说：

> 现在世界上的社会保险大体上有三种形式，一是全积累；二是半

积累式，三是现收现付式。我国现在采用的半积累式，主要是基于我国社会生产力水平还不高而确定的。全积累式的典型国家就是新加坡，他们制定法律，规定每个职工每月都要积累的一定养老基金，并完全计在个人账户上，这笔钱在退休后按规定逐步作为养老金返回个人，个人逝世前用不完的可以转移给亲属。在积累阶段，基金组织可用这笔钱进行非风险性投资以保值增值。后又规定本人也可用这笔钱购置房产。老人的养老金（没有积累的）则由国家拿钱发放。由于在职职工的个人养老金账户的积累是由国家、企业和个人支付的，没有积累的老人的养老金也是国家支付的，因此国家负担非常重。我国按此办法测算，养老金部分要占到工资总额的40%以上，虽然几十年后这个比例可以下降，但目前支付不起。目前我国养老金提取比例只占工资总额20%左右，很多企业都已感到非常困难。这样我们不得不采取半积累方式（朱家甄，1993：99）。

结　语

本章从制度变迁的角度对我国养老保险改革的历程进行了重新梳理，发现这是一个兼具渐进与突变的改革过程。紧接着文章对养老保险改革的这种特征进行了解释，并通过与间断平衡理论的对话，认为制度变迁的渐进特征并不是由于政策垄断，而是政策本身的路径依赖以及国家能力和财力的限制；制度变迁的突变特征虽然一方面是由于议题网络的开放（如国际养老金改革的经验和国外专家学者的参与）导致，但外因必须通过内因起作用，最根本的原因还在于当时国内对计划经济福利模式的过度反思，国际舆论和个人账户的潮流恰好在适当的时机迎合了这种需要。

第八章　中国社会保障制度发展的内在张力——以东莞市社会养老保险统筹改革为例

我国的社会养老保险制度（下文中的"养老保险"如无特殊说明均指社会养老保险）自20世纪80年代中期开始进行改革以来，虽然逐步扩大覆盖面、努力提高统筹层次、完善制度建设，但分散化、分割化一直是我国社会养老保险制度的弊病。养老保险制度的地域分割、人群分割、城乡分割、养老保险政策和立法的分散、政府在基金管理权上的分散，都是我国当前养老保险制度碎片化和低层次统筹的表现（郑功成，2008c；张剑雄、吴湘玲，2005；吴湘玲，2005；Frazier，2004a、2004b；Zhao and Xu，2002）。在我国养老保险制度改革和发展的过程中，中央政府赋予了地方政府较大的自主权，使各地根据自身情况制定养老保险政策，这使养老保险在我国迅速推广建立，但也同时产生了无数不同的方案，制度和管理的高度分散化、覆盖面的大小不一迫切要求我国整合养老保险制度，提高统筹层次。

"统筹"一词含有综合协调、归集和调度资金之义，它是与片面、分散、隔离等含义相对的。在我国养老保险制度内，"统筹"一词在不同情境下有不同的具体涵义，自我国1998年打破行业统筹等非属地统筹后，当前我国的养老保险统筹目标主要分为城乡统筹与统筹层次提高（以城镇职工基本养老保险省级统筹为主）两类。

为了完善社会养老保险制度，各地政府因地制宜地推行社会养老保险统筹，学者们也针对城乡统筹或城镇职工基本养老保险（以下简称"城保")省级统筹提出了方案建议。由于"城乡统筹"开展较晚，至今还没有形成统一的界定。城乡统筹的关键在于农村社会养老保险（以下简称"农保"）制度，一些学者认为城乡统筹的重点在于对农村的覆盖，而保险方案要适应农村特点，建立灵活多样的新型农保制度（景天魁，2003；潘楠、钱国荣，2008；杨翠迎，2004；杨一帆，2009）；而另外一种观点认为城乡统筹不仅要覆盖农村，还应以与城保制度统一为目标（郑功成，2008b；胡鞍钢，2001；戴卫东，2009；王国军，2000）。因此，无论是在学术研究还是现实操作中，城乡统筹主要存在覆盖统筹（制度覆盖农村，同时制度具有特色）、统一统筹（制度覆盖农村，同时便于与城市制度对接）两种理解方式。考虑到未来城乡一体化的发展，以及中央政府在2009年"新型农村社会养老保险"试点中对于农保制度与城保制度衔接的重视，文中所述的"城乡统筹"既指社会保险制度对农村地区的覆盖，也指农保与城保的统一协调，将前者视为初级目标，后者视为高级目标。

"省级统筹"是从提高城保统筹层次的角度而言的，我国当前提高统筹层次的主要问题是实现城保的省级统筹，这也就是当前最普遍意义上的"省级统筹"含义。城保的省级统筹标准较为明确，学者们的关注点主要在统筹层次低、个人空账问题、各级政府责任分担不明确、地区利益竞争等问题上。在统筹如何实现的问题上，也存在"分步走"（高红岩、吴湘玲，2009；王凡等，2004；杨翠迎，2004）观点、"一步到位"（郑功成，2008a；吴湘玲，2005）观点，而如何分步走，如何一步到位，学者们也各有见解。这些探讨为社会保险一体化发展提供了非常宝贵的建议。

然而，大部分学者的研究是在城乡统筹与城保省级统筹中二者选一，而地方政府在实际中是两种统筹同时运作，统筹政策在何种程度上化解了原有的碎片化？这两项以不同途径同时实施的统筹政策是否会产生互斥、造成冲突？要回答这些问题，必须综合考虑以地域（主要是地级市）为导向的城乡统筹和以群体为导向的省级统筹和中央政策，分析两种统筹的互动和冲突。这里选取东莞为个案，以期代表部分积极探索社会养老保险政策创新、率先在地区内推行（实现）统筹的地区，探讨其在发展地域内社会保险一体化过程中的发展与挑战。

一 我国社会养老保险的变迁及统筹现状

（一）我国社会养老保险的变迁

1. 城镇职工基本养老保险改革

城镇企业职工基本养老保险是在中国出现最早、发展最完备的社会养老保险制度，它的改革始于1986年。20世纪80年代中期开始的城市经济体制改革推动了城镇企业职工基本养老保险的改革。1986年7月，国务院发布《国营企业职工实行劳动合同制暂行规定》，明确规定劳动合同制工人的养老保险费由企业和工人本人分担缴纳，使养老保险由退休制过渡到真正意义上的社会养老保险制度。1991年国务院发布《关于企业职工养老保险制度改革的决定》，确立了个人缴费原则、基本养老金省级统筹的目标，统筹体制在全国范围内开始正式实施，也成为今后社会养老保险推进的方向。

1995年，国务院颁布的《关于深化企业职工养老保险制度改革的通知》，明确了基本养老保险实行社会统筹与个人账户相结合（简称"统账结合"）的模式，开始转向现收现付和部分完全积累的组合模式。虽然明确了统账结合的原则，但各地养老保险改革的具体内容却各不相同，存在管理高度分散化、统筹层次参差不齐、覆盖面大小不一等问题，造成了制度统一的障碍。因此，国务院于1997年发布《关于建立统一的企业职工基本养老保险制度的决定》，要求各地在保持企业职工养老保险制度改革已有成果的基础上，针对目前仍存在的基本养老保险制度不统一、企业负担重、统筹层次低等问题，进一步加快改革步伐，建立统一的企业职工基本养老制度。在具体内容上，既规定了标准，又允许地方自主性的存在。例如在对企业缴纳基本养老保险费的比例上规定"企业缴纳基本养老保险费（以下简称企业缴费）的比例，一般不得超过企业工资总额的20%（包括划入个人账户的部分），具体比例由省、自治区、直辖市人民政府确定"。这份决定的实施标志着我国养老保险制度开始逐步走向统一。1998年，养老保险制度打破行业统筹等非属地统筹，朝着统一的方向又前进了一步。

2001年，党中央、国务院决定在辽宁省开展完善城镇社会保障体系试点工作，2004年又将试点范围扩大到吉林、黑龙江两省。在试点的基础上，国务院于2005年下发了《关于完善企业职工基本养老保险制度的决定》（国发〔2005〕38号），扩大基本养老保险覆盖范围到城镇各类企业职工、个体工商户和灵活就业人员。为了与做实个人账户相衔接，规定从2006年1月1日起，个人账户的规模统一由本人缴费工资的11%调整为8%，全部由个人缴费形成，单位缴费不再划入个人账户。同时继续强调扩大养老保险覆盖面、做实个人账户、提高统筹层次等重点问题。

2. 农村社会养老保险的发展

随着农村经济的发展，部分富裕农村自发地建立起了小社区型的退休养老保险或补贴制度，这种群众自发的行为为政府着手推行农村社会养老保险提供了动力。从1986年起，民政部开始对农村社会保障进行研究，1991年，农村社会养老保险制度开始试点。1992年民政部将《县级农村社会养老保险基本方案（试行）》印发全国，其中指出了农村社会养老保险制度的原则，即从实际出发，实行低标准的养老保险制度；以个人缴纳为主，集体补助为辅，国家予以政策扶持；坚持自助为主、互济为辅；坚持农村务农、务工、经商等各类人员社会养老保险制度一体化的方向。

农村社会养老保险的产生在一定范围内为农业劳动者提供了养老基本保障，具有重要意义，然而，由于各地的农村社会养老保险出现诸多问题，1999年中央政府基于暂不具备实施条件的理由，决定暂停各地的农保试点，对已有业务实行清理整顿，停止接受新业务。之后，农村社会养老保险的发展陷入全面停顿的状况。但同时政府也开始探索新型的农村社会养老保险形式，2006年中央一号文件再次强调"探索建立与农村经济发展水平相适应、与其他保证措施相配套的农村社会养老保险制度"。各地开始积极探索建立多种形式的农村社会养老保险，个人、集体、政府三方共同筹资的新型农村社会养老保险逐渐成为主导形式。与此同时，随着经济和社会的发展，农民工、失地农民等特殊群体的社会养老保险制度也受到关注。2009年，国务院发布《关于开展新型农村社会养老保险试点的指导意见》（国发〔2009〕32号），尝试为农民建立有政府补贴的普惠型农村社会养老保险制度。

3. 我国社会养老保险制度发展的特点

（1）劳动力市场和城乡户籍二维分割。我国的社会养老保险从设立之初就以劳动力市场内外以及城市乡村这两个标准将社会养老保险制度分割开来，被这两个标准划分的各个群体所享有的社会保障存在着巨大的差异。尽管经过了多年的探索和努力，社会养老保险制度碎片化的格局依然十分明显（见图8-1）。

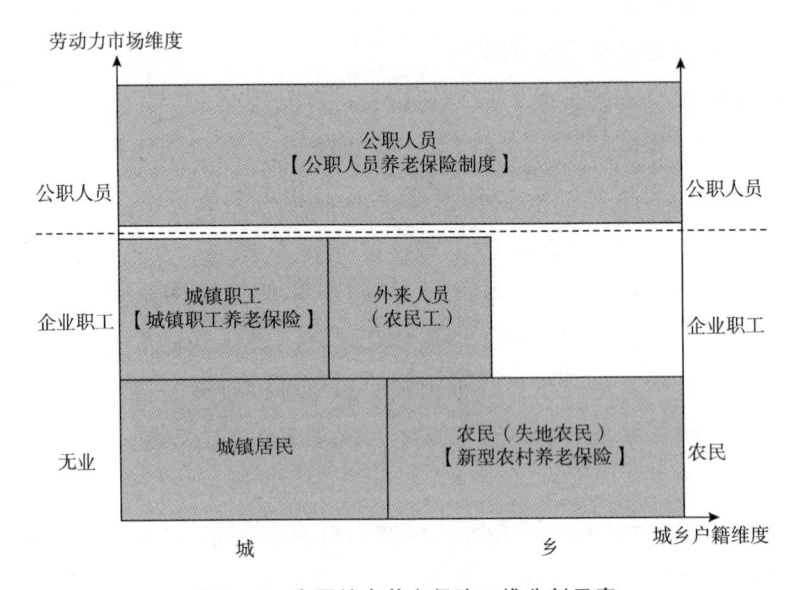

图8-1 中国社会养老保险二维分割示意

（2）社会保险发展与地方政府财力密切相关。我国社会养老保险制度由于制度不完善以及制度转变等因素，很多地方的保险基金不能有效运转，广泛存在着个人账户空账化的现象。这类问题只有在财政的支持下才能得以解决。然而，由于全国各地的缺口总数巨大，中央政府只对试点地区（如东三省）进行补贴，大部分地区的社会养老保险发展依赖地区自身的财力，这就使得各地的社会养老保险发展与其经济发展状况密切相关，越是经济不发达的地区就越难以获得有效的社会保障。

（3）中央的"统一"目标与地方的政策多样并存。中国各地在经济发展水平、人口结构、城市化进程等各方面都存在着巨大的差异，这决定了中国在短时间内难以推行统一标准的社会养老保险制度。因此，尽管中央政策一直朝着打破碎片化的方向发展，但是这样的发展过程是艰难的。中央政策已有规定的部分，往往在给出标准的同时也允许地方自主性政策的存在（例如城保缴费率），以使各地政府能够因地制宜；而暂时无法规定的部分，则只能鼓励各地自行制定政策、进行政策创新（例如农民工养老保险），以保障相应群体的利益。

（二）我国社会养老保险统筹的主要模式及分析

1. 地域导向：城乡统筹

由于城镇职工养老保险建立时间早、发展相对完善，因此城乡统筹重点是农村社会养老保险的建立与完善。尽管农村社会养老保险在建立之初遇到了很多问题，但近年来，各地都积极开展新型农村社会养老保险（简称"新农保"）工作，产生了多种不同的"新农保"模式，并取得了一定的成效。以下从覆盖群体和运行模式两方面来分析。

（1）覆盖对象：农民及城市居民

"新农保"自然覆盖了行政区域内的农业户口人员，但是很多地区的新农保又不仅仅针对农业户口人员。或是为增强保险基金的抵御能力，或是为了扩大覆盖面，很多地区的新农保还覆盖了一部分的城镇户口人员，也因此命名为"城乡居民养老保险制度"，但其主体还是农村养老保险。

2007年实施的嘉兴市城乡居民养老保险其实质就是对"旧农保"进行改革而建立的新型农村社会养老保险，但是"为扩大农村养老保险基金'蓄水池'"（米红、杨翠迎，2008），制度在覆盖对象上吸纳了城镇中无能力参加城镇职工养老保险的弱势群体。又如，2009年的重庆市城乡居民社会养老保险试点规定参保范围如下（重庆市人民政府办公厅，2009）：a. 年满16周岁以上的农村居民（不含在校学生）；b. 年满16周岁以上的城镇灵活就业人员（不含在校学生）；c. 城镇年满60周岁以上且没有享受基本养老保险（退休）待遇的人员。上海、浙江等地允许农村户口的企业职工在参加"城保"和"农保"之间做出选择（杨翠迎，2007：141）。

目前，越来越多的新农保在覆盖对象上兼顾城镇户口人员，使这项社会保险取消了城乡户籍限制，增强了其功能性，成为有效补充城镇职工基本养老保险的居民保险制度。

（2）运行模式：自成体系或与城市统一

旧农保的特征是以个人自助为主的制度，坚持"以个人交纳为主、集体补助为辅、国家予以政策扶持"的原则，而各地开展的新农保则大多进行财政补贴，但在运行模式上则有所不同。当前各地政府在农保运行模式的选择上，存在着自成体系的单纯覆盖模式以及与城保制度对接的统一模式。

自成体系的农保模式

城镇职工养老保险遵循统账结合的模式，因此，个人账户型的农保模式成为最不同于城保的形式。完全个人账户储备积累制的农保模式基本延续了"旧农保"的保障模式，以个人自助为主，不同于城镇职工养老保险具有共济性。例如，山东省招远市于2006年实施的新型农村社会养老保险制度，采取"个人交费为主，集体补助为辅，财政给予适当补贴"，实行储蓄积累的模式，个人缴纳的保险费与集体、政府的补贴一并计入个人账户。

与城保一致的农保模式

尽管中央政策对农保模式的建议长期停留在个人账户制，但在实际中，推行新农保的很多典型地区（如江苏、广东的部分地区）都实行了"统账结合"的模式。这种模式注重社会养老保险的城乡一体化趋势，以城乡社会保障制度的统筹安排为原则，与城保账户模式保持一致，为今后的对接提供了方便。不仅如此，一些地区（例如江苏常熟、广东东莞）已经基本实现了农保与城保的统一，不仅在模式上采用统账结合的方式，在具体的缴费基数、缴费比例等内容上也实现了与城保的统一。

2009年国务院发布《关于开展新型农村社会养老保险试点的指导意见》（国发〔2009〕32号），确定"个人缴费、集体补助、政府补贴"的筹资模式，养老金待遇由基础养老金和个人账户养老金组成，在制度设计上与城镇养老保险的模式非常相近，而且考虑日后制定与城镇职工养老保险的衔接办法。可见中央政府已经将统一的养老保险制度作为发展目标，

"统一统筹"这一更高层次的发展模式成为未来的政策发展方向。

(3) 农民工养老保险模式

农民工群体是养老保险城乡统筹过程中最受关注和争议的一个群体。他们的身份兼有城镇职工与农村居民的特征，又介于二者之间，因此，对于农民工养老保险问题，也就有了几种不同的处理方法，主要分为以下几种。①农保模式，即农民工参与新农保，例如云南省。②城保模式，即农民工参与城镇基本职工保险，例如广东省。③综合保险模式，即依据农民工的特殊情况而设计，将医疗保险、养老保险和工伤保险合并，统一缴费，例如上海。④"双低"模式，即农民工参加城保，但是"低门槛进入、低标准享受"，这也是为了适合农民工的情况而设计的，例如浙江省一些地区实行这种制度（吴晓欢等，2005）。此外，还有很多地区设计了灵活多样的农民工养老保险制度。

2. 群体导向：省级统筹及中央政策

省级和中央的社会养老保险政策也在追求统一，尤其是更大地域上的统一，但与地方政府以地域融合目标的政策不同，省级和中央政策往往是以群体为导向的。

首先，长期以来推行的为克服地域分割状况的"省级统筹"并非是指省域内全体居民的社会保险统筹，而只是城镇职工基本养老保险制度的省级统筹。也就是说，城镇职工这一群体的社会养老保险在发展上领先于其他群体，而其他群体在制度设计等基本问题上仍不明确，在短期内，这种群体导向的发展途径还很难转变。

另外，中央对于社会养老保险尽管一直没有忽略统筹的重要性，但是从实际问题和现实情况出发，往往是关注某一具体群体的情况，例如，农民、农民工、失地农民等群体。这些群体自身具有特殊性，对待这些群体的政策态度也具有特别的政策含义，因此，中央政府不得不既坚持统一的方向，又关注特殊群体的问题解决。例如，劳动和社会保障事业发展"十一五"规划纲要中就提到，应"采取适合不同群体特点和需求的方式，着力推进被征地农民社会保险工作……抓紧研究低费率、广覆盖、可转移，与现行养老保险制度衔接的农民工养老保险办法"。但事实上，很难在短期内制定出既适合不同群体，又与现行制度相衔接的办法，于是中央政府往往先针对某一群体推行政策，而衔接办法的设计就要待日后出台。因此，中央从群体导向来解决问题的发展途径并没有改变。

可见，在保险制度城乡一体化的目标下，市、县级政府致力于缩小不同群体间的政策差异，使不同的保险制度逐渐融合或统一。然而，省级统筹与中央政策则主要以群体为导向，重视解决特定群体的现实问题，也因此制定出针对不同群体的政策。地域导向政策与群体导向政策会产生怎样的关系？下面以东莞市为例进行探讨。

二 东莞市社会养老保险地域化的发展

（一）东莞市社会养老保险的制度概况

1. 东莞市企业职工基本养老保险

东莞市于1984年7月开始正式实施企业职工养老保险制度，首先在全民所有制、县集体所有制（包括全民带集体）的企、事业单位中开展。

随后，东莞市在与全国的社会养老保险制度保持协调发展的同时，也在不断扩大覆盖面，积极进行制度完善的尝试。1994年1月，东莞市贯彻《广东省职工社会养老保险暂行规定》（粤府〔1993〕83号），改变历年来企业离退休人员养老金的计发办法，养老待遇水平与缴费年限长短和缴费工资高低挂钩。1994年7月，市政府按规定为参保人建立养老保险个人专户，实行社会统账结合的养老保险模式。同年12月，市政府结合本地情况，对暂时未参加职工养老保险的人员，按职工工资总额的3%征收养老保险共济基金，征得资金划入社会养老保险基金，后来共济金的征收标准也发生过几次调整，并于2000年1月起取消。1998年5月，市政府颁发《贯彻国务院和省人民政府关于建立统一的企业职工基本养老保险制度的决定的通知》，自1998年7月起，东莞市职工养老保险制度与全国养老保险制度统一并轨。

在扩大养老保险覆盖范围方面，1995年7月，在企业职工基本养老保险制度的框架内将镇办集体企业、外商投资企业、民营企业的员工纳入参保范围。至1997年7月，东莞市实现了职工养老保险全市统筹；此外，还规定全市所有企业（含国有企业、集体企业、股份制企业、"三资"企业、"三来一补"企业、民营企业和企业化管理的事业单位）和个体户参加职工养老保险。1999年12月，市政府颁发《关于贯彻实施〈广东省社会养老保险条例〉若干问题的通知》，规定从2000年1月起，外商投资企业必须统一按不低于企业员工总人数的25%参加养老保险，以后逐步扩大覆盖面。2004年7月，市局下发《关于灵活就业人员参加社会保险有关问题的通知》，解决了本市户籍灵活就业人员的养老问题。

2006年，东莞市建立了地方养老保险。广东省政府下发《关于贯彻国务院完善企业职工基本养老保险制度决定的通知》（粤府〔2006〕96号）后，按照国家相关规定将全省企业职工基本养老保险个人账户规模从本人缴费工资的11%调整为8%，同时单位缴费不再划入个人账户。由于东莞市单位缴费比例原本就较低（东莞市单位缴费比例为8%，全国平均水平是20%左右），为了做实个人账户，保障养老保险待遇水平，东莞市于2006年7月1日起建立了地方养老保险。地方养老保险全部由企业支付，缴费比例为3%，全部划入个人账户。

2. 东莞市农（居）民基本养老保险

东莞市从2001年1月起在全市范围内实施农（居）民养老保险制度（以下简称"东莞农保"）。其主要内容是：实行社会统筹与个人账户相结合，社会保险与集体福利相结合，农民养老保险费由市、镇（街）、村（居）委会和个人四方共同承担，农（居）民基本养老金与参保人的缴费基数和缴费年限挂钩，建立合理调节机制。

实施农保制度的第一年，缴费基数按每人每月400元核定。从2002年1月起，缴费基数每年递增2.5%。农民养老保险费以当年缴费基数的一定比例按月供缴。2001年1月至2005年12月，农民养老保险费率为当年缴费基数的11%，其中，集体承担6个百分点，个人承担5个百分点，并按8%的比例建立个人账户；个人缴费部分全部记入个人账户。农民养老金由基础养老金和个人账户养老金组成。基础养老金标准为每人每月150元，从2006年1月起调整为200元/人/月。参加农民养老保险的男性年满60周岁，女性年满55周岁，按月领取农民养老金，直至终老。

东莞市农保自实施以来，经过不断调整和摸索，于2006年7月1日开始与职工基本养老保险制度并轨①。这次制度并轨主要有以下改革：(1) 全市农保参保人（含正享受农保基本养老金人员）应当以村（社区）为单位并入职保，农保基金同时全部并入职保基金；(2) 新的制度在缴费基数设定、费率设定、缴费年限规定、退休年龄和待遇核发方式等方面与企业职工养老保险制度现有规则基本相同；(3) 改革后农保待遇水平提高，基本养老金标准将从每人每月 200 元增加到至少 300 元，而且女性农民可以在 50 周岁开始享受养老待遇，比原制度提前了 5 年（见表 8-1）。

表 8-1 东莞市企业职工基本养老保险与农（居）民基本养老保险模式对比②

项 目	企业职工基本养老保险	农（居）民基本养老保险
参保对象	东莞市所有企业、城镇个体经济组织和与之形成劳动关系的劳动者；实行企业化管理和经费自收自支或差额结算的事业单位及其所属全部职工；国家机关、财政全额拨款的事业单位、社会团体和与之形成劳动关系的劳动者。	市内户籍没有养老保障的农（居）民。
保险模式	"统账结合"：统筹账户 + 个人账户（个人账户由基本养老保险个人账户和地方养老保险个人账户组成）	"统账结合"：基础养老金 + 个人账户养老金。
缴费基数	参保人的缴费工资按本人上年度月平均工资收入（包括工资、奖金、津贴、补贴等）如实申报，参保人月平均工资收入超过广东省上年度在岗职工月平均工资 300% 部分不计征养老保险费，低于东莞市职工最低工资标准的，按市职工最低工资标准计征。	以东莞市职工最低工资标准为缴费基数，今后随市职工最低工资标准的调整而调整。
缴费比例	单位缴费比例为 11%（其中，地方养老保险的缴费比例为 3%，并为参保人建立地方养老保险个人账户），个人缴费比例为 8%。	2006 年 7 月参与改革的参保人的起始费率为 12%，其中单位缴纳 6%（该部分由市、镇/街、村/社区三级按 3:3:4 的比例分担）、个人缴纳 6%，从 2007 年 7 月起递增。其中，单位费率每年增加 1 个百分点，直至与全市职保费率统一；个人费率每两年增加 1 个百分点，直至调整到 8%。

---

① 详见《关于进一步深化我市农（居）民基本养老保险制度改革的通知》（东府〔2006〕57 号）。
② 基本养老保险制度在改革的过程中涉及改革前后的不同群体情况，由于篇幅有限，表格只简要介绍改革后的情况，与原制度的衔接及过渡办法等请阅《关于进一步深化我市农（居）民基本养老保险制度改革的通知（东府〔2006〕57 号）》。

续表

项　目	企业职工基本养老保险	农（居）民基本养老保险
缴费年限	中人10年，新人15年	累计缴费年限15年
享受待遇年龄	男性满60周岁，女工人年满50周岁，女干部年满55周岁	男性满60周岁，女性满50周岁，不办理提前退休
基本养老金结构及待遇	新人：基础养老金+个人账户 中人：基础养老金+过渡性养老金+个人账户 基础养老金=（退休上年度全省在岗职工月平均工资×a+本人指数化月平均缴费工资）÷2×缴费年限（含视同缴费年限）×1% 个人账户养老金=本人首次领取基本养老金时个人账户储存额÷计发月数 过渡性养老金=本人视同缴费账户÷120（其中2006年7月1日后开始具有按国家规定的视同缴费年限的，除以个人账户计发月数）	基础养老金+个人账户养老金 基础养老金=上年度全市职工月平均工资×20% 个人账户养老金=个人账户储存额÷120（基础养老金最低保护线为300元/人月，不足300元/人月的予以补足）

注："中人""新人"的含义：《国务院关于完善企业职工基本养老保险制度的决定》（国发〔2005〕38号）规定，《国务院关于建立统一的企业职工基本养老保险制度的决定》（国发〔1997〕26号）文件实施前参加工作、国发〔1997〕26号文件实施后退休的参保人员属于"中人"；国发〔1997〕26号文件实施后参加工作的属于"新人"。

基础养老金计算公式中的a：当本人缴费指数<0.6时，a=本人平均缴费指数÷0.6。当本人平均缴费指数≥0.6时，a=1。

资料来源：《东莞市社会保险志》，东莞市社会保障局制作的各类指南性宣传材料。

可见，东莞市通过发展基本养老保险的城乡统筹形成了地域化统一的基本养老保险制度。在发展过程中，主要表现为以下几个特点。（1）打破户籍限制和劳动力市场分割，实现全面覆盖。东莞市首先在职工养老保险中突破本市和外市户籍的差异，对本市城镇职工和外来劳工实施统一的养老保险政策。而后，在建立新农保制度时打破了城乡户籍和就业的差异，涵盖了农民和未参加城镇职工养老保险的城市户籍居民，实现了地域内的全面覆盖。（2）坚持城乡一体，促进制度统一。东莞市的基本养老保险制度并没有经历太多的整合过程，而是一直以一体化为发展方向。农保自建立时就与城保保持一致的模式，并设计了逐步并轨的方案，因此东莞在短时间内实现了城保和农保的并轨。（3）进行政策创新，适应政策变化。东莞的社会养老保险是在自身的政策创新与适应上级政策的调试中不断发展的。东莞根据自身特点，发展出以一体化为特色的"东莞模式"，也在上级政策与自身产生冲突时通过政策创新来适应变化。东莞市地方养老保险金的设立就是为了适应中央对个人账户缴费比例降低的变化。

（二）东莞市实行统筹政策创新的动因分析

1. 经济动因

东莞市是一座新兴的工业城市，以外向带动起步、以制造业立市，国民经济发展迅速。东莞市拥有良好的经济发展基础，而作为新兴城市又没有过多的历史包袱，这些都为东莞市发展社会保险事业提供了有利的条件。另外，东莞市的城乡一体化和发展战略目标也在促进社会保险的改革。近几年，东莞市经济迅速工业化，城乡一体化进程也不断加快，"二元经济社会结构"正逐步消亡，社会发展要求社会保险的城乡一体化。而产业升级和双转型的发展战略则对东莞市社会保险事业的发展提出了更高的要求。一方面，东莞市通过扩大职工社会保险覆盖面，推动企业提高自生能力，促进企业转型和产业升级；另一方面，通过完善社会保险制度创造良好的用人环境，为企业职工提供保障。

东莞市的产业特征和劳动者结构要求东莞市以一体化作为社会保险发展的着眼点。以工业立市的东莞聚集着大量的外来劳务工人（主要是农民工），2008年末，东莞市全市户籍人口174.87万人，常住人口为694.9万人，外来劳工有数百万人，劳动者结构较为复杂。另外，东莞市以对外的制造业起步，企业性质也比较多元，拥有众多三资企业等。这样多元的企业和劳动者状况决定了东莞市在社会保险发展初期就要着眼于全局，以兼顾、融合的一体化为发展方向。

2. 政治动因

社会保险是对民众生活的重要保障，具有重要的社会意义，也是一个地区发展水平的标志性指标。社会保险的发展水平也蕴含着公平的内涵，社会保险的覆盖面、不同群体的缴费水平和待遇都体现着政策的公平程度。尤其是对于农民、农民工等弱势群体而言，社会保险政策具有重要的政治意义。

虽然中央没有出台具体的政策，但一直都在鼓励各地通过发展社会保险来保障不同群体的利益，在这种形势下，各地方政府都积极推进社会保险的改革和发展，经济发达的沿海地区显然不甘人后，出现了在全国具有影响力的"江苏模式""北京模式"等。东莞市也是这其中的一员，以鲜明的一体化特征和良好的运行状况被称为"东莞模式"。

3. 医保政策的榜样激励

东莞市社会养老保险一体化的发展在很大程度上受到东莞市基本医疗保险（以下简称"医保"）制度的激励。东莞市从1992年实施医保制度改革以来，一直以建设同经济发展水平相适应的城乡一体的全市医保体系为着力点，走出了一条很有特色的医保改革发展道路。到2008年7月，东莞市已实现对全体城镇职工和本市户籍农（居）民的全覆盖，医保基金筹支运行稳健，成功实现了城乡基本医疗保险的一体化。医保的成功发展为基本养老保险发展带来了鼓舞，东莞社保人员希望采取与医保相似的方法来发展基本养老保险，在基本养老保险改革上取得成就。

三 东莞市社会养老保险地域化的制约

（一）省级统筹的利益重构

城镇职工基本养老保险的省级统筹自1991年起开始逐步推行，是我国重要的社会养老保险政策，实现省级统筹的标志是实现4个统一，即制度统一、标准统一、管理统一、基金统一调剂使用。当前已有25个省实施省级统筹，但是真正实现省级统筹的省份却不多，省级统筹的困难重重。

与全国各省相比，广东省的省级统筹方案推行得较晚，一直实施的是社会保险调剂金制度。广东省省级养老保险调剂办法于1998年开始实行，规定各市、县（区）以企业养老保险基金征收总额（不含个人缴费）为基数，按3%向省上解养老保险调剂金，省本级养老保险基金也按此比例缴纳调剂金，用于全省养老保险调剂。市、县（区）申请养老保险调剂金的标准为：养老保险以上年养老金月支付量为标准，基金滚存不足2个月支付量时，进入支付临界线。调剂金制度可以视为省级统筹的预备阶段。

从2009年开始，广东省开始全面推进省级统筹。广东省首先于2008年11月印发了《关于改革完善省级养老保险调剂办法的通知》，将省级养老保险调剂金上缴比例调高到9%，并在改革完善收缴程序、完善分配下拨办法等方面进行了规定。2009年2月25日，广东省印发了《广东省企业职工基本养老保险省级统筹实施方案》（粤府办〔2009〕15号），正式开始推进省级统筹，建立养老保险基金预算管理制度，实行省级调剂与预算管理相结合的省级统筹模式。实施方案的主要措施为：制定和执行全省统一的养老保险政策，逐步统一全省基本养老保险单位缴费基数和缴费比例，统一基本养老金计发办法和统筹项目，提高省级养老保险调剂比例，建立省级养老保险基金预算制度等。广东省的省级统筹必然遇到省级统筹的共性问题：原有的相关制度不完善带来的制约，地方发展不平衡及各地区的利益竞争阻碍省级统筹顺利推行等。

地方发展不平衡及各地区的利益竞争是省级统筹过程中存在的一个较为普遍的问题。对市县级政府而言，城保省级统筹有"劫富济贫"的色彩，对于社会养老保险发展较好、基金结余较多的地区来说，这种"不公平"的意味就更明显。东莞市也面临同样的问题。随着调剂金比例的增加及广东省省级统筹的全面实施，东莞市对自身的社会养老保险也有担忧。于是，省级统筹一方面打击了东莞市推进养老保险改革的积极性，另一方面也给省级统筹的实施带来了一定的阻碍。如果中国的养老保险制度仍然按群体导向逐渐提高统筹层次，那么每一次统筹层次的提高都将遇到相似的问题。

（二）中央政策的群体导向途径

由于中央常常针对某一群体出台相应的社会养老保险政策，这种以群体为导向的社会保险发展途径与东莞市整合区域内不同群体的发展途径差距甚远。下面以中央对农民工和农民的养老保险政策为例讨论两种途径的互动及冲突。

农民工的养老保险。农民工群体因其身份的特殊性，其养老保险制度呈现"国家统一政策缺失，地方不同政策割据"的情况。2009年，国家人力资源和社会保障部面向全社会对《农民工参加基本养老保险办法》

(以下简称《办法》）征求意见，这表明中央即将出台有关农民工的养老保险制度。《办法》主要从解决"缴费难"和"转移难"这两个问题入手，降低农民工参保的缴费要求，制定资金跨统筹区域转移的基本方法，以保障农民工在养老保障方面的权益。

新型农村养老保险（普惠式农民养老金）。新农保制度将于2009年覆盖全国10%的县，新农保不同于旧农保的重要一点就在于旧农保是单纯的储蓄账户，而新农保由个人、集体、政府分担责任，新农保基本养老金的基础养老金部分由政府支付。目前中央确定的基础养老金最低标准为55元，即每年660元，有条件的地方可在此基础上提高当地基础养老金标准。也就是说，今后60岁的农民都可以享受普惠式的养老金待遇。

这些以群体为导向的中央养老保险政策必然与东莞市地域一体化的发展产生冲突，途径差异的矛盾主要表现在以下两个方面。

1. 再碎片化效应

实际上，中央对于农民和农民工的社会养老保险政策都坚持属地管理，给予各地方政府比较大的发挥空间，使各地政府可以在坚持中央原则的前提下，因地制宜地进行政策设计。但是，中央政策的群体导向必然和地方政府的区域导向产生冲突。对于东莞市这样经济比较发达、社会保险发展较快的地区，这种冲突表现就更加明显。对于一直积极追求社会保险一体化的东莞市而言，中央群体导向的政策无疑割裂了原有的统一性，使成为一体化的东莞市社会养老保险再次出现碎片化。

《办法》为了扩大农民工参保，降低了其缴费比例，即用人单位缴费比例为工资总额的12%，比目前规定的平均缴费比例低了8个百分点，农民工个人缴费比例为4%~8%，使原本统一标准的制度分为农民工和城镇职工两个群体。而新农保的实施则在一定程度上割裂了东莞市的农（居）民基本养老保险。由于东莞市农（居）民基本养老保险取消了城乡户籍的差异，涵盖了农民和部分没有能力参与城保的城镇居民，因此普惠式的农民养老金政策实际上使农（居）民基本养老保险政策再次分离成农民待遇及居民待遇。

总体而言，东莞市将不同群体统一在一起的区域一体化遭遇了中央政策的再碎片化效应（如图8-2所示）。

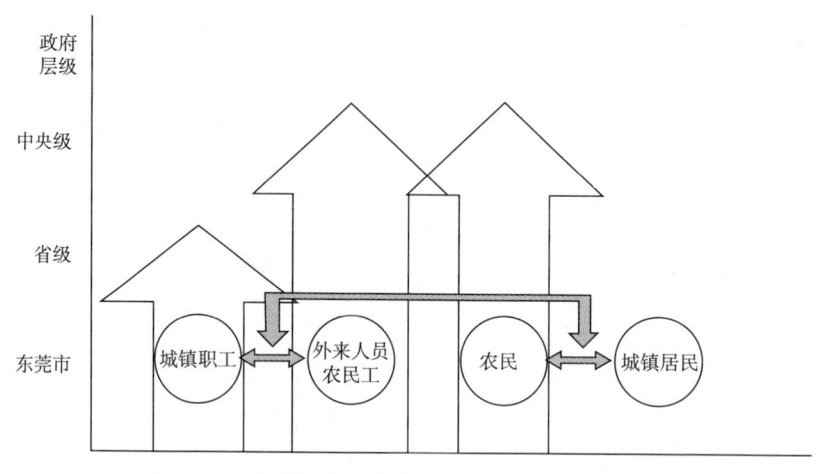

图 8-2 东莞市社会养老保险地域化的发展与制约

2. 多元化效应

群体导向的中央政策往往不能取消地方政府原有的养老保险政策，而是成为并列于原有政策的一个新"选项"。

以《办法》为例，它为农民工量身定做，并且关注养老保险关系转移的做法的确为农民工群体提供了一个公平享受利益的政策基础。然而，该制度依然游走在城保和农保之间。《办法》规定农民工参加基本养老保险缴费年限累计满 15 年以上（含 15 年），可享受和城保一致的待遇；农民工达到待遇领取年龄而缴费年限累计不满 15 年，参加了新型农村社会养老保险的，可将资金转入户籍地新型农村社会养老保险并享受相关待遇；没有参加新型农村社会养老保险的，比照城镇同类人员，一次性支付其个人账户养老金。

可见，《办法》试图设计一种可以与原有城保、农保都可衔接，但又有别于城保、农保的制度。但对于早已将农民工纳入城镇基本养老保险体系的东莞市来说，这样的政策可以说是一个"理想化的、一厢情愿"的制度，很有可能出现"一厂两制"的新的不公平。因此，尽管制度还没有正式出台，但是东莞市已经开始思考对策。东莞市社保人员提出两种应对方案，第一，通过讲道理、说事实的办法使农民工自觉自愿地留在原来的养老保险制度内；采取"新人新办法，老人老办法"的运作模式，将已参加企业职工养老保险的农民工保留在原有制度内，而尚未参加保险的

"新人",根据其本人意愿,可在城乡基本养老保险、农民工养老保险两个制度间做出选择。无论哪一种应对方案,新农保制度似乎都变成并列于原有制度的新选择,有利于多元化的发展,却不利于一体化的发展。

结　语

通过前文的分析,可以更清楚地认识到当前我国公民社会福利的空间特征,即不同层级政府在推进社会公民权平等的过程中产生的横向和纵向冲突。地市级政府(尤其是沿海经济发达地区)从横向入手,推进城乡社会保障一体化,模糊了社会公民权的城乡分界,使户籍内的农村和城市公民都可以公平地享有社会福利;而省级和中央级政策则从纵向入手,完善城镇职工社会保障,促进农民、农民工的社会保障建立,力图使各类群体都可以公平地享有社会福利。

产生这种福利空间上横向和纵向差异的原因,主要有以下三点。首先是基于我国长期以来的城乡二元体制,社会保障体系的建立也必然受其影响,即使在社会保障体系不断出现新情况的今天,这种影响依然十分深刻。第二,这种差异是不同层级政府基于自身的行政层级特点所做出的必然选择,地市级政府不可能主动关注非户籍人口的社会福利状况,而中央政府一方面无法在全国范围内迅速实现城乡一体化,另一方面必须保障各类群体的权益。第三,省级和中央政府的"各地试点先行"的方针导致了政策的多元化,在社会保险发展的初期,省级和中央政府难以做出细致的规划,只能在大原则下鼓励各地方政府"因地制宜",而因地制宜所造成的碎片化必然在未来省级和中央统一政策的出台下做出改变或调整。

地市级的横向统筹,最大的贡献是破除了长久以来存在的城乡身份差异,推动了城乡社会保障的一体化;同时突破了劳动力市场的局限,使社会保障体系覆盖了城镇无业者和农民等群体,社会保障不再是城镇职工的"特权"。地市级的横向统筹推动了"福利地区"的形成,符合当地的经济发展状况和社会现实。然而,这种"福利地区"是以本地户籍/外地户籍为界限的,对不具有本地户籍的流动就业人员尤其不公平。在社会保险关系的转移接续上缺乏灵活性,不仅强化了社会保障的地方割据,而且缺失了对流动就业人员的保障责任。此外，这种横向统筹虽然在沿海地区具有一定的相似性，但毕竟是"因地制宜"的政策结果，不仅各地区的政策存在差异，要想扩大实施范围也比较困难。

省级和中央级的纵向政策（或统筹），还无法突破传统的城乡分割，因此政策制定有明显的路径依赖，群体导向明显。这一导向不仅仅维持着传统的城乡分割，甚至在部分地区出现了强化的情形，将已经一体化的社会保障体系区分开，出现了社会福利的再碎片化。在这一导向下，劳动力市场和城乡户籍依然作为界限在社会保险领域内分割着不同的群体，不公平的现象依然普遍。然而，纵向的群体导向是破除地方利益的最有效方式，尤其在处理农民工这样的流动性群体上，中央政策提供了有效的保障政策，使政策的转移和接续成为可能，增加了社会保障体系的灵活性。此外，群体导向对于省级和中央政府而言较易实施，并可以优先关注弱势群体（见表8-2）。

表8-2 不同政策途径的优势及问题对比

政府层级	空间导向	优 势	问 题
地市级	横向（区域）	1. 破解城乡差异 2. 一体化	1. 地区利益突出 2. 忽视流动群体/只关注户籍人口 3. 大范围难以实施
省级/中央	纵向（群体）	1. 破除地方利益 2. 关注流动群体等各类弱势群体/多元群体的保护 3. 大范围内较易实施	1. 强化城乡差异 2. 再碎片化

社会保险所追求的共济性必然使其追求更大范围的制度一致，向着更高统筹层次而努力，虽然空间导向不同，但各级政府都在为此付出努力。由表8-2可见，很难下结论指出横向与纵向统筹孰优孰劣，而这也是不同层级的政府根据自身政策重点所做出的选择。然而，横向和纵向的矛盾与冲突也是显而易见的。通过上述分析可见，这一过程中难以协调的一个问题是，越早进行政策创新的地区就越可能面临被迫调整政策的困境，越是在社会保险一体化方面发展良好的地区，就会面对越多的与上级政策的

冲突。尤其是沿海地区，由于已经在经济、社会发展方面领先于其他地区，因此必须通过政策创新摸索出适合自己的政策。这些地区按照自己的"模式"运行着，在面对后期实施的上级政策时也就产生了更多的不适应。在这样的情况下，一方面，市级政府的社会保险地域化不断强化，其取得的社会保障成果需要为适应上级政策做出牺牲，省级、中央政府的政策也因此面临很多抵制。另一方面，在省级和中央政策以群体导向不断前进的过程中，传统的城乡分割没有得到减弱，甚至出现了再碎片化的情况，社会保险的统筹及一体化依然面临着重重挑战。

在上述分析的基础上，笔者对我国社会保障体系的发展提出如下建议。

（一）建立省域公民身份

对于社会养老保险的改革，学者们提出了很多建议，然而着眼于城乡融合的方案往往忽略了统筹层次提高的问题，而关注统筹层次提高的方案又具有明显的群体导向色彩，不利于公民身份差异的消除。鉴于此，笔者认为应确立省域"公民身份"的构想，即对省内户籍的各类居民实行统一的社会保险制度，而参与社会保险的唯一依据便是省域公民身份，不再对不同群体做不同区分。可以通过"省域公民身份"的建立适应当前社会保障向"福利地区"转型的现实，并化解省级政府城乡分割的政策取向。

首先，社会保险的省域公民身份消除了不同群体在社会保险上的身份差异，既涵盖了少部分易被忽略的群体，又有效整合了职工、农民、农民工等不同群体。虽然城乡差异明显，但对于经济发达、城市化进程快速的一些沿海省份而言，这样的统一是可以尝试的。

其次，确立以省级为统一层级，兼顾了社会保险的发展需求和中国的现实状况。市县级统筹很难实现社会保险的共济性，而且在地方政府的政策创新下只会产生越来越多样化的政策，不利于社会保险的长远发展。而一步实现全国统筹的构想即使是针对城镇职工群体，也是很难实现的一种方案，同时，其他群体与城镇职工群体的统一也必然面临重重障碍。中国的省级政府所管辖的地域较广、人口众多、经济发展状况较为一致，既便于推行统一的社会保险制度，又能有力增强社保基金的共济性、稳定性。

最后，通过转移、准入等制度完善省域公民身份的社会保险体系。社会保险的省域公民身份是依据公民是否属于该省户籍，要想公平地实现这一设想就需要完善社会保险转移方法。2010年1月1日起实施的《城镇企业职工基本养老保险关系转移接续暂行办法》关于农民工社会保险转移方案（既转移个人账户，又转移单位缴费部分）的规定就有效地保护了外地劳动者的利益。虽然该暂行办法还有待完善，但相信社会保险转移问题一定可以在不久的将来得到妥善解决。另外，省级政府应当制定政策规定公民如何才能获得本省的户籍，例如拥有优秀技能并达到一定工作年限的工人就可以申请本省户籍，以此使省内居民具有合理流动性[①]。

（二）建立全国层面的结构框架和对接机制

在省域公民身份建立的设想下，中央政策的重点就不再是推进某一群体的"全国统筹"，而是明确社会保障体系的框架以及设计转移对接机制。

首先，侧重体系框架的构建。由于中央政府在社会保障方面长期推行"地方先行试点"的政策，因此当前全国各地的社会保障方案可谓种类繁多，并且随着时间发展不断完善，不断形成地方利益和制度壁垒。然而，全国的政策框架却始终没有建立起来。以社会养老保险为例，中央政策目前除了对城镇职工基本养老保险方案有明确的规定，对农民、农民工等其他的社会养老保险方案都没有清晰的定位，还处于一个摸索的状态。这一摸索的时间越长，之后所要破解的壁垒就越多。东莞市放弃"摸着石头过河"而选择"搭桥过河"的政策发展经验为社会保障体系的建立提供了有益的借鉴，在完善的中央政策无法出台的情况下，政策发展方向以及政策规划同样是重要的政策指引。笔者认为，中央政府不需要马上出台细致、具体、完善的政策措施，但是需要明确社会保障体系发展的方向。比如对于农民工社会养老保险，其保险模式是与职保模式统一，还是建立农

---

① 北京、上海等大城市的户籍政策一直是社会关注的焦点，这些地区的政策虽然对申请入籍的条件进行了规定，但是在宽松性、透明性、规范性等方面还有待完善。

民工综合社会保险，还是另辟蹊径？中央政策应当给出一个大致的发展方向，建立一个基本的结构框架。事实上，当前的企业职工基本养老保险的具体措施在各地也存在差异，但都是在国家规定下，按照"统账结合"的保险模式，以个人账户8%、统筹账户20%为平均标准。有了基本的模式，各地就比较容易应对新的政策变化，也比较容易完成不同地区的政策对接。目前各地的社会保险模式差异太大，中央政策应当说明各社会保险发展的基本框架和基本路径，使各地的模式向中央政策靠拢，或者在政策设计上预留出与其对接的接口。

其次，设计有效的对接机制，完善转移接续方法。省域公民身份的建立代表着"福利地区"的建立，这就需要中央政策在不同福利地区间建立有效的对接机制，完善转移机制和引入机制。对接机制是在公民身份发生变化时社会保障权益的接续机制，例如农民工群体，在当前城乡一体化还无法在全国范围实现的情况下，农民工进入城镇社会保险体系或农村社会保险体系就需要良好的对接机制。在社会保险关系跨地域转移方面，该暂行办法已经做出了重大突破，而且规定了连续缴费10年可以在当地享受保险待遇，这为引入机制奠定了基础。接下来的工作应当是完善转移机制和引入机制，促进劳动力的有序流动，使劳动力转出地和转入地可以均衡地分担社会保障责任。

第九章 东莞医改与神木医改：地方社会政策创新的经验与挑战

一 引言

由于"看病难、看病贵"问题突出，最近几年我国社会各阶层展开了轰轰烈烈的医改大讨论。医改，严格来讲应该是指医药卫生体制改革，它包括公共卫生服务体系改革、医疗服务体系改革、医疗保障体系改革、药品供应保障体系改革四个方面。但是，由于医疗保障体系改革远远走在其他几项改革的前面，所以现阶段很多人在提及医改的时候，更多的是指医疗保障体系改革。在国家层面上，我国基本医疗保障体系包括城镇职工基本医疗保险、城镇居民基本医疗保险、新型农村合作医疗和城乡医疗救助四部分。目前，我国社会基本医疗保险制度在制度框架上可以覆盖全体国民，但离实现真正的"全民医保"还有一段距离（申曙光、彭浩然，2009b）。为了更集中地说明问题，本章所指的医改主要指社会基本医疗保险制度改革，不涉及城乡医疗救助。当然，由于内容的相关性，在写作过程中，本章也会涉及医疗服务体系改革的一些内容。

本章以东莞和神木为例，从地方政府社会政策创新的角度切入，探索地方政府社会政策创新的经验和挑战。本章首先介绍东莞医改和神木医改的改革背景及现行做法，然后在此基础上，总结两地医改的成功经验，并指出下一步完善医改所面临的挑战。

由于我国地域辽阔，城乡和区域间发展不平衡，加上户籍制度的分割，我国的社会政策一直存在地方化的特色，导致各地社会保障具体制度和实际福利水平存在明显的差异。从全国层面看，存在城乡之间、地区之间、劳动力内部与劳动力外部的差异，而且这种差异也在城市或区县层面得以小规模的复制。改革开放以后，随着中央政府在社会保障和社会福利中角色的弱化甚至退出，以及地方社会政策创新的强化，各地社会保障制度安排和福利水平的差距进一步加大，福利的地方化趋势更加明显。东莞和神木两地政府大胆探索，结合地方实际，积极推动区域内的社会保障制度一体化建设，设计出了颇具特色的医改方案，在医疗保险领域建立起了以本区域居民身份为基础的、不分城乡、不分职业身份的统一的社会保障制度，在全国范围内产生了广泛影响。这是我国社会保障制度发展中的新趋势。

二 东莞的医改探索

东莞是广东省内一座历史文化名城，凭借改革开放的有利时机，以及毗邻港澳的区位优势，大力发展加工制造业，在促进经济增长方面取得了令人惊讶的成绩。20世纪80年代以来，东莞市年均GDP增长保持在两位数以上。经济的快速增长吸引了大批外来人员进入东莞工作和生活。据统计，截至2008年底，东莞市常住人口为694.98万，其中本地户籍人口174.87万，外来常住人口520.11万。外来常住人口远远超过本地户籍人口是东莞人口结构的一个显著特点。并且，由于外来常住人口以中青年为主，所以东莞市常住人口年龄结构比较轻，这对开展社会保险制度改革是一个重要的利好因素。

根据东莞市社会保障局张亚林副局长的介绍及总结，东莞市医疗保险制度改革可以分为四个阶段。第一阶段：改革公费医疗制度。早在1992年，东莞市就率先打破计划经济时代下公费医疗的桎梏，在国有企业和集体企业中推行大病住院医保试点。第二阶段：打破职工户籍界限。东莞市在2000年将非本市户籍的外来务工人员纳入基本医疗保险体系中，享有与本市户籍的企业职工同等的医疗保障待遇。第三阶段：打破城乡居民户籍界限。2004年，东莞建立了统一的城乡居民基本医疗保险制度，采取"分层次、低水平、保基本、广覆盖、可持续"的原则进行医保筹资，逐步加大财政对农村居民的补贴力度，最终实现农村户籍居民和城市户籍居民在医疗保障上的无差异。第四阶段：实现企业职工基本医疗保险与居民基本医疗保险制度的并轨。根据东府〔2008〕51号文件，从2008年7月1日起，东莞市按照统一制度、统一标准、统一基金调剂使用的原则将全市职工、按月领取养老金或失业金人员、全市灵活就业人员、城乡居民及大中专院校在校学生纳入统一的医保体系。至此，东莞市建立了真正意义上的全市统一的社会基本医疗保险制度，这在全国尚属首次，具有重要的标本意义。

从以上描述不难看出，经过近20年的努力，东莞已经突破了国内目前大多数地区根据不同人群设立医疗保险制度的做法，用一个统一的医保制度覆盖所有人群，包括非本市户籍的外来务工人员，基本消除了城乡差别和户籍歧视。它表明，一个以地级市辖区为范围，以统一的居民身份为基础的，不分职业、不分城乡的，以基本医疗保险制度为内容的福利地区在东莞建立。

从缴费机制和医疗保险待遇水平来看，东莞市的做法可以归纳为"筹资规模统一、缴费渠道多元、医保待遇一致"。"筹资规模统一，缴费渠道多元"指的是参保人不论身份都按上年度全市职工月平均工资的3%进行筹资，但是不同参保人的缴费渠道和财政补贴不一样。根据参保人的类别划分，职工缴费费率的构成是单位缴费2.3%，个人缴费0.5%，财政补贴0.2%；灵活就业人员是个人缴费2.8%，财政补贴0.2%；城乡居民和大中专学生是个人缴费1.5%，财政补贴1.5%。"医保待遇一致"是指参保人不论身份和户籍所享受的医疗保险待遇和报销水平都相同。具体待遇规定请参考表9-1。

为了有效利用医疗资源，根据成本效益原则，东莞社保部门按属地原则指定一家社会保险定点社区卫生服务机构作为村（居）委会辖区内参保人的门诊就医点，坚决落实"门诊进社区"，尽量改变参保人小病挤大医院的现象。社区卫生服务机构在东莞医改过程中担当了"守门人"的角色。

表 9-1 东莞市社会基本医疗保险的待遇水平

支出类型	待遇水平
住院基本医疗	住院基本医疗费用的报销设置起付标准和最高支付限额。起付标准与医院等级挂钩，医院等级越高，起付标准越高。最高支付限额与连续参保的期限长度挂钩，期限越长，最高支付限额越高。统筹基金支付比例与医院等级和医疗费用数额有关。医院等级越高，支付比例越低。以三级医院为例，起付标准以上 5 万元以下的医疗费用，统筹基金支付比例为 85%；5 万元至 10 万元之间的，统筹基金支付比例为 65%；10 万元至 15 万元之间的，统筹基金支付比例为 45%。
特定门诊	特定门诊基本医疗费由统筹基金按 75%（按月领取养老金的参保人按 80%）支付，且根据不同病种目录设置年度基本医疗费限额标准。
普通门诊	门诊基本医疗费用由统筹基金按 70% 支付，不设最高支付限额。

在费用控制方面，为了防止参保人的道德风险，除了常用的起付线、封顶线和支付比例外，东莞还实行相关的就医管理制度，比如上面提到的门诊定点就医、逐级转诊等。为了防止医疗卫生机构的诱导性行为和医疗卫生服务提供不足的情况发生，东莞社保部门除了制定定点医药机构管理办法，明确准入门槛和退出机制外，与定点医疗机构按"总量控制、定额结算"方式结算参保人的住院基本医疗费，按病种限额结算特定门诊基本医疗费，按"总量控制、定额包干"方式结算门诊基本医疗费。如果定点医疗机构未能为参保人提供必要的医疗服务，医保部门将按实际支付金额与其进行结算；如果定点医疗机构提供过度服务，超支部分由自己解决。这种"激励性定额包干结算方式"能够较好地将医疗费用支出控制在合理范围内，既保证参保人能够获得较好的医疗服务，也不至于挫伤医务工作人员的积极性。除了以上各方面，朱亚鹏、岳经纶等人（2010）还指出东莞特别的社会行政管理体制是东莞医改成功的一个重要原因。本章不再详述。

三 神木的医改实践

相对于东莞医改的低调演进来说，神木的医疗实践就显得高调和张扬。神木县位于陕西北端，依靠地下丰富的煤炭资源，在短短几年内从全国贫困县一跃成为陕西省经济第一大县。2010年,神木县跃居全国百强县第44位,西部百强县第5位。不过,真正让神木县名噪全国的还是因为其在2009年启动实施的全民免费医疗改革。在全国进行新医改大讨论的特殊背景下,"神木免费医疗"的改革模式吸引了全国人民的眼球,赢得了不少赞誉,但是同样也引起了一些争议。

神木医改引起争议的一个重要原因在于其究竟是不是"全民免费医疗",即神木医改的定性问题。因为这个问题关系到神木医改是否具有可持续性和在全国是否具有推广价值。"神木全民免费医疗"的叫法来源于神木县政府在2009年2月9日下发的《神木县全民免费医疗实施办法(试行)》,后来被新闻媒体大量报道(田齐、兰增干,2009;王晨,2010),影响甚远。但是,学术界对"神木全民免费医疗"的叫法并不认同。顾昕(2009b)指出,从神木医改的做法来看,神木医改本质上是全民医疗保险,并非真正意义上的全民免费医疗。虽然很多人对"神木全民免费医疗"有误读,但是我们并不能完全否认神木医改的价值。神木医改在很多方面值得其他地区借鉴。接下来,笔者将对神木医改的具体做法进行分析。

从覆盖面来看,神木全民免费医疗的对象为全县干部职工和城乡居民。具体包括县属党政机关和事业单位的干部职工,县属国有企业、社会团体、民营企业、私营企业中神木籍户口的职工,神木籍户口的城乡居民。未参加城乡居民合作医疗和职工基本医疗保险的人员不予享受免费医疗。也就是说,神木医改整合了之前的城乡居民合作医疗和职工基本医疗保险制度,这与东莞有类似之处;但是神木医改具有鲜明的户籍特色,并不包括外来务工人员,而东莞早在2000年的时候就已经打破户籍界限。

为了推动神木医改,神木县成立了康复工作委员会,委员会办公室设在县卫生局。全民免费医疗工作在县康复工作委员会统一指导下由县医保办和合疗办具体实施。

从资金来源看,神木全民免费医疗基金主要由县医保办收缴的基本医疗保险基金、县合疗办收缴的合作医疗基金、县财政拨付的资金以及社会募捐的资金组成。参加基本医疗保险,城镇居民需每年缴纳20元;参加合作医疗基金,农民每年需支付10元。绝大部分的全民免费医疗基金来源于县财政拨付。因此，从筹资方面来讲，神木县政府发挥了绝对的主导作用，加大了对医疗卫生服务需求方的直接投入。

从医保待遇来看，神木县也有自己的特点。针对门诊服务，神木县实行全民门诊医疗卡制度。凡缴纳合作医疗基金的城乡居民均可享受每人每年100元门诊医疗卡待遇，这相当于建立了个人账户；而城镇职工医保参保人原有的个人账户制度不变。对于住院医疗服务，神木实行住院报销起付线和最高支付限额制度，但却没有共付比例的制度安排。起付线以下（含起付线）住院医疗费用由本人自付，起付线以上费用予以报销，但每人每年累计报销医药费不超过30万元。神木县的起付线标准也较其他地区偏低，例如乡镇医院为每人次200元；县级医院为每人次400元。这些制度决定了神木医改具有较高的保障水平，但同时也引起人们对医疗资源利用效率的质疑。事实上，由于神木县没有实行"守门人"制度，较低的住院服务门槛，容易导致"小病大医"的现象。

为了提高全民免费医疗基金的使用效率，控制医疗卫生服务提供方的诱导性行为，神木县在出台《神木县全民免费医疗实施办法（试行）》之后，又先后出台了《神木县全民免费医疗实施细则（试行）》《关于全民免费医疗各定点医院费用指标的暂行规定》《关于对"慢性病门诊治疗全年限额报销"的规定》《关于制定全民免费医疗定点医疗机构考核办法的通知》。在确定定点医院时，神木县对公立和民营医院一视同仁，只要符合一定的硬件、人员配备等条件，均可以成为定点医院。定点医疗机构实行动态管理，一年确定一次，经考核不合格的取消下一年度定点资格。在费用控制方面，神木县实行县内住院治疗住院日费用限额以及慢性病门诊治疗全年限额，并且对人均住院费用、平均住院天数、药品占总费用比例、检查阳性率四项指标进行严格监控。其实，这些措施和办法并不足以为奇，很多地区都有类似的办法来抑制医疗机构提供过度服务。神木医改能够顺利推行的原因绝不是这些方面，也不仅仅是雄厚的财力支持，而是它具有一个先天优势——已经形成充分竞争的医疗服务市场。据王晨（2010）介绍，从20世纪90年代起，神木县的民营经济发展迅猛，民营资本早就开始进入医疗领域。目前，神木县共有14家医疗定点医院，除县医院外，其余13家皆为民营医院。换句话说，公立医院垄断医疗服务市场的情况在神木不存在，神木已经形成以民营医院为主体、充分竞争的医疗服务市场。所以，神木县推行"全民免费医疗"可以轻松绕开公立医院"管办不分"的难题，通过强大的医保部门形成单一买方市场，在与医疗机构的谈判中占据优势。参保人可以选择去性价比高的、医疗服务质量好的医院看病，这样也可激励定点医疗机构提供质优价廉的服务，抑制医疗资源浪费。在笔者看来，这才是神木医改真正值得借鉴之处。

不难看出，神木医改在一定程度上的确具有特殊性。所以，朱恒鹏等人（2011）认为神木模式在其他地区的可复制性受制于两个因素：一是当地的经济发展水平及相应的财政支付能力；二是当地的医疗服务市场格局及相应的医疗费用水平。

四 东莞与神木医改的成功经验

很多人对东莞和神木两地的医改走在全国前列不以为然，认为两地财力雄厚，并不具有代表性。尤其是神木医改因为贴上了"全民免费医疗"的标签，而成为全国人民关注和争论的焦点，很多人攻击它名不副实。的确，它不是真正意义上的免费医疗，但事实早已证明免费医疗在中国行不通。神木医改的价值绝不在于"免费"两字，而是在于政府对民生的重视，以及打破公立医院垄断、建立竞争性医疗服务市场的重要性。同样，东莞人口年龄结构轻，财政实力雄厚，这是东莞医改成功的有利条件，但更重要的是，我们要清楚地看到东莞医改的一些做法代表着新的理念和未来发展趋势。这些经验对于推动和完善各地医改都大有帮助。

综合东莞和神木两地医改的具体做法，笔者认为，至少有以下四点经验值得肯定。

（1）打破城乡和户籍界限，建立统一的社会医疗保险制度。现阶段，我国很多地区的医保制度"碎片化"程度比较高，不同类型人群享受的医保待遇差别很大。社会医疗保险之所以存在的一个基础就是要让不同风险的群体能够在一个池子里面共担风险，实现社会公平。"碎片化"的医保制度显然不利于在不同风险群体之间分散风险，有违社会医疗保险的初衷，所以整合不同社会医疗保险制度是大势所趋。建立统一的社会医疗保险制度是我国未来医改的一个重要方向。目前，我国部分地区已经逐渐统一城乡居民的医疗保险制度，但离建立统一的社会医疗保险制度还有一段距离。东莞医改在这方面走在了全国的最前列。东莞市不仅突破本市和外市户籍职工在医疗社会保险中的差异，对本市城镇职工和外来工实施统一的医疗保险制度，而且打破了城乡户籍的差异，涵盖了农民和未参保的城市户籍居民，实现了地域内的全面覆盖。从理论上讲，东莞已经在医疗社会保险领域建立了一种地域性的"公民身份"，这一身份消除了不同群体在医疗社会保险上的身份差异，既涵盖了少部分易被忽略的群体，又有效整合了职工、农民、农民工等不同群体。

（2）加大对医疗服务需求方的补贴，减轻个人医疗费用自付比例。我国个人医疗费用自付比例过高一直为人所诟病，也是"看病贵"的最直接体现。东莞和神木医改在医保筹资方面都体现了政府的责任，虽然它们在程度方面有很大差别。东莞政府的补贴程度比较低，更多的是象征意义上的；神木政府则在医保筹资方面占据绝对主导地位，参保人只需缴纳非常少的费用。两地的经验证明，加大对医疗服务需求方的补贴，不管程度高低，对于减轻个人医疗费用负担，尤其对于保护低收入者具有非常重要的作用。

（3）打破公立医院垄断，形成竞争性的医疗服务市场。真正要让对医疗服务需求方的补贴发挥实际作用，必须要对医疗服务供给方加以改革，否则对需方的补贴就会打水漂。目前，我国在医疗保险制度方面的改革推进得比较快，但在医疗服务体系方面的改革一直进展不顺，其中最大的难题就是公立医院改革，核心问题就是"管办不分"。目前，全国大部分地区都是公立医院占据了绝大部分医疗服务市场份额，处于垄断地位，而且卫生部门既办医院，又管医院，形成了强有力的利益集团。这种现状不打破，我国医改很难取得实质性的进展。前文已经提到，神木医改最大的亮点不是"免费医疗"，而是已经形成了竞争性的医疗服务市场，所以神木的医保部门能够充分发挥买方垄断的作用，在与定点医院的价格谈判中处于优势，同时，参保人也可以自由选择接受哪家医院提供的服务，促使医院提供质优价廉的服务。东莞虽然也有不少的民营医院，但还未形成像神木那样竞争性强的医疗服务市场，所以东莞的医保部门还要与公立医疗机构在服务提供和费用控制方面进行艰苦的谈判。

（4）严格执行守门人制度，优化医疗资源配置和控制费用过快上涨。在我国，"看病难"问题突出的一个原因是人们习惯于去大医院就医，而基层医院往往乏人问津。这样不仅造成医疗资源配置不合理，缺乏效率，还造成医疗费用过快上涨。东莞实行严格的守门人制度，参保人按属地原则在一家社保定点社区卫生服务机构接受门诊医疗服务，按规定享受医保待遇，大大减轻了参保人小病挤大医院现象的发生，优化了资源配置，有效控制了费用过快上涨。事实证明，东莞用较低的筹资水平（社平工资的3%）实现了较高的医保待遇水平，守门人制度功不可没。

五 东莞与神木进一步医改面临的挑战

从单个地区来看，东莞和神木的医改已经取得了不错的成绩，有很多值得其他地区学习的经验。但是，从更高的要求和层次来考虑，两地进一步医改还面临着不少挑战。

（1）如何进一步提高医改的公平性。任何一个国家或地区的医疗改革都不能忽视公平性。尤其在现阶段的中国，严重的收入差距问题已经引起了社会的不安。作为关系到所有人切身利益的医改工作如果不能重视其公平性，必将引起严重的社会问题。一般来说，医改的公平性体现在两方面：从医疗费用筹资的角度看，个人应该按照其缴费能力来进行缴费，收入高者应该多缴费，即所谓的垂直公平。从医疗服务利用的角度看，不管病人的社会经济状况如何，只要具有相同的基本医疗需求，就应该获得相同的基本医疗服务。事实上，没有哪一个国家能够做到绝对的公平，区别在于不公平程度的高低。以东莞为例，尽管不同人群的财政补贴水平存在差异，统一医保筹资额的办法与实现垂直公平的要求还相差较远，尤其是对于低收入人群，医保缴费还存在一定的压力；而且在服务利用方面，高收入人群所占用的资源远远高于低收入人群。所以，东莞医改还需要重视医保筹资的垂直公平，加大高收入群体对医保基金的贡献。

(2) 如何防止恶意骗取医疗保险基金。由于我国地区经济发展不平衡,各地的医疗保障水平和医疗服务提供存在较大的差异。东莞和神木两地的医改具有个人缴费负担轻、医保待遇水平较高的特点。这使得东莞和神木两地成为典型的福利地区,对外来人口具有较强的吸引力。由于现行的财政体制和医疗保险中存在的道德风险问题,两地必须采取相应的对策以防止被人恶意骗取医疗保险基金。以神木为例,由于神木县在民生方面的投入远比周边地区要高,而且其公共服务具有明显的户籍限制,这使得许多其他地区的居民想方设法要获得神木户籍。目前神木县已经加强了对外来人口加入神木户籍的限制和审批工作。东莞在这方面碰到的麻烦要远比神木大得多,原因在于东莞医改已经放开户籍限制,外来人口只要来东莞就业,连续参保并足额缴费后第三个月起便可按规定享受住院及特定门诊、门诊医保待遇。据东莞社保局有关负责人反映,已经在东莞发现有人成立空壳公司,招聘的外来务工人员大部分都患有重大疾病,专门来东莞享受较高的医疗保险待遇。这些人钻了现行制度的空子,恶意骗取了不少医疗保险基金。目前,东莞社保局已经加大了对恶意骗取医疗保险基金行为的打击力度。无论如何,只要地区间医保待遇存在较大差距,这种行为就很难杜绝,必将对发达地区医疗保险基金的平稳运行造成威胁。如何防止恶意骗取医疗保险基金是许多发达地区未来所要面临的重要挑战之一。

(3) 如何适应社会医疗保险统筹层次的提高。2011年7月1日施行的《中华人民共和国社会保险法》明确规定"基本养老保险基金逐步实行全国统筹,其他社会保险基金逐步实行省级统筹"。毫无疑问,东莞和神木的医改已经具有鲜明的地方特色,在很多方面已经领先于其他地区。如果未来要实现医疗保险基金省级统筹,那么,东莞和神木如何做好与其他地区之间的对接工作以适应统筹层次的提高,将会是一个很大的挑战。陕西省的很多地市不太可能像神木县那样在医保筹资方面大包大揽,广东省其他城市在短期内也不太可能像东莞一样实行统一的基本医疗保险制度。那么,在各地财政实力相差悬殊、医保制度迥异的背景下,如何实现社会医疗保险统筹层次的提高将会是摆在政策制定者面前的一道难题。

结　语

以东莞和神木为代表的地方政府，积极推动本区域内的社会医疗保险制度的一体化建设，逐步建立起以本区域居民身份为基础的、不分城乡、不分职业身份的统一的社会医疗保险制度，换言之，就是在医疗保险领域内建立一个整合性的"福利地区"（也可以说是"地方福利国家"）。在这个"福利地区"内，原有的城乡二元式的、就业导向的医疗保险体系逐渐消失，形成了以本地户籍身份或居民身份为本位（可以称之为"地域公民身份"）的社会权利安排（也可以称之为"地域社会公民身份权利"）。这是我国社会保障制度发展中的新趋势，值得我们深入思考。

通过以上对东莞和神木两地医改的分析总结，不难发现，两地的许多做法都与2009年《中共中央国务院关于深化医药卫生体制改革的意见》相吻合。比如："完善以社区卫生服务为基础的新型城市医疗卫生服务体系"；"转变社区卫生服务模式，不断提高服务水平，坚持主动服务、上门服务，逐步承担起居民健康'守门人'的职责"；"加强对医疗保险经办、基金管理和使用等环节的监管，建立医疗保险基金有效使用和风险防范机制"；"强化医疗保障对医疗服务的监控作用，完善支付制度，积极探索实行按人头付费、按病种付费、总额预付等方式，建立激励与惩戒并重的有效约束机制"；"加快形成多元化办医格局，鼓励民营资本举办非营利性医院"等等。

笔者认为，在现阶段，作为单独的地区，东莞医改和神木医改都取得了不错的成绩，有许多值得学习借鉴的地方。但是，未来外部环境的变化也会给两地的医改带来许多不确定性和挑战，比如外来人口大量流出、矿产资源逐渐耗竭、福利移民所带来的道德风险、统筹层次的提高等等。不过，无论如何，从目前来看，东莞和神木两地在医改方面的探索还是值得肯定的。

需要特别指出的是，从我国整个医改的目标和进程来看，"全民医保"仅是医改工作的一部分，离实现我国医药卫生体制改革的总体目标——"建立健全覆盖城乡居民的基本医疗卫生制度，为群众提供安全、有效、方便、价廉的医疗卫生服务"还有很长一段距离。片面强调医疗保险制度方面的改革，而忽视医疗服务提供等方面的改革必将导致我国医药卫生体制运行效率低下和整个医改的失败。在笔者心目中，比较理想的医改模式应该是综合了东莞医改和神木医改的长处，即同时具有强大的医疗保险基金实力和充分竞争的医疗服务市场，再加上必要合理的费用控制手段。

第四篇

社会服务

第十章 社会服务与福利国家：对我国社会保障制度的启示

我国正处在从初步小康向全面小康社会过渡、从生存型社会向发展型社会转变的关键时期。中共十七大报告明确指出，"必须在经济发展的基础上，更加注重社会建设，着力保障和改善民生，推进社会体制改革，扩大公共服务，完善社会管理，促进社会公平正义，努力使全体人民学有所教、劳有所得、病有所医、老有所养、住有所居，推动建设和谐社会"。加快建立覆盖城乡居民的社会保障体系，保障人民基本生活，满足广大社会成员的基本需要，是现阶段解决我国社会矛盾的必然要求。

一个完整的社会保障（福利）体系，既需要为民众提供基本的经济福利（benefit-in-cash），又需要提供各类"个人导向"的具体服务（service-in-kind），也就是社会服务（personal social services）。社会服务，也称社会福利服务、个人社会服务或社会照顾服务（social care），是西方国家公共服务的重要内容，也是福利国家的重要组成部分。然而，在我国，由于缺乏社会政策学术传统和政策实践，长期以来，社会服务作为一项重要的人类服务或公共服务，不论是在概念上还是实践上，一直都没有得到足够的重视。在很长时间内，我国社会保障的政策重点一直是社会保险，社会服务则没有提上重要政策议程。在政策实践中，社会服务被理解为民政系统中的社会福利事业。在社会服务问题上存在的这种局限性，严重制约了我国社会保障事业的发展，不能适应不断变化的家庭结构、人口结构和社会经济转型的需要。

社会服务是公共服务中最人性化的一种服务，它关心个人如何应付人生中可能遭遇的各种各样的困难（Baldock，2003）。每个人在自己从出生到死亡的人生历程中都需要社会服务。随着科学发展观的落实、服务型政府建设的推进，以及普惠型社会福利制度的建设，我国急需在完善社会保险和社会救助制度的同时，积极推广和普及社会服务概念和实务，大力发展社会服务，并且确立社会服务在我国社会保障体系中的战略地位。

一 社会服务概念

在社会政策和福利国家的英文文献中，有三个与服务有关的常用概念，即 human services, social services① 和 public services。一般来说，public services（公共服务）这个概念比较宽泛，一般泛指政府及公共部门的职能，而 social services（社会服务）则比较具体和专门，通常指的是除教育、医疗、住房和社会保障等基本公共服务之外为有特殊需要的个人，尤其是为弱势群体提供的具体服务，如老人服务、残疾人服务、青少年服务等，也就是社会服务。human services 一词的使用，可以超越前述两个概念的边界，不过，它似乎没有适切的中译，按字面意思，可以把它译为"人类服务"。它的内容包括"社会服务"和"公共服务"两方面的内容，而且可以与"人类需要"（human needs）相对应。

在西方，社会服务是现代福利体系中最古老但也是规模最小的成员，其源头可以追溯到前工业社会中通常由教会和神职人员提供的施舍和照顾工作，到第二次世界大战后，这些工作大部分由国家接管（Baldock，2003）。在英国，最早使用"社会服务"一词的是英国伦敦政治经济学院社会行政学系教授理查德·蒂特玛斯（Richard Titmuss）。1951年，蒂特玛斯第一次把"社会服务"作为一个学术词语提出来。他认为，社会服

---

① 英文的"社会服务"（social services）大致可以把它理解为广义与狭义两种情况。广义的社会服务包括教育服务、医疗服务、就业服务、住房服务、社会保障服务，以及针对个人特定需要的个人社会服务。就此而言，它与公共服务概念类似。狭义的社会服务主要是指个人社会服务。社会服务类型繁多，大致相当于社会工作的内容。为了不与我国现有的"社会服务业"概念相混淆，本章使用"社会服务"概念。

务和以现金支付的社会保险是截然不同的概念（潘屹，2008）。到 20 世纪 60 年代后半期，"个人社会服务"取代"社会服务"成为英国常用语（Baldock，2003）。

尽管"社会服务"是一个常用的概念，也是各国社会政策的重要内容，但不同国家和地区提供的社会服务的具体类别和数量存在很大的差异，而且也缺乏国际公认的社会服务定义。造成这种局面的原因是多方面的，宗教、政治意识形态和行政管理的不同都是导致分歧的原因（Alber，1995）。此外，社会政策和福利国家学术研究对社会服务的忽视也是一个重要的原因。长期以来，社会政策和福利国家研究，不管是理论上的概念化，还是经验上的分析，都偏向于社会保险，特别是养老体制的研究，而不重视对社会津贴和服务的分析；关注的重点是国家与劳动力市场之间的关系，而不是国家与家庭的关系（Orloff，1993；O'Connor，1993）。这方面的典型代表是艾斯平-安德森划时代的著作《福利资本主义的三个世界》。该书提出了"去商品化"（Decommodification）、"逃出工作"（exit out of work）等概念，划分了资本主义福利体制的三种模式，开启了福利国家体制和社会政策比较研究的新时代。然而，他对福利体制的分类建基于工薪劳动者（主要是男性）对正规劳动力市场的依赖程度（如对养老金的依赖），没有涉及对妇女和家庭具有重要意义的社会服务领域，因而也受到了广泛的批评，特别是来自女性主义的严厉批评（迪安，2009）。对社会权利和公民资格的狭隘理解自 20 世纪 90 年代初以来受到了广泛的批评，因而也推动了对社会服务的学术研究。

在英国，个人社会服务与阻碍个人社会功能最大化的需要和困难有关，它们是针对个人或群体的差异而不是相同之处量身定造的（Sainsbury，1977）。英国早期的个人社会服务主要是健康照顾服务。后来，个人社会服务的内容不断拓展，包括老年人服务、残疾人服务、儿童及家庭服务等。个人社会服务与社会工作有密切关系。在英国，个人社会服务有时被称为"第五项"社会服务（the fifth social service，排在医疗、教育、社会保障和住房之后），并且常常被看作"灰姑娘服务"（the Cinderella services，英国俗语，指在一段时间内被人忽视了的服务）（迪安，2009）。

在北欧，社会服务被称为"社会照顾服务"（Social Care Service）。北欧国家的社会照顾服务强调个人自主性（personal autonomy），特别是女性的自主性，充分体现了马歇尔的社会公民权原则。社会照顾服务被视为降低对"照顾依赖"（care dependence）的一种方式。按照 Anttonen 和 Sipila（1996）的分析，社会照顾服务是旨在增强自主性的组织化服务的一个领域，是由政府当局控制和补贴的服务。它不包括非志愿性的干预，例如由社会福利机构强加的旨在控制个人行为的非志愿干预行动；不包括纯粹的商业性服务，尽管很多服务是由政府资助并由私人机构提供；不包括非正式照顾（informal caring），尽管它很重要。在北欧，政府及公共部门为老人、儿童、肢体残疾人、智力障碍人、受虐待者、药物滥用者、贫困的人以及所有有需要的人提供特殊的帮助和服务，包括以下几方面：①日常照顾：为老人和残疾人建立俱乐部、日常诊所、老年人弱智训练中心、残疾人日常护理学校和健康中心等。②家庭护理服务：给老年人和肢残人、盲人、聋人提供家庭服务或教育。③儿童家庭服务：接收儿童，收养儿童，抚养儿童，监督儿童父母对儿童的抚养，保护儿童不被冒犯。给儿童提供财力和物质帮助，提供送餐到家。④咨询服务：建立咨询中心，提供家庭财产计划、年轻人医疗咨询等，还有由健康家访员、家庭护士、接生员、心理工作者提供家庭护理知识和教育。

在欧盟，社会服务发挥着预防和社会融合的作用，如社会援助、就业和培训、社会住房、儿童照顾以及长期护理。这些服务在社会中发挥关键作用，为实现欧盟的基本目标如社会、经济和领土整合，高水平的就业，社会和经济增长做出了重要贡献[1]。欧盟社会保护委员会还使用"普遍利益社会服务"（Social Service of General Interest, SSGI）的概念。普遍利益社会服务指的就是那些使社会权利得以实现的服务。按照这一概念，社会服务的作用不应局限于对最弱势群体的帮助，它应关系到所有人的社会保护，而且这些服务也扮演了预防角色。普遍利益社会服务关注的对象是全体人群（个体或家庭），它关系到社会政策目标的实现。它是社会性的，而不是经济性的社会服务。"普遍利益"这一概念包含的要素有：①服务

---

[1] 参见 http://ec.europa.eu/employment_social/spsi/ssgi_en.htm。

的对象是全社会；②服务和资金的供给者包括国家、半政府组织和非政府组织；③强调公共利益、营利性是次要的；④体现团结性、可及性、有效性、平等、民主等原则。

尽管社会服务的内容在不同的国家或地区存有差异，社会服务构成一国或一个地区社会政策基本内容或社会福利体制的重要组成部分则是没有疑问的。英国社会政策学者迪安（2009）把社会政策涉及的服务分为四类：第一类是那些被视为"基础性"的人类服务，如医疗卫生和教育；第二类是有关收入维持和就业的服务，借助于它们，可以确保社会安全和经济生产力；第三类是有关住房和环境的服务，它们可以确保人类生存的自然环境；最后一类是所谓的"个人"社会服务，旨在为社会中最弱势的成员提供照顾或保护。

二 社会服务与当代福利国家

任何社会福利体制都包含经济福利和福利服务两大基本内容。福利服务也就是社会服务，与教育服务、医疗服务、就业服务、住房服务一样都是当代福利国家的重要组成部分。西方福利国家发展的经验表明，在福利国家发展的初期，政府关注社会保险和各种收入维持项目；随着福利国家的发展，政府把更多的资源用于社会服务。在当代福利国家中，政府在社会服务的筹资、递送和监管方面发挥着重要作用，而且政府倾向于与公民社会在社会服务的提供中建立伙伴关系。这里简要介绍美国、英国和中国香港的社会服务发展情况。

在美国，社会服务与公共救助、社会保险共同构成了社会福利体系。社会服务主要指的是为儿童、独自生活的老年人、残疾人和其他有特殊需要的人提供照顾、咨询、教育或其他形式的援助。儿童保护服务、日常照顾、早期教育、家庭主妇服务、职业培训、精神健康照顾和职业恢复等都属于社会服务的范畴（迪尼托，2007）。

根据戴安娜·迪尼托（2007）的总结，美国的社会服务具有以下特点。首先，美国的社会服务包括为不同社会成员提供的众多内容，包括以个人、家庭和社区为对象的各种服务。以个人为对象的服务主要是指为儿童、老年人和残疾人提供的服务，如社区青年中心、保护儿童的服务机构、成人保护服务和长期护理等。以家庭为对象的服务有家庭计划、婚姻和家庭咨询等。此外，还有各种由社区组织开展的服务，如为社区居民、外来劳工、新移民、酗酒者和滥用毒品者提供的服务。

其次，美国的社会服务是由各种不同类型的专业组织提供的，包括①公共机构，②私人非营利性组织，③私人营利性组织，④自助群体，⑤宗教组织。有些服务是各种组织都能偶尔参与提供的，而有些服务则只能有某一类组织提供。像日托这样的服务可能会由以上所有的组织提供。其他服务，如儿童和成人的保护，可能只能由公共机构或其他指定机构提供，因为这些机构有法律权利介入忽视或虐待的案件。承担社会服务职能的公共机构依据有关法律建立，并由联邦、州或地方政府管理。

最后，政府是社会服务所需资金的主要提供者。20世纪60年代是美国社会福利迅速发展的时期，政府在社会服务资金提供方面非常慷慨。到1976年，《社会保障法》为社会服务支出设置了上限，并确保联邦资金的大部分都用来为穷人提供服务。在里根时代，《社会保障法》有关社会服务专项拨款的规定保证了政府对社会服务责任的承担。另外，对于其他类型的社会服务机构，政府也承担了一定的拨款责任，如从私人机构购买一些服务，来满足客户的需求。

美国社会服务的以上特点表明，即使在美国这样市场化程度很高，自由主义、个人主义意识极为突出的社会中，政府在社会服务领域还是承担了制定法律、提供资金、实施管理等主要职责。同时，在政府承担主要职责的前提下，具体的社会服务项目的递送是由各种类型的组织来承担的。具体服务递送方面的社会化有利于通过不同类型的社会服务组织之间的竞争来提高服务效率，也有利于具体服务项目提供的多样性和灵活性，以便使社会服务适应不同的社会成员的不同需要。也就是说，个人社会服务的社会化不等于政府从社会服务领域中退出，政府不承担必要的责任。

在英国，社会服务称为个人社会服务，它是排在医疗、教育、社会保障和住房之后的第五项社会服务，是需要由专业社会工作者提供和管理的服务。英国的个人社会服务不只是剩余式（residual）的服务，也不只是众多比较边缘的"社会福利"服务的混杂。所有人，不论是青少年儿童，还是成年人，都是个人社会服务的受益者。在英国，针对儿童和青少年的个人社会服务的首要目的是保护儿童和青少年免受身体、精神或者性方面的剥削或虐待；确保他们能够正常成长；帮助管教那些可能是"违法者"或有行为问题的人。为儿童提供的个人社会服务包括：①向那些有小孩的家庭，特别是那些小孩被认为有需要或有风险的家庭，提供支援和辅导；②对各种形式不是以家庭为基础提供的儿童看护服务进行监督；③把儿童从有危险的家庭或境况中转移出来；④为儿童组织或提供替代性抚育或住宿照顾；⑤对参与非法或危险活动的儿童进行监管（迪安，2009）。

在成年人方面，个人社会服务关注的是"社会照顾"（social care）的提供。社会照顾包括向那些不能自理的人提供院舍照顾或日间护理中心，或者包括提供有助于推动现时被称为"社区照顾"的各类服务。社区照顾，一方面，它可以指为年青残疾人士或学习障碍者提供的小组家庭，在那里，他们得以照顾自己，而只需要不多的监护。另一方面，它也可以指向在自己家中居住的孤寡老人提供的居家照顾服务（迪安，2009）。

在香港，社会服务是社会福利体系中的重要组成部分，内容十分丰富，包括：家庭及儿童福利服务（儿童服务中心、家庭服务中心）、医务社会服务、安老服务、青少年服务、残疾人士康复服务、专业辅助和其他支持服务、违法者辅导服务（罪犯感化服务）。从性质上看，社会服务可分为：①法定社会福利服务，如惩教服务、社会保障服务、青少年保护；②志愿社会福利服务，由志愿机构（受资助团体、非牟利机构）提供的各种社会服务，如社区服务、老年人服务、伤残人士服务等；③非正式照顾服务，由家庭提供的对儿童、老人和伤残人士的照顾服务（通常由家人提供或由亲戚、邻居提供）；④私人服务，牟利性服务，如私人养老院服务。从对象上分，社会服务可以分为：①老年人服务，其内容和方式包括老年活动中心、老年综合服务支援、老年日间护理中心、家务助理服务、义务工作计划、老年义工计划、老年社区网络服务等方面；②残疾人服务，包括展能中心、庇护工场、辅助就业、残疾幼儿照顾和训练、辅助医疗服务；③青少年服务，包括儿童及青年中心、学校社会工作服务、外展社会工作服务、综合服务以及为青少年举办的专项活动；④家庭服务，包括家务指导服务、受虐待妇女住宿服务、临床心理服务、家庭生活教育、露宿者服务、医务社会服务以及禁毒服务等。

香港的非政府民间机构在社会服务事业上扮演着重要角色。香港社会福利制度的一个最大特点是民办官助，民间机构作用巨大。香港政府非常注意发挥民间机构在开展社会服务方面的特殊作用。香港政府认为，民间社会福利机构灵活自如，专业程度高，应变能力强。充分发挥民间社会福利机构的作用，可为社会和有需要者提供较完善、较丰富和质量较高的社会福利服务。为此，香港政府通过宏观规范管理、咨询培训、政策引导、经费资助等方式，大力扶持和发展社会团体和民间社会福利机构。在1973年的《社会福利白皮书》中还明确提出，政府与民间社会福利机构是"合作伙伴"关系，并正式表示将与民间志愿社会福利机构携手，共同为市民提供福利服务。目前，非政府社会福利机构已成为香港个人社会服务的重要角色。如不将社会保障服务计算在内，非政府社会福利机构通过政府拨款获得用于社会服务的开支，已占社会福利总开支的2/3左右，其雇用的专业社会福利人员已占全部社会福利人员的80%。

三 对完善我国社会保障制度的启示

在我国，作为社会福利和社会政策意义上的社会服务概念还没有得到普遍的关注。导致这一情况的一个重要原因是，无论是在政策层面还是在学术层面，我们更偏爱社会保障概念。作为中国社会保护体系的统称，社会保障在我国是一个大概念、大系统，包括社会保险、社会福利、优抚安置、社会救助和住房保障等内容。简言之，我们习惯用社会保障来指称各种有关公众福祉的项目，诸如各类社会保险、社会救助、慈善活动等。正如郑功成（2002）指出的，所谓社会保障，其实就是国家依法建立并由政府主导的各种具有经济福利性的社会化的国民生活保障系统的统称，是"各项保险制度、社会救助制度、社会福利制度及相关补充保障措施的统称"。2002年4月29日，国务院新闻办公室发表的《中国的劳动和社会保障状况》白皮书，把社会保障分为十大部分，包括养老保险、医疗保险、失业保险、工伤保险、生育保险、最低生活保障、社会福利、优抚安置、灾害救助和社会互助（国务院新闻办公室，2002）。这一分类基本上是按照劳动和社会保障部门与民政部门的职能来划分的，前五个部分都是社会保险的范畴，属于劳动和社会保障部门的职能范围；后五部分涉及的是民政福利工作，属于民政部门的职能范围。

在这种社会保障的话语概念体系下，我国社会政策的关注点主要是公众的经济性福利，而忽视了个人所需要的各种具体福利服务。其结果是，我国的社会保障制度形成了重经济福利，轻社会服务的特点。以我国老年社会保障制度为例。我国老年社会保障制度比较重视老年人的经济保障，但是轻视老年人的社会服务需要。因此，养老服务没有得到足够重视。尽管我国传统上重视家庭养老，但是家庭养老缺乏应有的社会支援。老年人的长期护理服务没有得到有效的政策支持，也缺乏专业化的老年服务。据2008年2月全国老龄办发布的《我国城市居家养老服务研究》显示，我国城市中48.5%的老年人有各种各样现实的养老服务需求，但居家养老服务需求总的满足率只有15.9%，其中家政服务满足率为22.6%，护理服务满足率为8.3%，聊天解闷服务满足率为3.16%（国家老龄委办公室，2008）。

在中国现行社会保障体制下，社会服务被理解为民政部门的社会福利工作。在民政福利模式下，国家在社会福利提供中的作用非常有限，社会福利资源严重不足，社会福利的内容十分有限，主要包括为孤寡老人、孤儿和残疾人等弱势群体提供的老年人福利、儿童福利、残疾人福利等，社会福利受益对象十分狭窄，主要是鳏寡孤独、城镇"三无"对象、农村"五保户"等。这种补缺型的社会福利制度已经不能适应市场经济条件下社会转型和社会变迁的需要，无法满足广大公众的基本需要。

西方发达市场经济体的经验表明，一个完善的社会福利制度或社会政策体系，既要注重人民的经济需要，也要重视人民的精神需要；既要注重收入维持，也要重视福利服务。随着国民经济的发展和人民生活水平的提升，我国社会服务的需求将不断增加，需要社会保障政策做出及时的回应。事实上，在现阶段，我国大力发展社会服务具有十分重要的理论和实践意义。

第一，大力发展社会服务，可以拓展我国公共服务的范畴，加快服务型政府的建设。在我国，随着政府职能的转变以及科学发展观的落实，公共服务的概念近年来得到了广泛的普及和使用，人们日益认识到服务是政府的本质所在，是其最基本的职能。政府职能的本质就是公共服务已成为国人的共识，而构建服务型政府和实现基本公共服务均等化已成为我国公共管理改革的重要目标。建设服务型政府必须大力发展社会服务。政府除了发展教育、医疗、就业、社会保障和住房等基本公共服务外，还要通过宏观管理、政策引导、咨询培训、经费资助等方式，大力扶持社会服务的发展。

第二，大力发展社会服务，可以推动社会工作专业的发展。社会服务的提供者主要是社会工作者。他们有一种专业人员身份，不是一般的"基层干部"。他们为老人、儿童、残疾人等提供专业性的服务，就像医生对病人、律师对委托人提供服务一样。我国自20世纪90年代以来开始发展社会工作教育，也培养了不少社会工作专业的大学毕业生。然而，由于社会服务发展滞后，很多社工毕业生都找不到用武之地。

第三，大力发展社会服务，可以促进就业，特别是大学生就业。个人社会服务是一个大行业、大部门。发展社会服务，首先可以促进社工专业学生的就业。以东莞为例，根据东莞市《关于加快社会工作发展的意见》，从2009年开始，东莞争取用5年时间建立健全社工制度。到2010年底，专职社工达到500名；到2013年底，专职社工达到2500名；从2014年开始将建立初、中、高级社会工作人才梯级结构。其次，还可以带动相关专业的发展。因为特定的个人社会服务需要有专业的技能，如心理学家。不仅如此，还需要筹资、财政、金融、项目设计、团队管理、媒体关系、公众动员等类型的专业技能（郭巍青，2009）。

第三，大力发展社会服务，可以充分开发和利用社会资本，推动公民社会的发展。社会服务涉及不同群体和个人的各种不同的特殊需要，政府和公共部门提供的服务受资源和体制的局限，无法满足这些不同的需要。发达地区的经验表明，社会服务这一领域往往大量依赖各种类型的NGO（非政府组织），以及广泛而常规的志愿服务。推动非政府组织的发展，促进政府与公民社会的合作，可以调动和重新配置民间资源以弥补政府之不足，为基层社区与公众提供混合多样的福利服务。

第四，大力发展社会服务，有利于完善社会管理体制，创新社会管理方式。在社会服务领域中,政府要承担制定法律、提供资金、实施管理等主要职责。在政府承担主要职责的前提下,积极发展政府与公民社会的伙伴关系,由各种类型的公民社会组织来承担各项具体服务的递送。这样做,有利于建立政府向社会组织转移职能制度,有利于政府向社会组织购买公共服务制度,形成多元化的公共服务供给模式。不同类型的社会服务组织之间的竞争可以提高服务效率,有利于服务提供的多样性和灵活性,有利于推动社会服务满足不同社会成员的不同需要。

第五,大力发展社会服务,有利于完善我国的社会保障制度,满足人民的需要,增进人民福祉。人类福祉不仅包括工作或金钱这些生存的手段,也包括必要的服务和情感需要。人类在生命的不同阶段需要不同的服务。在年幼时,需要日托、儿童服务;在中年时需要收入维持和就业服务;在老年时需要安老服务,甚至长期照顾服务。这些需要的满足都有赖于社会服务的发展。社会服务不仅事关儿童、妇女、老人和残疾人等群体和个人的福祉,而且也关系到劳动力市场中正规劳动者的福祉。社会服务的发展不仅可以让人民生活得更加幸福、更有尊严,可以带来"家庭友好""妇女友好""老人友好""残疾人友好"的社会状态,而且也可以促进家庭与工作的平衡。

结　语

以收入保障为基本内容的经济福利和以个人需要为导向的社会服务是当代社会保障体制的两大基本方面。西方福利国家发展的经验表明,在福利国家发展的早期,社会政策的重点是各类社会保险和各种收入维持项目;随着福利国家的发展,社会服务的种类日益增加,成为福利国家的重要产出。当代福利国家的基本要素包括教育服务、医疗服务、就业服务、住房服务与社会服务。这些服务构成了当代社会政策的重要内容。改革开放以来,为了配合市场经济体制的建立,我国重点发展了以社会保险为核心内容的社会保障体制。这种以社会保险为基本内容的社会保障体制主要关注的是国家与劳动力市场的关系,关注的是劳动力市场正规劳动者的收入补偿和经济福利;而在正规劳动力市场之外的其他劳动者和公众的福利与服务则没有得到足够的关注。进入21世纪，随着以人为本施政理念的倡导和服务型政府的建设，关注社会权利的实现、促进个人自主性的社会服务开始受到越来越多的关注。我国初生的民间社会开始积极动员社会资本，探索志愿性社会服务，以满足相关社会群体和个人的需要。民间社会的努力得到了政府的积极回应。政府通过推动社区服务、发展社会工作教育、政府购买服务等方式，积极地推动社会服务的发展。随着社会服务的进一步发展，我国政府将在社会服务的筹资、递送和监管方面发挥更大更积极的作用。展望未来，我们有理由相信，社会服务将成为我国社会保障体系的重要组成部分。

第十一章　我国社会服务政府购买的现状及存在的问题

政府购买服务（Purchase of Services）源于20世纪60年代美国政府的一项社会福利制度方面的改革，随后波及其他国家和地区，在社会服务（social services）领域产生了深刻的影响（罗观翠、王军芳，2008；朱眉华，2004）。近年来，我国部分沿海城市也开始在社会服务领域尝试采用政府购买服务的方式，如政府购买社工服务和社区居家养老服务等。在广东等经济较发达地区，政府开始推动社会福利服务由传统的单位包办向政府主导、民间组织积极参与、社会化福利服务供给模式转变，由过去的补缺型逐渐向适度普惠型转变。民间组织在社会服务中具有民间性、自愿性、灵活性、实效性等突出特点和明显优势。政府已经意识到民间组织是建设和谐社会不可忽视的力量，在社会服务领域，政府也开始以向民间福利机构"购买服务"的方式来满足社会需求。

我国一些地方政府尝试购买服务的一个主要原因就是随着人们生活水平的提高，以及人口老龄化等问题带来的压力，现有的民政福利服务已不能满足人们的需求。总体而言，政府购买社会服务在我国内地尚处于探索阶段。

一　社会服务的概念和内涵

社会服务作为实践起源于19世纪，1945年以后，社会服务成为西方世界社会政策的一个组成部分。1951年，英国伦敦政治经济学院社会行政学系教授理查德·蒂特玛斯第一次把"社会服务"（social services）作为一个学术词语提出来，他认为，社会服务和以现金支付的社会保险是截然不同的概念（潘屹，2008）。1959年，来自8个国家的社会服务专家经过反复争论，对社会服务的基本内涵达成了共识，社会服务被定义为一种有组织的活动，旨在帮助个人和社会环境达致相互调整的状态。这一目标的实现是通过有计划地使用一定的技术和方法，使个人、群体和社区能够满足自身的需要，解决他们的问题，以适应不断变化的社会，并通过合作行动改善经济和社会状况。这个定义强调了社会服务关注的是人类需要（human need），以及个体与个体、个体与社会间的关系。但是，这个社会服务的概念和内涵仍然比较模糊。

西方学术界认为，社会服务是一种区别于其他福利项目的服务活动。在英国，社会服务被称为"个人社会服务"（Personal Social Service），或者是"第五项"社会服务，排在医疗、教育、社会保障和住房这四大服务项目之后。这类服务关注的不是人人非有不可的需要，而是弱势人士的特殊需要。在北欧，社会服务被称为社会照顾服务（Social Care Service）。北欧国家的社会照顾服务强调个人自主性（personal autonomy），特别是女性的自主性，被视为降低"照顾依赖"（care dependence）的一种方式。社会照顾服务是增强个人自主性的服务领域，是由政府当局控制和提供津贴的服务。它不包括非志愿性的干预，例如有社会福利机构强加的旨在控制个人行为的非志愿干预行为；不包括纯粹的商业性服务，尽管很多服务是由政府资助并由私人机构提供的；不包括非正式照顾（informal caring），尽管它同样很重要（Anttonen and Sipila，1996）。

在中文世界里社会服务也有多种不同的称谓，比"社会服务"更为常见的是"社会福利服务"（万育维，2007），也称之为"社会福利"或"福利服务"（张海鹰，1993）。在我国，20世纪80年代中期，民政部开始在城市推进社区服务，而这种"社区服务"又被界定为一种福利性服务，自此，民政系统及学术界较多使用"社区福利服务"一词。但是，这里所指的"福利服务"或"社区服务"与西方"社会服务"的概念和内涵存在较大差异。所谓的"社会福利服务"其实仍是传统的民政福利，即为生活能力较弱的儿童、老人、残疾人等提供的社会照顾和服务。另外，许多所谓的社区服务并非福利性服务，例如物业管理。事实上，"社区服务"这一概念从其在我国诞生和使用之日起，就因理论表征上的缺失和实践归属上的模糊而存在先天不足的缺陷（徐永祥，2005）。虽然"社会服务"是一个常用的概念，也是各国社会政策的重要内容，但是不同国家和地区提供的社会服务的具体类别和数量存在着很大的差异，而且也缺乏国际公认的社会服务定义。造成这种局面的原因是多方面的，宗教、政治意识形态和行政管理的不同都是导致分歧的原因（Alber，1995）。

笔者试图从以下几个方面对社会服务的概念和内涵进行界定。

（1）服务对象：主要是老年人、儿童、残疾人、受虐待者、滥用药物者和贫困人士，除了关注弱势人群，也面向任何有特殊需要的普通居民，如酗酒者、流动打工者和新移民等。

（2）服务内容：包括家庭及儿童福利服务、老人服务、青少年服务、残疾人士康复服务、社区服务、医务和学校社会工作服务、职业培训、精神健康照顾、罪犯辅导服务、教育和咨询服务等，形式多样，根据个人、家庭或群体的特殊需要和不同需求而定。

（3）服务形式：主要有住宿服务，包括长住院舍、中转、紧急或暂托服务、寄养服务等；社区为本服务，包括日间照顾、职业康复及训练、课后照顾、辅导服务、成长发展服务、义工服务、青少年及成人就业服务等；家居到户服务，包括家务助理、家居照顾和到户训练；外展服务，包括青少年日、夜外展，隐蔽长者外展服务，露宿者外展服务；驻点式服务，包括学校社工服务和医务社工服务（梁佩瑶，2009）。

（4）服务提供者：包括公共机构、非营利组织、私人营利性组织、自助群体和宗教组织，这些机构的服务人员以专业的社会工作者为主，志愿者（义工）为辅。像日托这样的服务可能由以上所有的组织提供，有些服务如安老服务可能需要政府进行资质认证，还有些服务如未成年人保护可能只由公共机构或其指定机构提供。

（5）服务费用：政府是社会服务所需资金的主要提供者，公共机构或受资助的非政府机构所提供的大部分福利服务是免费或低收费的（仅收回成本），私营机构一般都按照市场价格对服务使用者收取费用，非营利性组织提供的部分增值服务可按照各自的收费制度厘定费用标准。

二 我国政府购买社会服务的现状

（一）政府购买社会服务的方式

目前，政府购买社会服务的方式主要有三种：一是使用代用券的方式，由政府给使用者发放代用券，使用权在家庭或个人，但钱在政府，由使用者选择服务机构，然后由机构凭代用券去领取钱。二是购买服务岗位的方式，按服务对象设置社会工作岗位，岗位数确定以后，政府采取一定的方式向社会公益性民间组织购买社工，由社工提供相应的服务。三是购买服务项目的方式，可分为政府先立项，然后采用招标的方式，根据各服务单位提供的服务，选择中标单位这种自上而下的方式；第二种是民间组织先写好方案、计划书，然后递交给政府，由政府经过审核后出启动资金，这是一种自下而上的方式，适用于创新型服务。目前，我国只有部分城市在社会服务领域尝试政府购买的形式，主要是在购买社会工作服务和居家养老服务方面进行了有益探索。

2007年，深圳市政府尝试以购买服务岗位的方式满足社会需求。政府通过公开招投标方式向民间社工机构购买服务岗位，再由中标机构的社工提供具体的服务（刘润华，2011）。广州的海珠区采用"社团独立运作、社会多方支持"的方式，通过团委与民间社工机构签订合作协议书，由区级财政单独出资，专款专项的方式购买服务项目，并且要求民间社工机构自筹活动开展经费总数的30%（庄文嘉、余琴，2011）。随着我国人口老年化进程的加快，家庭小型化和空巢家庭的出现，家庭养老功能日益弱化，为了改善居家老年人的生活质量，减轻家属的照顾压力，一些发达省市开始大力推行社区居家养老服务模式，并创造性地在居家养老中建立了财政资金购买服务，服务组织提供服务，居家老人享受服务的政府购买服务制度。2005年9月，根据民政部的统一部署，广东全面开展了以社区居家养老服务为切入点的养老服务社会化示范活动，探索实践以政府购买服务的方式推进社区居家养老服务，形成了政府资助服务提供者的"广州模式"和政府直接补贴服务对象的"深圳模式"。

（二）社会福利服务的融资情况

我国社会福利服务主要有三个融资渠道：一是各级政府财政投入；二是政府通过发行福利彩票筹集福利彩票公益金；三是社会资金的投入。其中，政府财政投入在整个社会福利服务资金投入中占主导地位。政府通过发行社会福利彩票，筹集福利彩票公益金，是社会福利服务资金的重要来源，特别是在社会福利机构基础设施建设投资方面，起着重要的作用。社会资金投入则主要包括慈善捐赠、企事业单位和其他社会组织以及个人兴办社会福利机构的投入。但由于政府预算尚不够透明化，无法得知中央和各地方政府对社会福利服务财政投入的具体情况，社会资金的投入数据更加难以统计。

政府购买社会服务的资金来源主要有税收收入和非税收收入。具体来说：一是税收收入。例如，上海浦东、普陀、静安等区专门制定了政府购买社会工作服务的政策或者文件，将政府购买民间组织服务的资金纳入财政预算。二是非税收入包括行政事业性收费或者彩票公益金收入。例如，上海虹口区四川北路街道每年投入3000多万元，用于购买民间组织在社区文化体育方面的服务。辽宁省民政厅与财政厅建立福彩扶贫专项资金，积极引导农村专业经济协会扶贫帮困。2008~2009年，深圳从彩票公益金划出2000万元作为向社会组织购买服务的专项资金（刘润华，2011）。

三 我国政府购买社会服务存在的问题

（一）民间福利服务机构力量薄弱

随着我国社会经济的发展，非政府组织虽然已经得到了较快的发展，但是提供社会福利服务的民间组织的力量仍然比较薄弱，服务的专业化水平有待提高。由于民间福利服务机构数量少、规模小，难以提供满足不同需求的社会服务，政府在向民间组织购买社会服务时选择面有限。

根据学者2007年5月对73家提供社会服务的民办机构的问卷调查结果，结合个案调查发现，民办社会工作服务机构目前主要面临如下问题和困难（见表11-1）。

表11-1 民办社会工作服务机构发展面临的问题与困难（N=73）

单位：%

机构目前遇到的3项最主要问题	选择比例
财政支持资金支持不够	56.2
社会募集资金困难	53.4
税收优惠力度不够	38.4
人力资源不足	37
社会认知度低，很少有志愿者或义工参与或支持	31.5
信息获取不充分	26
组织能力不足	6.8
自主性不够	5.5

资料来源：殷芳（2009）。

我国民间福利服务机构由于自身成立时间较短，社会公信度不高、自行对外开展业务的能力较弱，这决定了它们目前不可能通过服务收费、慈善捐赠等方式获取足够的日常运作资金，因此政府购买社会服务的费用无疑成为其收入的最主要来源。政府资金投入不足导致民间组织经济压力大，有些机构甚至收不抵支。另外，政府购买社会服务作为制度创新的一个实验，无论从民间组织自身发展还是政府的政策导向来说，都处于探索阶段，难以避免和摆脱现行社会管理机制与公共政策瓶颈，例如双重管理体制的制约，准入门槛过高，慈善捐赠制度不健全等。制度性的缺陷使得它们难以获得必需的资金支持，难以拓展社会急需的服务项目，难以稳定实践所需的专业队伍。

（二）政府购买社会服务经费不足

长期以来，我国重社会保障而轻社会福利服务。对社会福利服务的投入力度与推进社会福利由补缺型向适度普惠型转变的目标不相适应。

由于经费的缺乏，很多地区的社会工作服务和居家养老服务存在服务内容少、服务层次低等问题，大多围绕那些鳏寡孤独开展预防性的保障服务，无力开展旨在提高和改善个人和群体生活的高质量、多样性、个性化的服务项目。为了节省费用，有些社区甚至聘用失业、下岗和困难人员承担社会服务的责任，这些社区服务员的工资相当于社会临时用工的最低工资水平，甚至还会低于这个水平，这既导致服务质量的下降，也使服务队伍不稳定。

另外，购买服务岗位的方式，是按照每个机构社工人员的多少以人均费用标准支付，这不仅包括社工全年的工资福利，还涵盖社会工作机构的办公、活动经费等一切开支。由于购买经费与项目多少无直接关联，因此，政府一旦要求增加服务项目，社会工作机构马上就会面临经费"捉襟见肘"的窘状。这种以"人头费"来拨付资金的方式，不利于机构日常服务项目的运作，导致社工收入偏低，缺乏激励效应。

（三）政府购买社会服务缺乏有效监管

现阶段，政府购买社会服务正处于试点阶段，相应的规章制度尚处于试行阶段，其效果还未能很好地显现出来。由于缺乏实践经验，相关的指导性意见往往缺少指导性、具体实施方案缺乏可操作性、考核评估办法不完善，与之相对应的监管机制也还没有完全确立起来，很多政策措施落实不到位。

政府购买社会服务监管不力体现在两个方面。一方面是政府对服务机构的监管。由于服务提供者与服务使用者之间、服务提供者与监管者之间存在信息不对称，造成受资助的服务机构可以通过向监管机构提供有利于自己的虚假信息而使监管者制定有利于自己的政策。我国尚未建立专门的社会服务督导机构和投诉处理机制对服务机构进行有效的监管。另一方面是社会公众和民间组织对政府的监管。由于近年来我国积极推行社会福利社会化工作，一些地方政府没有处理好政府责任与社会化的关系，以及公益性与市场化的平衡，热衷于推行社会服务提供的市场化，甚至利用在特许经营权的审批、厘定服务价格和评估服务成效方面的权力谋取私利。对此，社会公众和民间组织也无能为力。

(四) 政府购买社会服务机制不够完善

在社会服务领域，政府以试行"购买服务"的方式来满足社会需求，对于民间组织来说是一次机遇。但由于政府购买社会服务的制度尚不健全，使不少民间组织担心引发新的不公平，甚至产生新的恶性竞争。

部分民间组织反映，政府的财政拨款只给指定的官办组织来支配，很少分配给承担了最基层服务的众多民间组织。因此，从硬件的设施设备、服务场地来看，民间组织无法与"实力雄厚"的官办组织抗争，但民间组织比较起官办组织，它有更多的灵活性和创新性，因生存需求，更注重服务质量的提升和人力资源的培育[1]。虽然政府承诺在向民间组织购买服务时，主要考虑机构信誉、服务人员的水平和服务质量等因素确定服务机构；但民间组织担心政府官员作为掌管资源的人，由其选择服务提供者，又没有第三方组织对政府的招标行为进行有效监督，服务机构能否中标凭的是与政府的沟通关系，而不是机构实力或需求迫切与否。

四 完善我国政府购买社会服务模式的对策

(一) 建立行业协会，扶持民间组织的发展

我国民间组织在能力建设上面临的任务很艰巨，无论是自上而下还是自下而上的民间组织，都普遍存在经费不足、人才缺乏、制度不健全、管理低效率的问题，这些问题阻碍着民间组织的发展。

在这方面，香港的经验值得我们借鉴，香港的非营利组织数量众多，但为了整合资源，慈善机构和志愿组织不再各自为政，而是在政府的客观主导下形成一个整体，为市民提供各种服务，其中多数机构参加了香港社会服务联会，或者成为香港公益金会员机构，开始树立整体的形象。我国的民间组织力量比较薄弱，可以效仿香港的做法，建立行业协会或服务联盟，一方面可以更好地与政府对话，争取更多的资源；另一方面可提升自

---

[1] 北京慧灵智障人士社区服务机构网站，倡导政府购买 NGO 组织服务透明化会议纪要（广州），http://www.huiling.org.cn/html/hyjy_563_1312.html，2008年9月6日。

身的公信力，制定行业互律机制，促进社会服务机构的发展。

我国政府对民间组织的扶持，不仅要在经费上提供支持，还要改革社会团体的双重管理体制，降低民间公益性组织的准入门槛，探索建立民间福利服务机构直接向民政部门申请登记的制度，为其发展提供更加宽松的环境。当提供社会福利服务的非营利组织获得发展，数量增加以后，政府可以扶持、鼓励多个非营利组织之间形成竞争，通过竞争达到提高政府购买服务资金的利用率和提高福利服务水平的目的。竞争也有利于社会各种力量对福利服务形成比较和监督，从而保障政策的长期有效性。随着民间组织提供社会服务数量的增多和专业化水平的提高，政府在社会服务领域也应让渡更大的空间，并最终形成民间组织作为社会服务的主要提供者的局面。

（二）加大财政投入，鼓励福利服务的社会融资

当前，我国政府公共财政对社会福利服务投入不足，并不能充分体现政府的主导作用。政府应该加大投入结构调整和财政转移支付的力度，而且在财政能力允许的情况下，可以扩大购买的服务内容，鼓励民间组织开发形式多样的服务项目。通过加大政府的购买力度，吸引更多的民间组织参与社会福利服务事业，从而引入竞争机制，提高服务效率。在福利服务经费方面，香港可以给内地参考的地方就是，将社会福利服务的投入资金纳入财政预算，并构建一个完整的财政资助模式，成立专门的机构督导财政经费的使用。

此外，政府和民间组织应调动社会各方面慈善捐赠的积极性，吸引社会公众参与社会福利服务事业。社会捐赠给社会福利事业的钱如何运作，同样是一个重要课题。香港的做法值得借鉴，为了加强慈善筹款活动的透明度和问责性，社会福利署出台了《慈善机构筹款活动最佳安排参考指引》和《慈善筹款活动内部财务监管指引说明》，廉政公署制定了非政府机构《防贪锦囊》和《非政府福利机构纪律守则样本》。社会人士可以参考这些指引，借以衡量慈善机构举办筹款活动时的表现。除了政府必须立法建立强有力的监督机制，社会公众对福利服务的捐赠款项进行有效的监督，慈善组织也应提高自律能力和社会公信力，同时开展形式多样的筹款

活动以吸引社会公众的参与。

(三) 加强政府监管，构建社会服务的评估体系

政府购买服务是否能够成功和民间组织的服务表现密不可分。政府为民间组织提供经费，就要负责监管服务提供的情况和评估受资助机构的服务成效。香港政府不仅在法例或提供经费时对受资助机构有很高的问责要求，还鼓励非营利组织通过必要的行业规范与公共道德来加强彼此的交流、合作与相互监督，良好的自律机制和行业互律机制，是非营利组织发展必不可少的组织内部和行业外部的先决条件。香港对社会服务的质量有很高的要求，因此主要由社会工作者提供服务。香港社会工作人员协会负责提高社会工作的专业水准，制定专业道德守则，社工注册制度则是对从事社会工作人员的一种专业认证。提供社会服务的非营利组织或私营机构的资质认证在发达国家和地区同样是必不可少的条件。香港社会福利署下设牌照事务处，统一处理安老院牌照事务处、幼儿中心督导组和药物依赖者治疗康复中心牌照事务处的发牌工作，以确保可以善用资源和专门知识进行资质认证工作。

评估体系的建立包括服务质量标准的制定和评估程序。香港有一套完整的服务表现监察制度，社会福利署与受资助机构共同制定《津贴及服务协议》及《服务质素标准》，以厘定及评估服务表现。香港经验可供参考的是，首先应该制定科学、完整和可操作的服务标准，为服务机构提供指引。其次，评估必须遵循一定的程序和标准，由服务机构自我评估和评估主体审查两个阶段构成，评估主体可以是政府，也可以是政府确认的有资格的组织或个人。再次，公布评估结果，对不符合质量标准的，需要制定实施措施进行改进；不同意评估结果的，应该有申辩的机会和机构。最后，评估应与资助挂钩，通过评估的服务机构，可以作为获取政府或其他来源的资金的基本条件。

(四) 提高政府问责，完善购买社会服务的程序

问责不仅是对服务提供者的要求，政府作为服务购买者也必须就财政拨款安排及资金的使用情况接受公众的问责。在香港，根据《公共财政

条例》和《整笔拨款手册》，社会福利署署长需要对津贴分目下的所有开支负责及承担问责性。社署会进行服务表现评估及审核，并向机构管理层指出任何运作上的不当现象，提出建议修正及改善的办法。社署署长必须负责向立法局辖下政府账目委员会，解释及交代经审计署署长发现在整笔拨款分配方面出现任何不当或管理不善的情况，或对于机构运用拨款方面的系统、效率及成效的任何问题。对于受资助机构运用公共资源以执行职务时所达致的经济效益、效率及成效，审计署署长有权进行他认为合理的审查。如审计署发现机构未能符合整笔拨款及《津贴及服务协议》的规定或没有审慎地运用公共资源，机构董事局主席及机构管理层首长可能需与社署署长一起出席政府账目委员会的研讯。政府对社会福利服务的财政投入情况和接受政府资助的非政府机构名单及资助额均会在社会福利署网站上公布。

从2001年起，社会福利署采用邀请提交建议书、竞争性投标或原址扩展服务①的方式，向非政府机构批出新的福利服务。社署会为评审服务建议书设立一个评审委员会，委员会的成员包括社署、服务使用者、非政府机构和劳工及福利局的代表。社署会先根据一套既定的评分制度评审每份建议书，然后才向评审委员会提出建议，供其做出最后决定。我们可以借鉴的是，应该建立社会福利服务法律框架确保政府的问责性和完善购买社会服务的程序以提高透明度。另外，政府应建立"听证"制度，听取社会服务机构、专业人士和社会人士，以及利益相关者的意见。在政府购买社会服务方面，首先，政府相关部门和专门的社会服务采购办公室负责收集资料，确定购买的服务范围。其次，政府公开公布购买的服务及筛选标准，并为有意竞投者提供指引。再次，公开招标，实行开放性申请。复次，可以成立由政府、服务使用者和民间组织的代表及专家组成的第三方评审委员会，评审委员会公开公正公平地评估不同的社会服务组织，包括民办、半官方或官方组织，根据综合结果给予民间组织和官办组织一样享

---

① 新做法在1999年及2000年试行。"邀请提交建议书"是指社署邀请合适的非政府机构提交建议书，按社署厘定的资助额营办某项服务。"竞争性投标"是指通过公开竞投的方式，按固定的成本向非政府机构及私营机构批出服务。"原址扩展服务"则指有关的非政府机构在传统服务单位扩展其服务。

受财政拨款的权利。最后，公布招标结果，接受社会监督。

结　语

　　社会服务是当代福利国家社会政策的重要内容，然而我国学术界、社会公众和实践工作者对于社会服务都知之甚少。目前，只有少数城市在社会服务领域尝试政府购买社工服务或居家养老服务等。政府购买社会服务的方式主要有三种：使用代用券、购买服务岗位以及购买服务项目。政府购买社会服务的资金来源主要是税收收入和行政事业性收费或者彩票公益金收入。总体而言，我国政府购买服务在实践中还存在许多问题：民间福利服务机构力量薄弱，政府购买社会服务经费不足，政府购买社会服务缺乏有效监管，政府购买社会服务机制不够完善等。为了继续发挥社会服务的作用，满足人们不断增长和多元化的需要，我们应从以下几方面着手完善我国政府购买社会服务模式：建立行业协会，扶持民间组织的发展；加大财政投入，鼓励福利服务的社会融资；加强政府监管，构建社会服务的评估体系；提高政府问责，完善购买社会服务的程序。

第十二章 社会服务购买中的政府与社会组织——福利多元主义的视角

一 研究问题的提出

社会服务，或称社会福利服务、个人社会服务或社会照顾服务，是发达国家和地区社会政策及社会保障的重要内容，是社会政策的实现载体、公共服务的组成部分，也是社会福利水平的衡量标志（岳经纶等，2011）。从理论上讲，社会服务可以理解为实现社会权利和个人自主性的一种方式，完善而适切的社会服务能够减少对个人能力的限制，提升个体潜能，促使个体实现全人发展。作为调整收入再分配的方式之一，社会服务可以为包括低收入者在内的弱势群体提供现金之外的帮助，从而达到政府保障民生的目的。从实践来看，作为社会保障体系的重要组成部分，社会服务不仅服务于儿童、妇女、老年人、残疾人和贫困人士等弱势群体，还面向有特殊需要的普通居民，如药物滥用者、家庭暴力的施虐者及受虐者等，同时也面向一切有需要的社会成员。

进入 21 世纪以来，随着政府执政理念的转变，加强社会建设和创新社会管理成为各级政府新的施政目标。在这种背景下，一些地方政府，尤其是沿海经济发达地区高度重视社会福利服务的发展，并且在社会服务领域尝试引入政府购买服务机制，将其作为社会管理创新的重要举措[1]。所

---

[1] 各地具体做法可参考各地市社会组织及社会工作网，如 http://dgsg.dg.gov.cn/publicfiles/business/htmlfiles/gongzw/sgws/201208/539442.htm。

谓政府向社会组织购买服务（Purchase of Service Contracting，POSC），是指政府将原来直接提供的服务事项，通过直接拨款或公开招标方式，交给有资质的社会服务机构来完成，最后根据择定者或者中标者所提供的公共服务的数量和质量，来支付服务费用（王浦劬等，2010：3~4）。概括地说，POSC 是一种"政府承担、定向委托、合同管理、评估兑现"的新型政府提供公共服务的方式（康晓光、冯利，2011）。1995 年，上海浦东新区的"罗山会馆"模式，是中国政府向社会组织（NGO）购买公共服务探索的最早尝试。2003 年以来，上海、北京、无锡、浙江、广东等地方政府向民间组织购买公共服务的探索不断增多，形式多样（贾西津等，2009）。政府向社会组织购买公共服务的方式越来越多样化，流程越来越规范，内容越来越丰富，并取得了一定成效。

可以说，随着社会服务的发展，政府购买服务的政策实践正呈现一片繁荣景象。然而，现实是否真的令人乐观？政府购买服务是否如其所宣称的那样政府愿意真正放手让非营利组织参与更多社会事务，并为 NGO 发展让渡更多空间，抑或只是一种姿态？本章将以 G 市政府购买服务为例，运用福利多元主义的视角进行研究，探讨政府与 NGO 在混合福利服务的不同维度中究竟是如何互动的，这种互动是否能够带来二者平等的伙伴关系，以及政府购买服务的制度设计所期望的服务成效是否能够真正实现。

二 福利多元主义分析视角

随着政府购买社会服务实践的广泛发展，近年来，来自不同学科背景的国内外学者和实务者对这个问题倾注了极大的热情，各类经验和规范研究文献井喷式出现。现有文献主要聚焦于以下三个问题：①政府为何要向社会组织购买公共服务；②政府向社会组织购买服务这种公共服务的供给方式的利弊；③社会服务政府购买中的政府与社会组织之间的关系。

购买服务中政府与社会组织的互动关系和合作模式是许多学者关注的议题。一些学者（Girdon et al.，1992）根据经费与服务递送的提供发展出四种关系模式（见表 12-1）。也有学者从非营利组织行为的经济学理论观点来分析非营利组织与政府部门互动模式,将之归纳为单纯地作为政府的补充(supplementary)、在合作中与政府互补(complementary)和与政府在相互责任中对抗(adversarial)三种模式(Young,2000)。有学者(Najam,2000)从目标与手段两个方面观察非营利组织与政府的互动,提出了4C模式(见表12-2),在双方目标一致的情况下,会因彼此所采取策略的相似与否而产生合作或互补的关系模式。由此可见,在社会服务递送的目标前提下,有无经费补助乃是促成非营利组织与政府互动的要素之一,若政府给予非营利组织经费补助,则双方在手段类似的情况下容易产生合作的伙伴关系(林淑馨,2008)。不管好坏,以共同利益为基础的政府和非营利部门的合作业已成为当前国家选择处理日益复杂的社会需求问题的路径。奥斯本和盖布勒(2006)根据公共服务的生产与供应相分离将NGO与政府合作的方式分为合同出租制、公私合作、凭单制和使用者付费制。台湾学者黄源协、萧文高(2006)根据社会服务契约的形成区分为招标和补助两种模式。武继兵和邓国胜(2006)在研究NGO参与扶贫问题时认为政府与NGO常见的合作模式主要有平行合作模式、咨询模式、监督模式、交流模式。他们认为,从所有者与经营者的角度划分,政府与NGO的合作模式又可以分为官办民营、民办官助、官民共建、民办官营和NGO示范政府推广模式等。闫伟(2007)则论述了五种模式,即"转变现有的服务机构管理体制模式、授权委托模式、直接资助模式、服务合同模式、补贴模式"。曾永和(2008)提出了费随事转、项目发包形式、公开招标形式三种模式。乐园(2008)从公共服务购买的案例入手,根据购买过程中政府部门与民间组织的关系是独立性的还是依赖性的,以及购买程序是竞争性的还是非竞争性的两个维度,总结出四个模式,分别是依赖关系非竞争性购买、依赖关系竞争性购买、独立关系非竞争性购买、独立关系竞争性购买。这种分类模式广泛被学者引用,贾西津等(2009)、王浦劬等(2010:19)都借鉴了这种划分方法。王浦劬等(2010:17~19)在此基础上总结出政府向社会组织购买公共服务的三种方式:合同式、直接资助式和项目申请式。韩俊魁(2009)根据服务的资金筹集和授权、服务的实际供给两个关键要素,认为政府和NGO的关系有四种模式:政府支配模式、非政府部门支配模式、双重模式、合作模式,其中合作模式又分两种:合作的卖者模式和合作的伙伴关系模式。在此基础上,他把购买模式总结为竞争性购买、体制内吸纳、体制外非正式的按需购买。

表12-1 社会服务供给中政府与非营利组织关系模式

功 能	政府主导模式	双元模式*	合作模式	非营利组织主导模式
经费提供者	政府	政府与非营利组织	政府	非营利组织
服务提供者	政府	政府与非营利组织	非营利组织	非营利组织

*所谓双元模式强调的是政府与非营利组织各自提供服务,既不互相干涉,且在经费上也无交集;而合作模式,指双方各司其职,由政府出资,提供经费,非营利组织则负责提供实际服务。

资料来源:Girdon, B., Kramer, R. M. and Salamon, L. M._Government and the Third Sector: Emergong Relationships in Welfare States_, San Francisco, CA. Jossey - Bass Publishers, 1992。

表12-2 非营利组织与政府互动关系模式

手段＼目标	相 似	差 异
相 似	合作(cooperation)	竞逐(co-optation)
差 异	互补(complementary)	冲突(confrontation)

资料来源:Najam (2000)。

从以上文献梳理可以发现,政府向社会组织购买服务的具体方式多样,各地在实践中探索出了一些颇具特色的购买模式。综观国内外学者的观点,许多学者对POSC购买方式的分类维度和特征描述是相互借鉴、彼此共通的,不同之处在于采取了差异化的话语处理方式。尽管如此,我们仍然从这股研究的热潮中窥到了一个事实:正是因为政府和社会组织在服务购买中存在错综复杂、千丝万缕的关系,学者们才能如此游刃有余。为此,公共行政和政策、NGO、社会工作以及其他领域的学者和实务者呼吁更充分地研究政府和NGO之间关系的复杂性(Van Slyke,2002)。

本章认为,目前在中国广泛开展的政府购买服务政策实践,尽管涉及公共管理的创新与政府职能的转变,但是,就其实质内容而言,更多的是关乎社会福利、公众福祉,因此从社会福利视角切入进行研究,显得更为适切。此外,现有文献从各学科背景出发的解释不论是关系模型的类型学划分还是对互动机制的讨论，大多是基于购买服务的"递送"维度进行的焦点讨论，但政府购买服务中政府与NGO的互动维度实际更为多元，而福利多元主义恰好为研究准备了这样多维的框架。

有关福利多元主义的讨论，有些著述主要从时间角度对福利多元主义进行分析（Finlayson，1993；Gladstone，1995；Page and Silburn，1999），而有些学者则以空间为坐标对福利多元主义的变化进行考察（Johnson，1999；Ascoli and Ranci，2002），当然还有研究从福利多元主义中的单个组成要素入手进行分析（Brenton，1985；Johnson，1995；Taylor，2003）。这些讨论大多只是关注福利的供给，容易陷入一种单一维度的分析，"分析的重心往往在一棵棵独立的树木，而非一整片森林，或者说拼图的每一块都有涉及，但是很少将板块拼起来去观察整幅图景"（鲍威尔，2011）。

尽管从供给的角度分析福利混合十分重要，但研究者们仍认为有必要超越单一维度的讨论，将其他要素纳入考察范围。有学者根据各自的研究提出了福利多元主义的双维度分析，在"供给"之外，加入了"融资"（Judge，1982；Knapp，1989；Glennerster，2003）。双维分析框架与单维框架相比，更加丰富，并能更详细地勾画出福利多元主义中实现从国家向市场转变的多种不同的路径。尽管如此，双维度框架仍存在一个主要问题，即国家与私人的界限是互相渗透和含混不清的（Spicker，1988；Miller，2004）。为此，马丁·鲍威尔（2011）主张在对福利多元主义进行分析时采取三维度的分析框架，即包括供给、融资和规制三个维度。鲍威尔认为，规制并不算是一个新鲜实务，早在罗马时期就已经存在出于社会目的对价格与生产进行控制的现象，但在社会政策的研究中，尽管对某些领域的规制存在已久，但对规制的讨论却往往受到忽视。规制实际上与某种程度的控制或权利相关联，通过某种形式改变对象的行为，将其塑造成期望的方式。正因为规制通常与权力相连，所以政府通常成为规制最主要的操作者，也因此使政府更多地扮演掌舵的角色而非划桨。当然，也有现象表明，规制不仅限于政府，也可能是专业性的自我规制（self-regulation）。

从最初的单一维度（供给）到供给与融资的双维分析再到新近包含

融资、供给与规制的三维分析框架，对福利多元主义的考察变得更加立体多维。作为福利多元主义发展重要趋势的政府购买服务，其研究也深受此分析框架的影响。因此受到三维度分析框架的启示，本研究将以 G 市全面推进的政府购买服务为背景，从融资、递送与规制三个维度出发，对政府购买服务进行全景式考察，尝试诠释在此过程中政府与 NGO 的互动关系。同时考虑到政府购买服务的基本前提假设，本章也会加入对竞争前提的讨论，因此研究分析框架如图 12-1 所示。

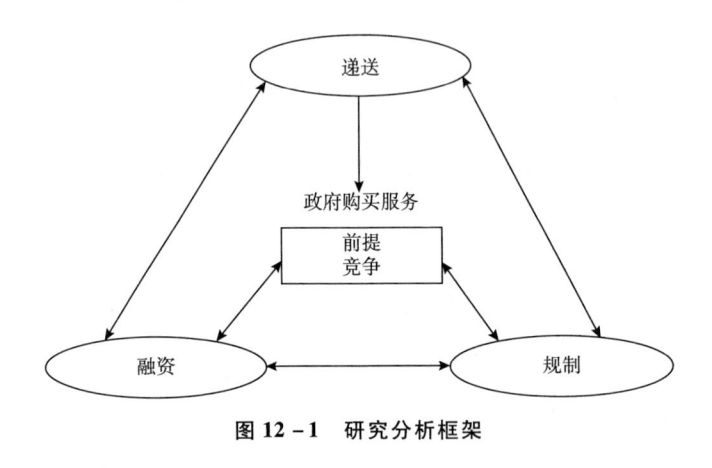

图 12-1 研究分析框架

三 案例：G 市政府购买服务的实践

1995 年，上海浦东新区社会发展局委托上海基督教青年会管理浦东新区罗山市民会馆，这被视为中国政府向非营利组织（NGO）购买服务的最早探索。尽管起步晚于上海，G 市政府购买服务的尝试涉及范围更广、规模更大，政府投入更多。为使民众需求得到适切满足、社会问题得到及时解决、社会矛盾得到全面化解，G 市不断加强政府社会管理，提升公共服务水平，加快推进政企分开、政事分开、政社分开，着力转变政府职能，尝试将一些事务性、服务性的工作交由 NGO 承担。早在 2008 年，当绝大部分民众对社会服务与社会工作的认识尚处于空白的时候，G 市团委已先行先试，采用政府购买服务的形式率先在全国开始了青少年事务社会工作者试点工作。2009 年，G 市确定了 33 个政府购买社会工作服务试点项目,其中市本级 7 个,各区、县级市 26 个,市区两级财政投入和彩票共资助 2344 万元,以保障试点项目顺利开展。同年 G 市市长率团考察了香港社会管理服务情况,并召开了"学习借鉴香港先进经验,推进我市社会管理服务体制改革先行先试"专项工作会议,稍后公布实施了《关于学习借鉴香港先进经验推广社会管理体制改革先行先试的意见》(以下简称《意见》),《意见》作为推进 G 市社会管理改革与创新的纲领性文件,明确学习借鉴香港先进社会服务与管理经验,改变过去政府"大包大揽"的社会管理改革思路,并将"党委领导、政府负责、社会协同、公众参与"作为改革总体目标。重要的是《意见》将开展政府购买服务项目试点、建立健全政府购买服务制度及加强社工队伍建设、促进社工发展纳入制度化轨道。

2010 年 7 月 21 日,G 市民政局与 G 市财政局联合印发了《推进我市社会管理服务改革开展街道社区综合服务中心建设试点工作方案》(以下简称《方案》),根据各区(县级市)的申报,《方案》确定全市首批 20 条街道开展家庭综合服务中心试点,由市区财政合理安排 4000 万试点资金。2011 年 9 月 23 日,G 市出台了《关于加快家庭综合服务中心建设的实施办法》,要求到 2012 年上半年,全市每个街道至少建成 1 个家庭综合服务中心。截至目前,G 市 132 条街道已基本完成家庭综合服务中心的建设,每个家庭综合服务中心都由相应的 NGO 负责运作及服务供给。

政府购买服务需要政府与 NGO 共同参与,在 G 市的实践中,政府除了出台一系列政策文件提供制度保障外,从财政投入来看,从 2008 年至今,市区两级政府用于购买社会服务的经费也在逐年增加,累计超过 5 亿元。对承接服务的 NGO 而言,伴随着政府购买服务的推进,也经历了一次"井喷式"的发展。G 市规定承接服务的机构需要是专业社工类 NGO,而此类机构在 2008 年之前几乎是空白,为了配合服务承接的需求,G 市专业社工类 NGO 迅速完成了从无到有,由少到多的转变,如今,此类机构已接近 200 家。

与其他地区相比,经过 5 年发展,G 市政府购买服务制度更完善、财政投入更稳定,参与承接服务的 NGO 规模也更庞大、背景更多元。综合来看，G 市政府购买服务实践能够为我们呈现政府与 NGO 之间更为丰富、生动的关系形态，因此，研究选取 G 市为研究场域。

四 竞争：缺失的前提

从欧美国家政府购买服务的经验来看，政府之所以选择向非营利组织购买服务，很大程度上是受到新公共管理思潮的影响，基于"降低服务成本""提高效率"的考量。它们沿着新自由主义和新保守主义的思路，推动公营服务私有化以缩小政府规模，同时引入市场机制吸引社会资本和民间力量，试图提高公共服务的效率和效能（岳经纶、温卓毅，2012），并在此过程中建立了良好的问责机制及权力规范机制。然而这一切的发生都基于一个不可忽视的前提，即公民社会在这些福利国家具备相对悠久的历史，社会福利机构的发展也相对成熟，非营利的慈善组织在福利国家之前的福利供给中已积累了较为丰富的经验。以英国为例，其慈善事业兴起于中世纪，宗教的道德约束以及乐善好施的文化传统催生了众多为无劳动能力和遭遇社会危机的人提供服务和资助的慈善组织（丰华琴，2010）。大量经验丰富而成熟的非营利组织为政府购买服务中竞争机制的引入准备了良好的外部条件。

如今政府购买服务已是一个全球的或全球化的现象，尽管如此，它同时也是一个具有地域性、多重动因和影响并引起长期激烈争论的现象（敬乂嘉，2009）。反思本土情境，中国政府推行购买服务的准备条件尚显不足。受计划经济时期福利制度的影响，非营利组织一直在中国内地社会政策和社会福利领域缺位（岳经纶，2010c）。中国官方语言中与非营利组织相近的概念是社会组织，按照官方定义，社会组织包括基金会、行业协会、民办非营利组织，但在现实情境中，由于受到国家依附性路径和财权上移、事权下移的政府间服务提供机制的影响（敬乂嘉，2011），国内诸多所谓的社会组织都存在"组织外形化"现象（田凯，2004）。所以，中国 NGO 的发展实际尚处于起步阶段，尤其是专门从事社会服务的 NGO 更为稀缺，而 NGO 的先天发育不足直接导致了政府购买服务发展逻辑的偏差。

在此背景下，G市在推行购买服务过程中，也面临同样的尴尬。按照G市政府购买服务的政策规定，承接服务机构必须是专业社工类NGO，当时需要全面推开家庭综合服务中心的街道有132条，而专业社工类NGO却只有20多家，并且也都只有1~2年的服务经验，出现了严重的"供不应求"现象，按照这一比例，显然无法引入"竞争机制"。为了破解这一限制，G市出台了《G市扶持发展社会工作类社会组织实施办法》，并在实际操作中降低此类NGO登记门槛。政策支持及购买服务经费的刺激，使G市专业社工类NGO呈现激增状态，在1年多的时间里，由20多家发展到近200家，这些机构背景既包括高校、草根NGO，也包括基层政府、各类企业（教育集团、商业集团、咨询公司、小型商企等）。如此数量众多、背景多元的专业社工类机构并未给"竞争"创造良性条件，反倒使这个"准市场"环境更加令人担心。

NGO在数量上的繁荣并未能够给竞争积累更多正向能量，而且购买服务的招投标机制本身也很难发挥筛选、择优功能。在实际操作中，无论是购买方还是承接服务方大多将竞标过程视为"走过场"，因为中标的关键不在招投标过程，而在于竞标前双方是否能够达成"共识"，街道是否对承接服务机构感到"满意"与"放心"。这种竞标前合作，对于一些奉行"不求无功，但求无过"的基层政府而言，既能够降低日后合作中可能的风险，也在一定程度上为其提供了寻租空间。对于有意承接服务的NGO而言，为能够确保最终取得服务承接资格，通常的策略都是"委曲求全"，包括为街道准备招投标文件、在签订合同前无偿为街道提供服务、派出社工协助街道行政工作等。这种"竞标前合作"在一定上奠定了合同双方不对等的关系基础，NGO的话语权面临被消解的危险，同时也助长了机构间的不正当竞争。

五 递送：机构异化及服务投机

G市政府之所以将大量专业社工NGO引入社区，是基于对社会工作专业理念与服务介入技术的认可，相信政府购买服务在策划和递送社会服务时允许更大的灵活性和选择，并且能够提供一种摆脱"政府机构在人员、预算和其他关键要素上所强化的严格控制"的途径（Judge，1983）。但在实际运作过程中，承接服务机构能否达到政府对于服务品质的期待却有待商榷。这主要是由政府购买服务过程中专业社工机构的异化而引起的。这种异化主要表现在"去志愿化"和"非专业化"两个方向。

"去志愿化"主要是指 NGO 变得日益正式化、职业化，同时在机构的服务中减少志愿者的作用。这在 Q 机构非常明显，它原来是 G 市最大的民间青年志愿者组织，其负责人从 2000 年参与志愿服务开始，将志愿服务队伍由十几名志愿者发展到现在的注册志愿者 4 万人。在接受政府购买服务之前，Q 机构十分重视公众参与，注重挖掘社区归属感和参与感，因此在日常运作中都非常强调志愿者的招募和参与，甚至组织管理委员会成员都是以志愿者身份参与机构的管理与发展规划。但由于不是独立的法人身份，没有账号、公章，在拓展志愿服务时，无论是捐赠还是项目拓展几乎处处受限。并且由于 G 市目前政府购买社会服务的资金安排也主要投放在由专业社工类 NGO 承接的家庭综合服务中心，为了突破发展所面临的资金瓶颈，该志愿组织几经周折"转型"成为符合政策规定的专业社工类 NGO，为保证在家庭综合服务中心竞标中能够成功，Q 机构负责人甚至将每年的服务工时报至 38000 个小时。承接政府服务后的 Q 机构，面对日益精细化的管理要求和服务效率压力，不得不重视所谓的专业社工的包装。然而，专业社工服务并非 Q 机构的专长。为了组织生存和发展，为了分得政府购买服务的"一杯羹"，Q 机构不得不在一定程度上放弃擅长的志愿服务。可以想象，在这种情况下，Q 机构所提供的服务必然是在"志愿"与"专业"间游走，少了草根时代的自主性，更多地受到服务契约的限制。尽管如此，Q 机构的转型在很多草根 NGO 眼中却是一次"华丽转身"。这些在契约文化中生存的转型 NGO 所改变的品质，诸如自主而灵活、贴近社区居民等，正是它们作为服务递送者最吸引人的地方（Kramer，1994）。

在服务递送过程中，与"去志愿化"相反的机构异化现象是工作人员的"非专业化"，导致 NGO 在服务递送中人员"非专业化"的原因是多方面的。首先，绝大部分承接服务的 NGO 对政府资助缺乏稳定的预期，为了应对服务终止可能带来的风险，通常做法是在人员成本上进行调整，使用低酬工作人员成为 NGO 服务递送过程中经济性来源的基础。正如 Kramer 与 Grossman（1987）研究所得结论，NGO 所采取的策略包括：雇用当地志愿者、底薪辅助人员、实习生，雇用能够在一定程度上胜任工作的低酬兼职人员，利益相关的"顾问人员"，以及为了保证工作愿意接受较低报酬的"分包商"或"私有职业"的专业人员（Kramer and Grossman, 1987）。在调研中了解到，有的家庭综合服务中心，NGO 在所有工作人员中只配备了 1 名社工专业出身的工作人员[①]。其次，专业社工的"弱专业性"促使机构采取"非专业化"策略。这一因果关系从理论上似乎显得有些荒诞，但在众多 NGO 及作为购买方的街道看来却有现实的合理性。由于社会工作在国内起步较晚，其专业教育与本土情境的结合亦有所欠缺。当刚刚毕业一两年的年轻社工进入社区开展服务时，其所学专业理论知识往往由于社工个人经验不足而难以短期内在本土网络中施展。专业社工的弱势却是传统社区工作者（大都是社区居委会工作人员）的优势，他们大多在社区生活、工作几十年，对社区资源、关系动力、权力网络有较为清晰的了解，凭借多年工作经验以及在居民中积累的威望，通常能够在短时间内顺利进入社区、开展工作。专业社工与非专业社区工作者的个体差别，让急于向购买方展现服务成效及证明自身专业性的 NGO 选择在不违反政策文件规定的情况下，尽可能多地聘请有工作经验的传统社区工作者。曾有机构在某个领域的服务中，所谓的专业个案全部由非专业的社区工作者负责，尽管其介入技术并不专业，但对承受指标压力的机构而言，起码在服务数量上有所推进，而专业社工主要负责一些文娱康乐类小组或社区活动。在整个社会对社工还没有清晰概念时，社工个人的表现可能直接影响到相关方面对整个行业的认知与判断（黄国基，2012）。当年轻社工未能在短时间内熟悉社区、开展专业工作时，对服务充满期待的街道甚至 NGO 自身都在不同程度上对社工行业本身的专业性及服务成效产生怀疑。

从社会工作专业角度出发，社工类 NGO 与传统政府提供服务相比，

---

① 按照相关政策规定，每个家庭综合服务中心，至少应该有 20 名工作人员，其中专业人员约 14 名，社工专业人员约 10 名。

它强调以服务使用者为本，尽可能平等而全面地服务于有需要的群体，与服务使用者建立更为直接的联系、提供更加多元化的服务和方案，使他们能够不受歧视地接受标准化服务，同时在服务过程中服务使用者也由消费者转为参与者，拥有更多选择服务的权利。然而在 G 市购买家庭综合服务中心服务的实践中，由于递送过程中的机构异化，一些 NGO 难以在专业服务上有所突破，但为了应对政府契约的要求，同时为了帮助街道和机构自身争取更多专业形象资本，NGO 在服务递送中会采取一些更为投机性的策略，较为典型的策略即"案主奶油化"（client creaming），主要是指作为服务提供者的 NGO 在选择和服务需要最迫切的案主时，利用它们的信息优势，挑选那些服务成本最低或最易治疗的案主，以此证明其成本效益或对成效进行美化（Van Slyke, 2002）。这一策略因其能够凸显街道购买服务成效，因此在对外宣传中，较易获得街道认可，但在契约管理过程中，却使街道对专业社工的认知和评价造成严重的负面影响，对 NGO 自身及服务使用者的长远利益产生严重危害。

六 融资：制度限制与资源依赖

Kramer（1994）的研究表明借助于政府购买服务的经费资助，很多 NGO 得以维持或扩大规模，并能够使常规服务变得更加多元，如果没有政府资助，这些都不大可能实现。的确，G 市 NGO 从无到有，从小到大，这种变化与政府购买服务不无直接关系。正因如此，像 Q 机构这类草根 NGO 的"转正"也被 G 省视为典型案例准备推广，其典型意义就在于"能够解决组织运作经费问题"。然而，人们对待政府购买服务资助制度态度是否过于乐观？长期的资助是否会成为非营利机构的"阿喀琉斯之踵"，给 NGO 带来"致命"后果？

目前 G 市政府购买服务的经费投放并非"一视同仁"，资金主要投放到各条街道的家庭综合服务中心，基于家庭综合服务中心服务性质的考虑，对服务机构的要求相对综合、全面。由于政府购买服务较少顾及一些从事专项服务的 NGO，为了分得"一杯羹"，这些 NGO 只能以自身的"万变"应对政府的"不变"，一些专项服务领域的 NGO，为获得政府资助，而选择放弃专长。机构的目标与使命相当于 NGO 的灵魂，是 NGO 管理者决策过程中最为关键的影响因素（Bernstein，1991），但在生存危机面前，NGO 不得不"折腰"，投入自身并不擅长的家庭综合服务中心。做出这类决定的 NGO 认为，"这是曲线救国，能够拿到钱，先活下来，比什么都重要，如果别人都这么做了，我们不做，那我们迟早要（被）淘汰，那时候什么使命也实现不了了！"

相比资助对象给 NGO 造成的困扰，服务购买资助程序的缺陷也让几乎所有调研中遇到的 NGO 心有余悸，并使机构在与街道的角力中最终只能选择"服从"和"依赖"。政府购买服务在进入正式实施环节之前必须要经过流程性的招投标以及现实中的"竞标前合作"。从最初的合同开发到合同审批通过，通常需要 3～6 个月的时间，这对 NGO 意味着巨大的成本。如果"竞标前合作"不成功，NGO 则面临方案不通过进而失去资助的风险，即使合同审批通过，时间的滞后也会造成资金流动问题、垫付服务经费等计划外支出，这些成本在合同中通常是不会获得补偿的，这对于一些小型 NGO 而言尤其难以承担，甚至会迫使它们放弃参与服务供给的竞争。NGO 只能将这笔支出视为"项目公关费"，"如果（机构）做的（令）街道满意，或许之后可以稍微补贴回一些经费给机构"。不仅如此，合同正式审批通过，首批项目经费拨付后，余下经费要经过项目评估合格后分期拨款。评估完成后，还要经历从市到区再到机构这样一个耗时极长的拨款过程，环环相扣的拨款程序使很多项目陷入"断粮"的困境（朱健刚、刘安娜，2013）。调研中 B 机构负责人的分享（见 001）较具代表性，也并非个案。这种"债主困境"会在一定程度上弱化 NGO 在专业自主性上的抗争，使其在服务内容、服务形式等专业问题上受制于购买方。专业社工，作为一个奉行公正、平等，为弱势群体赋权的职业，在行政架构下，甚至连自身权益也难以主张。

> 机构刚开始的时候，我们曾经与一条街达成初步合作意向，机构派出 3 名同事过去支持街道家综招投标前期的工作，前前后后有 5 个多月，所有人工费及活动费都是我们机构垫付的，街道一直也没说给也没说不给，但到后来，快要正式招投标的时候，街道却表示（家

综）不给我们做了，结果我们之前垫付的经费也要不回来了……

（想过通过法律手段争取吗？）

很难通过这么正式的手段，虽然机构不跟这条街合作了，还要跟其他街道合作呢，如果方法太激烈，也会让其他街心理有所顾忌跟我们的合作，所以也只能私底下要要看了。

（机构有过断粮的危险吗？）

这也是我们非常担心的事情，现在我们机构比较大，每个月出粮都要几十万，一旦资金不到位，就会有很大问题。这也是为什么我们机构争取多接家综的原因，东边不亮，西边亮，只要有一个项目有钱，我们可以在机构内部调剂……

——001

由于政府购买服务是合约制，所以都是有周期的，目前 G 市政府购买服务的周期通常为 1~3 年，这种时间限制通常使 NGO 永远处于一种获取资助准备的状态，而不是真正的服务状态。NGO 的管理者们随时都在为获取下一年的资助做准备，Peat 与 Costley（2001）在研究中发现一些 NGO 在合同执行最多只有六个月的时间便开始撰写方案的末期报告，而这些报告中关于服务成效的评估却是值得质疑的。G 市承接服务 NGO 的现状也再次印证了已有研究的结论。大部分 NGO 都设有规模不等的研发部或拓展部（名称有所不同），或者聘请人员全职负责或者从不同服务项目中抽调人员兼职负责，这些部门很重要的一项工作即是负责投标工作及标书的制作，经过多次实战的训练，制作标书已经成为 NGO 程序化的工作，几乎很少考虑合同标书的后续执行情况及服务的创新。不断的寻标、应标过程使 NGO 在运作中更加重视行政管理工作，并要求项目管理者更具企业家精神，具备与购买方搞好关系的能力，甚至 NGO 管理者的招募过程中完全不看重他的专业资格，完全是基于其行政技能与管理能力做出判断（Schmid，2003）。在现有资助制度的影响下，NGO 的管理者逐渐成为获取捐赠及资助合同的专家，成为一个售货员、说客甚至是一个气象预报员，他们持续监控各级政府社会服务优先权的政治风向。短暂的项目周期和项目的不确定性使 NGO 时刻处于生存危机之中，它们努力拓展项目，希望扩大自身的融资渠道，但政府之外，NGO 鲜少能够从其他方面获得资助，所谓融资的多元化，也只是承接更多的家庭综合服务中心服务，这使 NGO 在尚未摆脱对某一街道资源依赖的同时，陷入了对政府资助网络的更大依赖。

七　规制：能力不足与行政干预

对于政府购买服务来讲，好的"交易"不仅取决于是否签订合同、与谁签订合同，更重要的是合同签订从头到尾整个过程的管理，必须搞清楚"什么应该买？怎么买？以及如何判断已购买的服务？"要能够给出满意答案，关键在于政府是否是一个精明买家（Cooper，2003）。因此对政府来讲，将社会服务递送职责配给第三方，尽管降低了对政府直接递送的要求，但并没有消除甚至一定程度减少对政府管理的要求，只是改变了管理特点而已（Sullivan, 1987; Moe, 1996），政府管理由对服务直接递送的管理转向对合同的管理。这些合同管理经验包括政策专长，谈判、讨价还价和调节的技能，监督和项目审计能力，以及在复杂的政治环境中与第三方沟通的技能（Kettl, 1993）。显然这一切对接触政府购买服务不久的 G 市基层政府官员而言充满挑战。

G 市政府购买服务全面铺开后，所有街道家庭综合服务中心的购买经费都由所在各区政府承担，具体工作则由街道负责落实，正式的三方协议中也赋予了街道监督的权力。这意味着街道成为购买服务合同管理的主体。尽管在全市推进购买服务之前，市层面曾组织各试点街道（每街道 1 人）到香港参观学习，但大部分街道对何谓政府购买服务并不十分了解，对如何进行合同管理更是知之甚少。这在项目竞标阶段便能发现，很多街道并不清楚 200 万经费能够买到怎样的服务，所以它们或者直接按照市里的参考指标签订协议或将订立指标的权力全权委托日后承接服务的 NGO，让机构自己给自己确定服务指标。这种缺乏理性的合作从开始即为日后的合同监督、管理埋下隐患。在缺乏竞争及合同管理经验的情况下，随着时间的推移及对 NGO 的依赖，街道越来越担心"政府是否会成为服务提供者的俘虏（provider capture）？"调研过程中，有街道提到"虽然购买服务开始的时候好像我们街道比较掌握主动权,但现在服务真正开始了,我们感到很无奈,有时候我们希望了解一下他们(NGO)服务开展的怎么样?个案做得怎么样?他们的社工说按照专业要求需要保密,那我们也不好再说什么了"。然而NGO所展现的这种"专业姿态"并未能消除街道对合同执行情况的疑虑,反而迫使街道将对服务的监督、合同的管理统统转变成对机构的管理。既然不能检查专业文书情况,街道便要求机构提交活动通讯、服务简报,尽管社工本职工作会有文书要求,但"街道通常会有格式要求,交上去的通讯稿,要符合他们的格式",这些活动简报既有助于街道直观了解机构开展服务情况,又有助于街道"一鸡多尾",应对"不同线"(不同上级部门)的活动要求,既然这些活动通讯、服务简报对街道对外宣传、向上汇报工作都有重要作用,无形之中促使街道行政对专业服务的干预,例如,街道通常要求活动的规模可以再大一些,场面再热闹一些,参与人数再多一些。然而一旦专业社工在这些方面下足功夫,其在深入的专业服务方面势必会受到牵扯,服务的行政化也影响到其在社区专业形象的建构及街道、相关部门对其专业价值的评价。为了应对街道日常及专业评估中对文书工作的要求,有的NGO将专业社工与一般工作人员进行分工,一般工作人员负责"做",专业社工负责"写",有社工自嘲为"写工",甚至会对自我的专业认知产生怀疑"作为社工助人,到底'做'更重要,还是'写'更重要?"

为在合同关系中掌握主动,除直接文字汇报,街道也十分重视合同指标的跟进。这通常促使机构采取迎合性行为,在服务递送中并非以服务使用者的需要为本,而以指标为导向。目前G市所有家庭综合服务中心都设有不同的服务领域,其中一定包括家庭领域、青少年领域和长者领域,其他领域可以自选,因此NGO配置到家庭综合服务中心的社工也是分领域的。家庭综合服务中心的初衷是希望透过优质、综合的社区服务,巩固和强化家庭的支持功能,然而在实际服务递送过程中,为符合合同的规定或指标要求而将家庭"分割"的情况却时有发生。例如,青少年领域的社工在跟进一个青少年时发现其与父母之间也存在一些有待处理的问题,但因其父母按年龄段已不属于青少年,所以就将父母以转介的名义转给家庭领域,并且个案数记作3个,本应由社工协助重构的家庭系统,社工却在解构。然而社工并非不知道从专业上讲个体问题关乎整个家庭系统，应该一起处理。甚至在有些情况下，社工暗自将某个服务使用者视为个案，到了结案的时候，对方却不知道自己是个案，接受过社工的专业辅导。面对所有的非专业做法，社工的解释无非是出于指标的考虑。社工觉得"每天都在坚持专业与冲指标之间斗争"，专业与指标之间本该不存在如此激烈的冲突，但却因NGO的迎合性行为，使两者变得对立。不仅如此，缺乏弹性的合同监管，还有可能形成NGO的"同构现象"（isomorphism），进而模糊了所有提供者的差异（DiMaggio，1990）。最终NGO可能失去独立的组织身份以及与政府机构相比更为灵活的运作优势，而变成千篇一律的、冗长的官僚化流程。而无论NGO的同构化还是专业的行政化，都不是政府在社会建设创新过程中引入NGO提供服务所愿意看到的，由此可见，做一个精明买主并非易事。

结语　政府与NGO如何良性互动

本章借助于福利多元主义的三维分析框架，从递送、融资、规制三个维度对G市政府购买服务过程中政府与NGO之间的互动关系进行分析。基于前文的讨论，可以看到近年来借助政府行政力量的扶持和推动，专业社工类NGO得以大规模发展并获得了参与社会服务递送资格，同时也帮助一批草根NGO突破了机构发展过程中所遭遇的资金瓶颈。但政府与NGO互动所带来的影响并不如人们期待的那样乐观。首先，由于政府购买服务的"双重定向性"[①]，促使不少草根NGO迷失于急剧变化的环境中，为了争取经费或巩固机构的组织发展而开拓服务，为了稳定组织资源和服务运营而调整服务对象和方法，甚至在机构人员安排上呈现去志愿化或非专业化的趋势，以致舍本逐末（吕大乐，2010）。其次，当前的政府购买服务具有不完全的市场竞争性，并且政府与NGO之间也并未形成公平的双向选择机制，尽管专业社工NGO具有专业优势，但这种优势的界

[①] 政府购买社会服务服务承接机构必须是社工类NGO，资助项目主要集中在家庭综合服务中心。

限模糊并难以与行政力量形成对等的抗衡力量。在政府购买服务的经费资助制度及程序本身存在限制的情况下，NGO 的生存几乎完全依附于作为服务购买方的政府，它们只能让渡部分的自主权与专业性，采取实用主义的"委曲求全"与"迎合"策略，NGO 对服务使用者需求的关注被各级政府的偏好所替代。最后，购买服务过程中权力失衡的互动关系带来的不只是"强行政——弱专业"。作为服务监督方的街道政府尚未做好合同管理的能力准备，加之服务过程中 NGO 对专业原则的过度强调，往往使街道对合同的监管陷入被动，给双方互动造成"双弱势"局面。为了突破"弱势困境"，街道只能借助于行政力量对合同指标及服务形式（而非成效）进行严格管控，而在应对街道这种行政干预的过程中，NGO 的内部管理也变得日益制度化、标准化和官僚化，最终可能产生"机构同构现象"。

当研究从福利多元主义的三维视角透视政府与 NGO 的互动关系时，尽管我们发现双方目前还是伙计关系而非伙伴，NGO 所提供服务的成效也不能令服务使用者十分满意。但 G 市政府在推动购买服务上的决心及 NGO 的积极参与，也让我们相信双方对伙伴关系的共同期待。想成为伙伴，要如何突破目前所面临的困局？对于政府一方，系统内各级政府间应就政府购买服务的目的、理念等重建共识，并着力培养作为服务监督方的街道政府的合同管理能力，包括对 NGO 目标、限制及其独特性的理解、理解服务的连续性需要、保持对资金的敏感度、了解各种合作模式的优劣以及掌握如何降低合同的不确定和风险等能力（DeHoog，1996）。在借助于政府购买服务的资助制度对 NGO 进行培育的过程中，需要根据合同双方的特点进一步完善资助制度（包括资助方式、资助程序、资助周期等），并考虑将"蛋糕"切细，分散到各个不同类型的 NGO，在培育它们的同时，也将服务涵盖到更多领域。更重要的是政府要转变观念，给予 NGO 足够的空间与信任，理解 NGO 处于起步阶段的现状以及社会服务成效的时间性限制。于 NGO 而言，政府购买服务不是为个别机构寻找出路，又或是为 NGO 整体发展自圆其说，机构需要回归和反思机构的使命，认清社会服务最终要回归人的需要和社会价值，机构的成败不单在于能否有效率地提供服务，还在于能否回应社会需要，赢得民众及合作方的信任。

另外，机构观念亦需转变，明白相关制度建设从来都不是政府的独角戏，政府完善社会福利服务系统，需要服务经验有所积累的 NGO 从旁协助和参与（吕大乐，2010）。最后，专业社工作为新兴的助人专业，在嵌入本土社区服务时，势必会遭遇传统社区工作者，适宜的策略并非是吸纳式的结盟或排斥式的疏远，而应以平等、尊重的态度进行跨专业的合作，这既有助于赢得街道合作方的信任，也有助于弥补自身本土社区关系网络的不足，并能够保障专业自主性免受行政干扰。争取社群自治空间及政府与 NGO 之间的伙伴关系，并非单方面的一厢情愿或口头表态，需要双方的磨合与委身。

第五篇
社会管理创新与幸福广东建设

第十三章 理解社会管理*的五种路径

党的十六大以来，社会建设与社会管理逐渐受到重视，被纳入了中国特色社会主义建设的总体布局。特别是2011年以来，加强和创新社会管理更是被提到了前所未有的高度。胡锦涛等党和国家领导人先后就社会管理创新发表了一系列重要讲话，中共中央、国务院专门出台了《关于加强和创新社会管理的意见》（中发〔2011〕11号），国家"十二五"规划纲要也对"加强和创新社会管理"做了具体部署。各地也积极响应中央号召，纷纷行动起来，如北京、上海、广东新成立了社会工作委员会，北京市还出台了《北京市加强社会建设实施纲要》《北京市"十二五"时期社会建设规划纲要》《中共北京市委关于加强和创新社会管理全面推进社会建设的意见》等政策文件，广东省也制定了《关于加强社会建设的决定》和《关于加快推进社会体制改革建设服务型政府的实施意见》等7个配套文件，等等。可以说，当前全国上下正在兴起一股社会管理创新的热潮。尽管"社会管理"被如此广泛地应用，但依然是一个模糊的概念，不同的人、不同的地方、不同的文件对社会管理的理解并不完全一致，社会管理创新包括的内容也不一样（岳经纶、邓智平，2011）。即便是胡锦涛2011年2月19日在省部级主要领导干部社会管理及其创新专题研讨班

---

* 社会管理概念在中共十六届四中全会后开始使用，在2011年前后盛行一时。2013年中共十八届三中全会公报用"社会治理"取代社会管理。与社会管理相比，社会治理更注重政府与其他社会主体在公共事务治理中的协作与共治，更强调公众与社会组织的参与。历史地看，社会管理是社会治安综合治理的升级版，而社会治理则是社会管理的升级版。这些概念的变化，反映了党和政府对社会复杂性的治理理念和方式的发展。

开班式的讲话，对社会管理的界定也极具包容性，他指出社会管理包括八个方面的内容：①社会管理体系；②群众权益维护机制；③流动人口和特殊人群管理和服务；④基层社会管理和服务体系；⑤公共安全体系（包括食品药品安全监管、安全生产监管、社会治安防控、应急管理）；⑥非公有制经济组织、社会组织管理；⑦信息网络和虚拟社会管理；⑧思想道德建设，特别是社会主义核心价值体系建设。显然，这个界定既讲管理，又讲服务；既讲社区、社会组织等社会主体的培育发展，也讲政府监管能力的提升；既讲流动人口等传统上社会领域事务的管理，也讲非公有制经济组织、文化价值等习惯上非社会领域事务的管理。正是由于社会管理概念的模糊性和包容性，人们往往是在不同的概念维度谈论社会管理以及在不同的现实路径进行社会管理创新。为了准确地判断和理解人们是在何种维度和路径讨论社会管理，很有必要从理论上对社会管理创新的内容进行层次上的梳理。通过全面综述现有研究成果，我们认为，目前理解社会管理及其创新有五种路径，不同的路径将对社会管理创新的政策实践产生不同的影响。

一 作为社会控制（维稳）的社会管理创新

中国三十多年的改革开放导致了一场深刻的社会变迁，这种变迁一方面体现为原有社会结构在快速瓦解，另一方面则是新的社会结构逐渐塑成，但总的来看，社会的解构与社会的建构严重不同步、不协调，现代社会建构已经明显滞后于传统社会解构。体现在社会管理领域，最明显的就是市场经济使社会利益主体开始多元分化，但不同利益主体的博弈整合机制却迟迟没有建立起来，旧的行政整合机制逐渐失效，新的市场整合机制尚未完善，社会利益格局失衡，个体在某种意义上陷入原子化状态，社会出现了无序的混乱迹象。特别是近年来随着社会矛盾和群体性事件的增多，社会稳定的形势越来越严峻。如何重建社会秩序、巩固执政党的执政地位，成为当前党和国家的首要任务，社会管理创新正是在这样的背景下应运而出。

2002年10月，江泽民总书记在党的十六大报告中最早提出"社会管理", 当时仅仅是作为"维护社会稳定"的一项措施, 报告中是这样表述的: "坚持打防结合、预防为主, 落实社会治安综合治理的各项措施, 改进社会管理, 保持良好的社会秩序。"可见, 当下中国国家治理中的"社会管理"一词, 与社会这一独立领域的生成和演进并没有直接的关联, 而是应对中国模式发展中社会结构失衡现象而形成的, 其要义在于获得对中国现代化的全面认同, 即不仅要获得经济增长, 同时还要保证避免因社会保障的滞后、社会流动的凝固而形成发展的断裂 (孔繁斌, 2012)。也就是说, 社会管理以及社会建设的提出, 更多的是一种实践导向和问题导向, 即实践者试图通过社会管理创新解决社会领域的问题; 而不是一种理论导向, 由此导致中国特色的"社会管理"一词总是在西方的语言中找不到对应的翻译词语。

从 2002 年至今, 社会管理的内涵和外延已经发生了明显变化。从最初仅仅作为维护社会秩序的措施, 到现在已经包括保障和改善民生、维护群众权益、流动人口服务管理、基层社会管理和服务、公共安全、社会组织、虚拟社会管理、思想道德建设等多方面的内容 (胡锦涛, 2011)。可以说, 社会管理基本上囊括了社会领域的所有内容。正是在这个意义上, 广义的社会管理基本上可以等同于社会建设, 而狭义的社会管理主要是指化解社会矛盾、维护社会秩序, 仅仅是社会建设的一部分。尽管如此, 多年来, 社会管理的目的却始终没有变化, 正如胡锦涛 (2011) 指出的: "我们加强和创新社会管理, 根本目的是维护社会秩序、促进社会和谐、保障人民安居乐业, 为党和国家事业发展营造良好社会环境。"

目的影响手段。"解读目前理论和学术界对社会管理的阐释, 观察政治体系的社会管理创新实践, 不难发现其主流显现为在依然滞后的行政模式下机械地重复着对社会进行规训—控制式的管理, 社会管理体系的创新缩小为以强制性权力更积极地干预具有独立性的社会领域, 社会管理体系创新只不过是政治体系维护社会稳定意图和行动的另一表达。" (孔繁斌, 2012) 在实际工作中, 一些人习惯于用计划经济体制下的那套理念和做法, 简单地把"管理"等同为"管控", 认为管理就是把人管住; 还有一种观点认为, "管理"就是"维稳", 认为加强社会管理就是维护社会稳定, 而"维稳"的手段方法习惯于行政"硬"手段, 习惯于"堵"和事后"灭火"（杨小军，2012）。社会管理工作职能被交由各级政法委负责和统筹，加强社会控制、维护社会稳定的意识和倾向非常强烈。中央政法委秘书长周本顺发表的署名文章明确指出，"对在非公有制经济组织中就业的70%的城市就业人口，我们把国有企业服务管理员工的经验延伸到非公有制经济组织中，真正使非公有制经济组织承担起服务管理员工的社会责任，劳动关系就会和谐得多；对4.57亿网民、8.59亿手机用户，我们在发挥好有关部门依法管理职能作用的同时，把广大网民在净化网络环境中的积极性调动起来，发挥好全社会共同监督的作用，虚拟社会就会健康有序发展"（周本顺，2011）。显然，在政法部门看来，社会管理就是对新的社会领域（如非公企业、网络虚拟社会）的重新控制。有学者把这种路径的社会管理创新称为"控制导向的社会管理范式"（Zhao, 2012）。

作为社会控制的社会管理创新，维权与维稳被对立起来，维护权益被视为对现有社会秩序的冲击和社会稳定的挑战。政府对社会矛盾的态度是能压则压、能捂则捂，崇尚"摆平就是水平""搞定就是稳定"，公民权益普遍得不到制度化的保障，只有在冲突被认为影响社会稳定的时候，才给予高度重视，从而陷入"小闹小解决、大闹大解决、不闹不解决"的怪圈。为此，有学者希望通过创新社会管理来纠正压力维稳机制下的刚性稳定，树立科学维稳思维，变被动维稳为主动创稳（崔玉开，2011）。但无论是刚性维稳还是柔性维稳，社会管理创新都没有摆脱维护社会稳定、加强社会控制的路径。正如皮克所言，社会管理也许会形成多元主体共治的格局，但最终依然是一个国家统合主义体制（Pieke, 2012）。

二 作为社会政策的社会管理创新

社会政策的兴起是市场经济发展的必然结果。随着工业化而兴起的市场经济的最大特征是把一切都商品化，包括劳动力的商品化。在市场经济条件下，个人需要和福利的满足有赖于个人在市场竞争中的地位。换言之，个人需要和福利取决于市场。市场力量尽管在创造效率和财富方面有着重要作用，但是其自发运作会带来社会两极分化和贫富阶级之间的严重对立。由于大多数人无法在市场竞争中取胜，从而出现大量社会弱势群体。他们的基本需要无法在市场中得到满足。社会两极分化和阶级对立会带来社会冲突，甚至社会革命，威胁市场经济体系的运作和社会的稳定。为了满足社会弱势群体的基本需要，维护市场体系的有效运作，资本主义国家一般都要实施一定的社会政策，以国家的力量来驯服市场的自发力量，满足社会需要（岳经纶，2008）。在成熟的市场经济体系中，制定和实施社会政策已成为现代政府的中心任务。从社会政策的开支水平看，社会福利已经成为发达市场经济国家的最大产业。在现代市场经济社会，社会政策是一个独特的领域，它与经济政策既有联系又有区别，主要目标是为了实现社会公平、增进社会团结。

我国社会管理体制落后，与我国的社会政策不健全、社会政策沦为经济政策的附庸有密切的关系。20世纪90年代以来，在"效率优先、兼顾公平"的改革思想指导下，国家实行了一系列公共福利的私有化和市场化的政策，很多计划经济时代由国家统一负担的消费品（如教育、医疗、住房等）迅速被推向市场，很快导致公众的许多基本需要得不到满足，其中最突出的就是"上学难、上学贵""就医难、就医贵""住房难、住房贵"，被老百姓形象地称为"新三座大山"。十六大以来，新一届党和国家领导人敏锐地意识到这一点，科学发展观与社会主义和谐社会等一系列新的发展理念和思路被提出。在这样的背景下，近年来我国已经在免费义务教育、新型农村合作医疗、城镇居民医疗保险、新型农村养老保险、新医改等方面进行了很多探索，并取得明显成效。特别是党的十七大提出"以改善民生为重点的社会建设"之后，全国各地不断加大民生投入力度，掀起了重视民生、关注民生的热潮，社会政策呈现明显扩展态势；但与统一的公民身份和建构"社会中国"的目标相比仍然任务艰巨。

从社会政策角度来看，社会管理是与公共福利和生活质量相关的社会政策的规划与实施，社会政策的模式决定了社会管理的模式，有什么样的社会政策就有什么样的社会管理方式（岳经纶、邓智平，2011）。因此，进行社会管理创新，必须首先从满足公民的基本需要出发，从社会政策的制定和实施着手，完善社会保障政策、就业政策、医疗政策、教育政策、住房政策、社会服务政策等，进而引导社会建设方式或社会体制的改变。

从社会政策的角度看社会管理创新，需要将单项具体的改善民生项目上升到福利社会重建的高度，探索中国特色的福利社会模式。从历史经验看，过去计划经济的平均主义道路走不通，完全市场化的福利模式也弊端重重，西方福利国家道路更不能照搬。我们认为，以底线公平理论为基础的福利模式是可行的选择。令人欣喜的是，近年来基本公共服务均等化已经或正在成为中国特色社会主义福利模式的实践形态。基本公共服务均等化中的"基本"与底线公平中的"底线"高度契合，明确区分了政府与市场的作用范围。国家只提供"基本"的公共服务，"非基本"的公共服务则主要由市场提供。基本公共服务是人民群众最关心、最直接、最现实的需要，是保护个人最基本的生存权和发展权所必须提供的公共服务，是一定阶段公共服务应该覆盖的最小范围和边界，是人生存和发展的底线。从动态的角度来看，基本公共服务均等化中的"基本"与底线公平中的"底线"又都是可以动态调整的，而不是一成不变的。政府应根据经济社会发展的阶段和水平，动态地调整"底线"，重新划分"基本"与"非基本"。

三 作为公共服务的社会管理创新

社会管理创新离不开政府的转型。无论过去的计划经济还是目前的市场经济，我国政府间的权力划分，实际上都围绕生产主体（如企业）的管理归属来展开，上下级政府的职能是共同的，只是权力的范围和大小有所不同。社会主义市场经济体制的建立并没有从根本上改变府际上下职能"一般粗"的状况。其中最根本的原因在于，到目前为止，市场经济所压缩的仅仅是政府的管理权限，并没有从根本上改变政府的性质，即不仅在形式上，而且在本质上从生产型政府转变成为公共服务型政府（林尚立，2011）。为此，在社会管理创新中，必须首先调整行政模式这个制度基础，将公共服务作为判断国家建构和国家治理的正当性依据，将"人民正义"由执政的正当性辩护调整为人民对公共服务的期待和实现，只有服务型政府才能够真正担负社会管理体制体系创新的责任。实践中一些所谓的社会管理创新之举如果背离了服务型政府建设目标，不仅不会减少社会矛盾，反而会引发新的社会问题（孔繁斌，2012）。

服务型政府是以公共利益为目标，以公共需要为尺度，努力实现为全社会提供高质量公共服务的现代政府。建设服务型政府，一要改变生产型政府特征，增强各级政府的社会发展自觉性。消除对GDP的盲目崇拜和追求，扭转以GDP增长为目标的片面的政绩观，健全市场经济条件下政府职责体系，在加强改善经济调节、市场监管的同时，更加注重履行社会管理和公共服务职能，维护社会公正和社会秩序。建设服务型政府，二要改变经济建设型财政体制，建立以民生为导向的公共财政体系。扩大公共财政对社会发展和社会事业的投入，把人力、物力和财力等公共资源更多地向社会管理和公共服务倾斜，以发展社会事业和解决民生问题为重点，优化公共资源配置，注重向公共服务薄弱的农村、基层、欠发达地区倾斜，逐步形成惠及全民的基本公共服务体系。建设服务型政府，三要实现由管制型政府向服务型政府的转型。计划经济时代建立起来的政府社会管理体制，是一种全面社会事务的管理，而其管理的方式主要是行政管制，典型表现是所有社会事务事事需要审批和政府许可，其实质是以官为本、以管治为本，忽视人权、缺少人性化。服务型政府必须正确处理管理和服务的关系，做到在服务中实施管理，在管理中体现服务，促进人的全面发展。总之，社会管理应该是体现服务职能的治理，重点要抓好民主参与和公共服务供给（王健、徐睿，2012）。

作为公共服务的社会管理创新，实质上是一场政府改革（周红云，2011）。公民被视为政府至关重要的服务对象，要按照社会契约论的要求，重构官民之间的关系，真正把"人民公仆"的理念落到实处。既要在体制上改革生产型政府、控制型政府、建设型财政；也要在行为和思想上去除千百年来的"官本位"思想，强化政府机关及其工作人员服务优先意识，加强以服务为宗旨的行政文化建设，塑造以民本位、有限性、责任性、高效性和参与性为主要内容的行政文化（彭向刚，2012）。如近年来广东在社会管理创新中高度重视政府自身的建设，全面启动加快转变政府职能深化行政审批制度改革。进一步减少行政审批数量，建立行政审批动态评估、管理和调整制度，对市场机制能够有效调节、社会组织能够自律管理、通过质量认证和事后监管等能够达到管理目标的事项，不再实行审批管理。广东省政府分别于 2012 年 7 月和 9 月公布了第一、第二批调整审批事项目录，共对 383 项审批事项做出调整，推行网上审批、并联审批，积极向社会组织转移职能，促进审批型政府的转型，努力建设小政府、强政府和人民满意的服务型政府。

四　作为社会组织的社会管理创新

繁荣和发展社会组织是社会主义市场经济发展的必然要求，是整合多元利益的有效途径。改革开放以来，中国经历了从计划经济向社会主义市场经济的深刻变迁，这种变迁给社会治理带来根本性的变革。市场的竞争开放格局导致利益分化和多元力量的形成，利益关系更趋复杂，不同利益主体为争取利益而产生的矛盾和冲突是社会变迁所带来的惯常现象。社会越分化，越需要协调统一，而维护社会有机体的协调统一，需要有一定的机制来发挥社会整合的作用。政府作为社会的强力部门，能依其强制力实现社会生活的稳定有序；但仅仅依靠政府力量，难以提高整合的质量，并会大大提高社会整合的成本。因此，理想的社会管理是三大行为主体在三个层面互动的过程，即政府、市场组织（企业）和社会组织是实现社会有序运行和不断发展的共同推动者，三者分别采用行政、经营和自治方式动员政治、经济和社会（文化）等资源与力量，形成一个管理体系，以合力作用于社会，从而发挥社会管理系统的最大效用。

在传统的社会管理体制下，政府作为社会管理的唯一主体承担了几乎所有的社会管理职能。政府控制着社会生活的每一个领域，许多本应由社会进行管理的事务却由政府依靠行政权力来管理，这不但加重了政府的负担，而且造成了社会管理的低效率，形成了政府在社会管理方面的"越位"与"错位"局面。此外，随着政治、经济体制的变革和改革开放力度的不断加大，新的社会问题不断涌现。现行社会管理体制的不合理和长期以来对社会管理的忽视，使得政府疲于应付各种不断出现的社会问题。一些需要政府大力支持、事关社会长远发展的问题被漠视，造成了政府在社会管理上的"缺位"。在公共管理时代，政府只是社会管理的核心主体，社会组织与更大范围的公众参与一起构成公共管理中不可或缺的公共管理主体。政府必须清晰界定和调整自己在社会管理中的角色，与市场主体、第三部门结成伙伴关系，由公共服务的直接提供者、生产者，甚至是独家垄断者转变为购买者、合作者和管理者，让公民和社会组织都能参与到社会管理的过程中来。也就是说，社会管理既包括政府社会管理，也包括社会自主管理，鉴于我国社会发育和自我管理长期滞后的现状，当前创新社会管理迫切需要重视社会主体的培育和实现社会自我管理（李培林，2011）。

"党委领导、政府负责、社会协同、公众参与"的社会管理格局的提出，充分体现了党和国家已经高度重视多元主体在社会管理创新中的重要作用。社会管理创新就是要实现由社会管理向社会治理的转变，原来政府控制和管理社会的观念，必须让位于调控、引导、服务和整合社会的观念，政府对社会的统治观念，必须让位于政府与社会的合作治理（周红云，2011）。不过也有学者警告，社会管理谨防落入西方陷阱（韩冬雪，2011），自西方引入的在国内影响较大的治理理论，实际上也并非普世性的经典理论。他们认为，治理理论反映的是英美国家的社会管理模式，西方各国本身的发展也是多元化和多样化的。尽管如此，他们也认同社会管理创新需要"引导社会组织有序参与"（韩冬雪，2011）。

目前争论的焦点在于社会组织发展起来之后，国家与社会组织之间最终是一种怎样的关系。有的学者认为，要通过社会组织的发展，进一步确立社会本位，重构政府与社会之间的关系定位。在政府与社会的力量对比中，重心要向社会倾斜，政府与社会的关系要由"政府本位"向"社会本位"转变，逐步培育社会的自立性、自主性和自治性（周红云，2011）。也有的学者则反对，认为西方存在一个完全超脱于国家之外的"公民社会"是一个普遍的误解（韩冬雪，2011），这与"社会管理不能掉入公民社会陷阱"的观点（周本顺，2011）如出一辙。尽管如此，我们认为，社会改革和社会管理创新必须充分借鉴经济改革的成功经验。30多年来经济建设的基本经验就是解放"经济全能型"政府，培育多种经济建设主体，让各种所有制经济主体（企业）在市场中平等竞争，从而创造了举世瞩目的经济奇迹。同样的道理，社会管理创新的关键在于改革

"社会全能型政府",逐步开放社会,培育多元社会管理主体(社会组织),才能满足多种多样、无时无刻都存在和发生的大量社会需求(李昌平、游敏,2012)。

作为社会组织的社会管理创新,就是要积极培育和繁荣社会组织。以向社会简政放权为抓手,加大政府对社会组织的培育扶持力度。为此,可以采取以下措施:降低社会组织准入门槛,推行无业务主管(指导)的直接登记;加快推进社会组织"去行政化"和"去垄断化"改革,实现自愿发起、自选会长、自筹经费、自聘人员、自主会务,做到无行政级别、无行政事业编制、无行政业务主管部门、无现职国家机关工作人员兼职,允许"一业多会"(同一行业有多个协会);制定并公布各级政府年度转移社会服务与管理事项目录,积极向社会组织和市场转移政府职能,依法将行业管理与协调、社会微观事务服务与管理、技术和市场服务等职能转移给具有资质的社会组织;建立健全政府购买社会服务制度,引入专业社会工作服务等。通过社会组织的大发展、大繁荣和能力提升,让社会组织成为社会管理的重要主体,努力建设具有强大协同能力的公民社会。

五 作为国家建设的社会管理创新

所谓现代国家建设,乃是指现代民族国家的形成过程。在英国学者吉登斯看来,现代民族国家是一种有别于传统城邦国家、封建国家和帝制国家的新型国家实体,"它对业已划定边界的领土实施行政垄断,它的统治靠法律以及对内外部暴力工具的直接控制而得以维护"(吉登斯,1998)。现代国家对外呈现独立性,对内拥有较强的基础性权力及政治整合能力。一般来说,国家建设包括国家职能和国家能力这两个重要层面,其中国家职能是指国家的职责和功能,包括"应然"和"实然"两个层面的含义,即国家应该承担什么职责和功能以及国家实际上承担了什么职责和功能;国家能力指的是国家履行其职责和功能的能力。一个国家能力的强弱决定了其国家职能的完成程度(高景柱,2011)。

社会管理是新时期我国国家建设的重要内容。首先,从国家职能来看,社会管理是我国政府的一项重要职能。2002年党的十六大报告提出

"完善政府的经济调节、市场监管、社会管理和公共服务的职能,减少和规范行政审批"。2003年7月28日,胡锦涛总书记在全国防治"非典"工作会议上明确指出,各级政府要进一步完善社会管理和公共服务的职能,提高社会管理水平,改善公共服务质量。2004年9月党的十六届四中全会通过的《中共中央关于加强党的执政能力建设的决定》明确指出,要"深入研究社会管理规律,完善社会管理体系和政策法规,整合社会资源,建立健全党委领导、政府负责、社会协同、公众参与的社会管理格局"。显而易见,社会管理不仅是一项重要的国家职能,而且是党的执政能力建设的重要内容。

其次,从国家能力来看,现代国家区别于传统国家的最显著特征是其拥有较强的国家能力。米格代尔将国家能力定义为一国中央政府"影响社会组织,规范社会关系,集中国家资源并有效地加以分配或使用的能力"(Migdal, 1989)。因此,国家能力不仅包括通常所说的财政汲取能力,也包括社会整合的能力。国家能力的提升,使其能科学地制定并有效地执行公共政策,灵活应对各种社会问题,协调社会矛盾,维护社会秩序的稳定(张飞龙等,2012)。亨廷顿在《变化社会中的政治秩序》的开篇中提道,"各国之间最重要的政治分野,不在于他们政府的形式,而在于他们政府的有效程度。有的国家政通人和,具有合法性、组织性、有效性和稳定性,另一些国家在政治上则缺乏这些素质,这两类国家之间的差异比民主国家和独裁国家之间的差异更大"(亨廷顿,2008)。市场经济的发展,增强了国家的财政能力,但高度分化的社会也增加了国家整合的难度。社会管理创新就是要探索如何在多元复杂的市场经济条件下重建社会秩序,强化国家的整合和控制能力。

如果将国家职能的范围大小和国家能力的强弱做一个交互分类,就会产生"大而强""小而强""大而弱"和"小而弱"这四种国家模式。必须在合理确定国家职能的范围的同时强化国家能力,建设小而强的国家。换句话说,要在建立"有限政府"的同时,建立"有效政府",这样方能构建"小而强"的国家。用中共中央政治局委员、广东省委书记汪洋的话说,社会管理创新就是要建设"小政府、强政府","大社会、好社会"(汪洋,2012)。当前我国最大的问题就是政府管得太多,同时又有很多事情管不好。因此，社会管理创新就是要执政党不仅有能力推进经济的发展，还要学会如何治理一个日益复杂的社会（郑永年，2010）。

在作为国家建设的社会管理创新视野下，和谐社会不是一个没有矛盾和冲突的社会，而是一个允许冲突表达的社会，一个能把冲突纳入制度化轨道解决的社会，是一个有弹性的社会。社会管理创新不是要消灭矛盾，而是要提高制度化、法治化解决矛盾和纠纷的能力，使矛盾不会对社会整体造成大的冲击，从而使化解矛盾的过程成为国家建设的过程。现代国家建设在"推动国家理性和向善的同时，也促进社会成员向现代文明人和现代公民转变，在这个意义上讲社会管理又是一种按现代性标准对人进行'规训'的过程和'文明进程'"（张旅平、赵立玮，2012）。

结　语

改革开放以来，以邓小平同志为核心的第二代中央领导集体通过改善经济绩效来重塑执政合法性，并取得了巨大成功。但是，单兵突进的经济进步对构建良好社会秩序的边际效用正在逐步递减，连续多年的良好经济表现并没有使社会问题减少。在经济高速增长的同时，我国的社会矛盾在日益凸显，贫富差距有所扩大，收入分配出现严重不公，区域发展呈现不平衡格局，城乡二元体制没有根本改观，农民工等社会弱势群体生活艰难。在经济报喜、社会报忧的背景下，加强社会建设、创新社会管理已经成为当前我国深化改革开放必须突破的重点领域和关键环节。本章梳理了学术界和政策界对社会管理的各种理解，提出了理解社会管理的五种路径，有利于进一步明晰社会管理创新的思路和方向。根据前文的论述，五种路径可简化成表13-1。

表13-1　理解社会管理的五种途径

途　径	核心制度	核心价值	目标模式	"社会管理"一词相对应的英文翻译
社会控制	维稳机构	稳定压倒一切	治安国家	social control
社会政策	社会保障和服务机构	提升人民幸福	福利国家	social administration

续表

途径	核心制度	核心价值	目标模式	"社会管理"一词相对应的英文翻译
公共服务	公共服务机构	基本公共服务均等	服务型政府	social administration
社会组织	非政府组织	社会自治	公民社会	social governance
国家建设	国家与社会的互动	美好社会	现代国家	social governance

需要指出的是，五种理解社会管理的路径并不是平行展开的，存在自下而上的层次之分。作为社会控制（维稳）的社会管理创新，是最低层次，维稳只是社会管理的器用层面，必须跳出维稳看维稳；作为社会政策的社会管理创新，强调保障和改善民生，主要是满足市场经济条件下公民的基本需要，从源头上化解社会矛盾；作为公共服务的社会管理创新，重视政府自身的变革，通过服务型政府建设理顺官民关系，也是社会管理创新成败的关键；作为社会组织的社会管理创新，试图重构政府—社会关系，确立社会本位，培育多元主体，实现从管理到治理的转型；作为国家建设的社会管理创新，把社会管理创新的过程作为国家职能和能力建设的过程，建立一个现代的民族国家，是最高层次。当然，在具体实践中，社会管理创新可能同时从上述多个途径展开，但决策者和实践者要清楚的是，何种路径更符合人类社会发展的普遍规律，才是实现长治久安的治本之道。

第十四章　社会政策导向的社会管理体制改革研究

自20世纪70年代末实行改革开放政策以来，中国开始了以发展市场经济为导向的大规模的社会经济转型。为了加快经济发展，提升经济效率，国家提出了"效率优先、兼顾公平"的改革指导思想。然而，在很长时间内，改革政策与实践却没有真正"兼顾"公平。特别是自20世纪90年代中期以来，随着我国经济体制的急速转型和经济的持续高速发展，我国的社会问题日益突出，如失业下岗、农民工问题、收入分配不公、城乡差距和贫富差距的扩大、社会弱势群体的权益受损等。

这些社会问题产生和蔓延的根本原因在于，市场力量尽管在创造效率和财富方面有着重要作用，但是如果没有社会政策的制约，其自发运作会带来过度的"商品化"，会导致社会两极分化和贫富之间的严重对立。西方市场经济发展的经验表明，在20世纪，社会政策及其相应的社会保护体制的发展与完善是现代工业社会有效运行的一个必不可少的条件。国家推动与经济改革相适应的社会改革，可以对追求利润最大化的市场力量进行约束，对社会财富进行再分配，缩小因市场自发竞争带来的贫富差距，减少社会矛盾，从而达到社会稳定乃至和谐。

总而言之，我们面临的主要任务是要进行一场由经济体制改革所驱动的社会管理体制改革，建立起以社会保护和社会公共服务为基本内容的社会管理体制。这是由中国改革的阶段性所决定的。经济改革激活了市场力量，而市场力量的自发作用则导致贫富分化和社会不公。为了缓解贫富差距、减少社会冲突，维护社会公平，就需要进行相应的社会改革，乃至政治改革。这是我国社会管理体制改革的基本逻辑。此外，从中国的改革进程呈现的"从经济改革到社会改革再到政治改革"的阶段性来看，推进以促进社会公平、正义、和谐为目标的社会管理体制改革是一场深刻的社会变革，其重要性和艰巨性不亚于经济体制改革。

一 社会管理体制改革是一场深刻的社会变革

自20世纪90年代中期以来，由于社会管理体制日益不适应经济体制发展的需要，我国社会问题日益严重。这些社会问题的出现，一个重要原因是，在经济发展的同时，没有适时地推进社会管理体制改革，没有建立起适应社会转型要求的利益协调机制、诉求表达机制、矛盾调处机制、权益保障机制，导致市场力量带来了过度的"商品化"，引发了社会两极分化和贫富之间的严重对立。

为了化解社会矛盾，消除社会不公，就必须进行与经济改革相配套的社会体制改革，尤其是包括收入分配体制和社会保障体制在内的社会管理体制改革，以国家和社会的力量来驯服市场的自发力量，让市场力量嵌入社会结构之中（岳经纶，2009a）。因为市场经济的有效运作有赖于社会保护体制的建立和完善。西方市场经济发展的经验表明，20世纪，社会保护体制的发展与完善是现代工业社会运行的一个必不可少的因素。国家推动与经济改革相适应的社会改革，可以对追求利润最大化的市场力量进行约束，对社会财富进行再分配，缩小因市场自发竞争带来的贫富差距，减少社会矛盾，从而达到社会稳定乃至和谐。而且，当经济体制改革与社会体制改革进行到一定阶段以后，还有必要进行相应的政治体制改革，让前两个阶段的改革过程中出现的多元利益主体能够通过制度化的渠道来表达其利益诉求，参与公共事务的管理和公共政策的制定，化解利益冲突和社会矛盾，使经济体制改革与社会体制改革能够朝着既定方向稳步推进。

总而言之，我们面临的主要任务是要进行一场由经济体制改革所驱动的社会管理体制改革，建立起以社会保护和社会公共服务为基本内容的社会管理体制。这是由中国改革的阶段性所决定的。经济改革激活了市场力量，而市场力量的自发作用则导致贫富分化和社会不公。为了缓解贫富差距、减少社会冲突，维护社会公平，就需要进行相应的社会改革，乃至政治改革。这是我国社会管理体制改革的基本逻辑。

从社会改革的战略高度来看，我国社会管理体制改革的基本目标是消除市场导向的经济体制改革所带来的副作用和消极后果，维护社会公平正义。因此，社会管理体制改革应当与经济体制改革紧密配合，相互补充，使社会主义市场经济体制不仅能够提高经济效率，发展生产力，也能够注重经济发展成果的公平分配，维护人的价值和尊严，从而确保社会变迁能够促进社会福祉（岳经纶，2009b）。从中国的改革进程呈现的"从经济改革到社会改革再到政治改革"的阶段性来看，推进以促进社会公平、正义、和谐为目标的社会管理体制改革是一场深刻的社会变革，其重要性和艰巨性不亚于经济体制改革。

进入21世纪以来，社会管理体制改革已经开始得到中央决策层的高度重视：2002年，中共十六大重新解释"效率优先、兼顾公平"的含义，使用了"初次分配效率优先、再次分配注重公平"的提法；2003年，中共第十六届三中全会首次提出了"科学发展观"这一新理念；2004年，中共第十六届五中全会通过的《中共中央关于制定国民经济和社会发展第十一个五年规划的建议》则明确提出，未来中国要"更加注重社会公平，使全体人民共享改革发展成果"；2006年，中共十六届六中全会通过的《中共中央关于构建社会主义和谐社会若干重大问题的决定》充分阐述了我国社会政策的基本目标和内容，包括"扎实推进社会主义新农村建设，促进城乡协调发展""落实区域发展总体战略，促进区域协调发展""实施积极的就业政策，发展和谐劳动关系""坚持教育优先发展，促进教育公平""加强医疗卫生服务，提高人民健康水平"以及"加强环境治理保护，促进人与自然相和谐"等，该决定标志着中国社会政策时代的来临；2007年，党的十七大报告进一步阐述了我国社会政策的目标，指出"必须在经济发展的基础上，更加注重社会建设，着力保障和改善民生，推进社会体制改革，扩大公共服务，完善社会管理，促进社会公平正义，努力使全体人民学有所教、劳有所得、病有所医、老有所养、住有所居，推动建设和谐社会"。2009年12月，胡锦涛总书记在考察广东时指出，要扎实推进社会管理体制建设，确保社会和谐安定。2010年9月，胡锦涛总书记在深圳经济特区建立30周年庆祝大会上发表的重要讲话中提到，"要全面提高社会管理水平，推进社会管理创新，形成科学有效的利益协调机制、诉求表达机制、矛盾调处机制、权益保障机制，统筹协调各方面利益关系，妥善处理人民内部矛盾，维护群众合法权益"。2010年10月，中共十七届五中全会公报强调要"加强和创新社会管理，正确处理人民内部矛盾，切实维护社会和谐稳定"。2011年2月19日，中共中央总书记胡锦涛在省部级主要领导干部社会管理及其创新专题研讨班开班式上发表重要讲话，强调加强和创新社会管理，最大限度激发社会活力、最大限度增加和谐因素、最大限度减少不和谐因素。2011年5月30日，中共中央政治局召开会议，研究加强和创新社会管理问题。会议指出解决社会管理领域存在的问题既十分紧迫又需要长期努力。会议指出，加强和创新社会管理，要紧紧围绕全面建设小康社会的总目标，牢牢把握最大限度激发社会活力、最大限度增加和谐因素、最大限度减少不和谐因素的总要求，积极推进社会管理理念、体制、机制、制度、方法创新，完善党委领导、政府负责、社会协同、公众参与的社会管理格局，加强社会管理法律、能力建设，完善基层社会管理服务，建设中国特色社会主义社会管理体系。会议要求各地区各部门要深刻认识加强和创新社会管理的重要性和紧迫性，把加强和创新社会管理摆在更加突出的位置，加强调查研究，加强政策制定，加强工作部署，加强任务落实，全面提高社会管理科学化水平。

二 社会管理体制改革的基本概念

社会改革的核心是社会管理体制改革。社会改革的最终目标是建设政府与社会多元共治的公共管理模式，提升人民福祉，促进社会和谐发展。要厘清社会管理体制改革的思路则不得不明确何谓社会管理以及何谓社会管理体制。

（一）社会管理

社会管理是管理主体对社会系统的有科学根据的影响，为的是使系统实现它面临的目标和任务（奥马罗夫，1987）。国内学者通常认为，社会管理有广义和狭义两种含义。郑杭生（2006）指出，广义的社会管理是指整个社会的管理，即指包括政治子系统、经济子系统、思想文化子系统和社会生活子系统在内的整个社会大系统的管理。狭义的社会管理，主要指与政治、经济、思想文化各子系统并列的社会子系统或者社会生活子系统的管理。李程伟（2005）也认为，广义的社会管理是指政府及非政府公共组织对各类社会公共事务包括政治的、经济的、文化的和社会的事务所实施的管理活动，与公共管理是同等范畴的概念。狭义上的社会管理，一般与政治管理、经济管理相对，指的是对社会公共事务中除了政治统治事务和经济管理事务以外的那部分事务的管理和治理。为推动学术研究走向深入，大多数学者都倾向于从狭义的角度界定社会管理。如孙关宏、胡雨春（2002）认为，社会管理属于不带有政治性质的社会自主性、自发性、自治性的管理领域，是一种自下而上的社会自主管理。李学举（2005）指出，社会管理主要是政府和社会组织为促进社会系统协调运转，对社会系统的组成部分、社会生活的不同领域以及社会发展的各个环节进行组织、协调、服务、监督和控制的过程。俞可平（2007）则认为，社会管理是规范和协调社会组织、社会事务和社会生活的活动。

可见，社会管理概念并没有一个统一规范的定义，但社会管理显然不同于政府的政治逻辑和企业的市场逻辑，它主要是对政府行政管理和企业工商管理"不管""管不到"和"管不好"的公民社会领域的管理。本章采用下述概念：所谓社会管理，是指多元社会主体为了共同维护社会秩序，对公民社会领域的社会组织、社会事务和社会活动进行规范、协调和控制等的管理过程（周红云，2008）。同时，本章也认为，社会管理是与社会服务的提供和社会权利的保障相统一的。

（二）社会管理体制

按照《辞海》的解释，"体制"是指国家机关、企事业单位在机制设置、领导隶属关系和管理权限划分等方面的体系、制度、方法、形式等的总称，体制是机构与规范的统一体。从体制定义本身来看，社会管理体制是对社会管理的运转机构与组织制度的统称。随着改革的进一步深入，社会管理被纳入更完备的框架之中，社会管理体制创新不仅是行政体制改革的重要组成部分，也成为加强社会建设的关键环节。

国内学者对社会管理体制定义的界定相对一致，即认为社会管理体制不是一个抽象的概念，而是一系列具体内容的体系与制度的总和。例如，谢庆奎和谢梦醒（2006）认为："社会管理体制就是指社会管理系统的组织结构、功能作用及其相互关系。社会管理体制是一个开放的动态的自动控制系统，它包括功能系统、结构系统和信息系统三个子系统。"侯岩（2005）指出："社会管理体制是指国家规范社会运行所采取的管理制度、管理组织、管理方式和管理手段的总和。"俞可平（2007）提出："社会管理体制是指国家为了维护社会秩序而用以规范和协调社会组织、社会事务和社会生活的一系列制度和机制。社会管理的内容极为丰富，就目前我国的现实情况而言，诸如社团管理体制、社会保障体制、社会治安体制、社会应急体制、社会服务体制、社区管理体制和社会工作体制都可列入其范围。"由此可见，社会管理体制是国家就各种社会管理主体在社会生活、社会事务和社会关系中的地位作用、相互关系及运行方式而制定的一系列富有约束力的规则和程序性安排，其目的在于整合社会资源，协同解决社会问题，规范社会运行，维护社会秩序（何增科，2008）。

（三）社会管理体制改革的内涵

社会管理体制改革是对政府包揽的高度一元化的社会管理模式的扬弃，也是社会管理中政府管理和民间自治管理相结合的调适过程，它是经济体制改革的必然要求，是政治体制改革的进一步延伸，是构建社会主义和谐社会的迫切需要（姚华平，2009）。对于下一阶段中国社会管理体制改革的重点任务，学者们的看法不尽相同。戴均良（2005）认为，社会管理体制改革的重点应该放在社会治安、文化教育、医疗卫生、社会保障、环境保护、道德风尚、社会服务及其他社会公益事业方面。李晓萍（2005）认为，和谐社会的社会管理体制改革包括以下内容：顺畅的社会流动机制，合理的利益协调机制，安全的社会保障机制，有效的社会控制机制，敏感的社会预警机制和能够有效化解内部矛盾的机制。侯岩（2005）提出社会管理体制创新的四个重点任务，即推进政府改革、加快事业单位改革、大力培育发展社会组织、大力加强社区建设和管理。丁元竹（2006）则把建立健全社会发展综合决策和执行机制、社会影响评估机制、社会安全网机制和社会风险管理机制作为创新社会管理体制的主要任务。何增科（2008）提出，社会管理体制改革的八项重点任务是：社团管理体制改革、社会保障体制改革、社会服务体制改革、社会工作体制改革、社会治安体制改革、社会应急体制改革、社区管理体制改革、社会管理领导体制和工作机制改革。

以上部分是学术界对社会管理体制改革内涵的讨论，事实上，近些年来，党和政府的政策文件中以及党和政府领导人的讲话中也多次涉及对社会管理体制改革内涵的阐述。党的十七大报告指出管理体制改革的目标就是"扩大公共服务，完善社会管理，促进社会公平正义，努力使全体人民学有所教、劳有所得、病有所医、老有所养、住有所居，推动建设和谐社会"。胡锦涛总书记在深圳经济特区的重要讲话中提到，社会管理体制改革就是要形成科学有效的"四个机制"，即"利益协调机制、诉求表达机制、矛盾调处机制、权益保障机制"。中共第十七届五中全会公报也涉及对社会管理体制改革内涵的论述，即"建立健全基本公共服务体系，促进就业和构建和谐劳动关系，合理调整收入分配关系，健全覆盖城乡居民的社会保障体系，加快医疗卫生事业改革发展，全面做好人口工作"。根据2011年5月30日中共中央政治局会议的精神，社会管理改革和创新的主要内涵包括：社会管理格局，社会管理制度建设，基层社会管理和服务，党和政府主导的维护群众权益机制，流动人口和特殊人群服务管理，非公有制经济组织、社会组织服务管理，公共安全体系建设，信息网络服务管理，营造良好社会环境。

此外，我国一些地方已经开始了社会管理体制改革的实践，并在政策实践中对社会管理体制改革内涵进行了探索。2009年，广东省珠海市开始进行社会管理体制改革试点，根据珠海市社会管理体制改革先行先试领导小组办公室和中共珠海市委体制改革办公室印发的《珠海市社会管理体制改革先行先试实施计划》，珠海市社会管理体制改革主要包括六方面的内容：探索创建城市和农村社区自治型管理模式；构建社会管理主体多元化格局，培育和扶持社会组织；探索建立政府咨询机构，构建共同参与的社会治理模式；完善人口管理和服务，实行多层次的社会保障政策；推进政府购买服务，提高公共服务水平；设立"珠海慈善日"，建立健全社会救助慈善募捐制度。

三 社会管理体制改革的重要性与必要性

推进我国社会管理体制改革，既是贯彻落实科学发展观、建设和谐社会的现实要求，又是实现经济和社会协调发展的紧迫任务。一方面，经过三十多年的经济体制改革，我国已经形成比较完备的市场经济体制，传统的社会管理理念和社会管理模式已难以适应社会经济发展的需要，迫切要求形成与市场经济体制相适应的社会管理体制。另一方面，进入21世纪以来，国内外经济形势发生深刻变化，我国正处在经济结构转型和发展方式转变的关键时期。改革传统的社会管理理念主导下的高度一元化的社会管理模式，改变经济改革和发展"腿长"、社会建设和管理"腿短"的现状，建立一套适应新时期新要求的社会管理体制和机制，迫在眉睫，势在必行。

（一）社会管理体制滞后于经济社会发展

改革开放30多年来，我国保持了持续高速的经济发展，从落后的农业大国迅速转变为经济大国。随着经济的快速和持续的发展，我国社会结构深刻变化，社会流动加快，社会利益主体日趋多元，社会风险迅速累积，社会矛盾增加，社会管理难度加大。面对贫富差距、劳资矛盾、农民工问题、城乡差距、地区差距等日益增多和加剧的社会问题和社会矛盾，迫切需要扎实推进社会管理体制改革和建设，及早建立有效的社会管理体制。相对于经济发展和市场经济体制而言，我国在社会发展和社会管理体制方面还存在一些突出的问题，如城乡和区域发展仍不平衡；社会事业发展相对滞后，人力资源开发水平、公共服务水平有待进一步提高；社会管

255

理体制不适应经济社会发展的需要。

从国内外环境来看，经济全球化的步伐不断加快，深刻地影响着我国经济与社会的稳定发展。2008年爆发的全球金融危机放大了经济高速发展所掩盖的各种社会问题，如收入不公、贫富差距、城乡失衡等，加剧了原有的社会矛盾。这就需要我国在社会管理体制改革方面也紧跟全球化的步伐，学习境外以及国外一系列卓有成效的社会管理方法和机制。

（二）社会问题和矛盾凸显

改革开放以来，中国社会的发展历程可以看作一个工业化和城镇化相互交织、并行推进的过程。一方面，中国的经济形态由传统农业经济逐渐向现代非农经济过渡；另一方面，中国的社会形态由传统的农村社会向现代城镇（市）社会转型。工业化和经济增长带来了经济的繁荣，却也引发了大量的社会不平等和不公平现象：第一，城乡差别、地区差别、收入不均有扩大趋势；第二，基本公共服务供给不足，城乡公共服务不均等；第三，社会利益表达机制缺乏，利益分配机制不合理，社会泄愤事件和暴力现象加剧；第四，户籍制度严重制约流动人口，特别是农民工的向上社会流动；第五，社会治安形势面临严峻挑战。

整体来说，随着经济体制不断变革，社会结构深刻变动，利益格局显著分化，社会阶层的结构性分化和多元利益主体逐渐形成，新的利益格局与博弈时期已经来临。但与市场经济体制相配套的利益均衡与制衡制度尚未形成，从而导致利益秩序失范，社会成本偏高。滞后的利益分配制度与市场体制之间形成"时差"，使得社会主义市场经济体制虽有市场经济体制之"表"，但缺乏社会主义利益分配制度之"里"。其社会后果是造成了社会结构的巨大断裂，引发了一系列社会冲突事件，导致党和政府执政合法性资源的流失。如何启动社会管理体制改革、均衡社会利益关系、化解社会冲突、增进社会和谐，是我国经济社会持续健康发展必须解决的问题。

（三）社会管理体制问题突出

"十一五"期间，我国结合国外经验与本国现实状况，有选择、有步骤地在一些城市地区和一些领域进行社会管理体制改革的试点，部分地实现了制度创新，社会管理观念开始实现从单纯依靠国家的一元化管理到接受多主体共治的多元治理转变，初步形成了"党委领导、政府负责、社会协同和公众参与"的新型社会管理体制的基本框架，初步建立起了覆盖城乡、多层次、多元化的社会公共服务供给机制。但是，社会管理体制改革长期以来从属于经济发展与行政管理体制改革，缺乏积极的统筹、自主的战略规划和长远的考虑，导致社会管理体制改革存在片面性、单一性。社会组织发展缓慢，社会管理主体单一的局面没有得到根本改变。负责社会管理的政府部门还存在着职责划分不清，缺乏有效协调和统筹等问题。此外，在如何推进社会管理体制改革方面还面临着更新观念、凝聚共识的挑战。

四 以社会政策为导向的社会管理体制改革的行动框架

社会管理体制改革是一项系统工程，面临的情况复杂，涉及的利益主体多元。因此，推进社会管理体制改革，我们必须坚持党委领导、政府负责、社会协同、公众参与的原则，进而整合社会管理资源，健全社会管理格局，提高社会管理水平。结合我国学者对社会管理体制改革内涵的分析研究，以及党和政府有关社会管理体制改革的文件精神，结合全国特别是广东正在开展的社会管理体制改革实践，本章提出了一个关于社会管理体制改革的行动框架（见图14-1），其基本内容包括如下几个方面。

（一）以社会（公民）权利为宗旨

在原有的政府包揽的高度一元化的社会管理模式下，一种普遍的看法是公民只有义务，没有权利，整个社会重义务，轻权利。很多社会矛盾就产生于这种权利义务严重不平衡的结构中。进行社会管理体制改革，在某种意义上就是对社会权利结构的重新确认与配置，其目标是建立一种适应市场经济发展和现代化建设的社会权利结构，所以社会管理体制改革必须以确立公民的社会权利为宗旨，这不仅是社会管理体制改革的大方向，更是检验社会管理体制改革成效的重要标准。党的十七大报告以"加快推

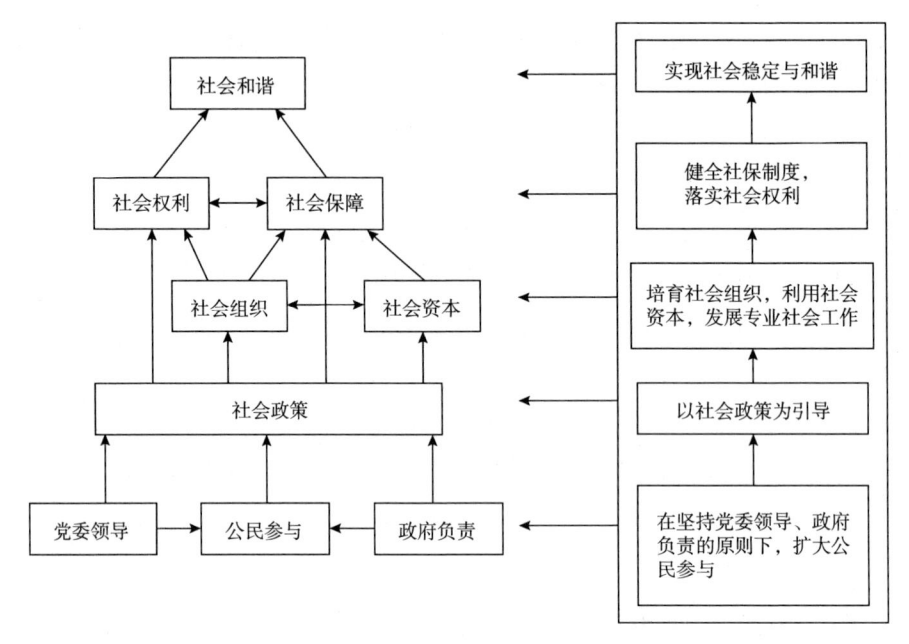

图 14-1 社会管理体制改革的行动框架

进以改善民生为重点的社会建设"为题,提出了"民生六大任务",这其实是与社会政策理论中主张的公民的六项社会权利——生存权、健康权、受教育权、工作权、居住权和资产拥有权完全契合的。胡锦涛总书记在深圳经济特区成立30周年大会上提到"全面提高社会管理水平,推进社会管理创新",就要"维护群众合法权益",这其实也是对社会管理体制改革中坚持社会权利宗旨的强调。

(二) 以公民参与为基石

社会管理体制改革是一个由"管制"向"治理"转变的过程。社会治理是多元主体互动的管理过程,它通过协商、合作、建立伙伴关系、确立共同目标等方式实施对公共事务的管理,实现国家和社会之间的良好合作。显然,现代社会中的社会管理或社会治理离不开公民参与,社会的有效管理需要公民的支持与配合。成熟而广泛的公民参与是提升社会管理和社会服务品质,推进公共利益实现的重要保障。另外,随着社会经济的迅猛发展,社会各层面都发生了巨大的变化,社会需要朝多样化发展,政府依靠自身提供公共物品和服务的方式已难以满足社会多元化的需要,这也为公民参与分担公共事务和公共管理责任提供了实践依据（张平芳，2010）。珠海市将扩大公民参与作为社会管理体制改革的突破口，在社会管理体制改革的试点工作中，探索创建城市和农村社区自治型管理模式，构建"议事、决策、执行、协助、监督"的社区民主自治体系；在农村社区试行"十户联保"制度，建立健全"户户联保、小组联防、村村联动"的"三联"机制。实践证明，公民参与是社会管理体制改革的基石和原动力。

（三）以社会政策为引领

社会管理实际上是执行社会政策的整个过程。从国际经验看，各国政府通过社会政策制定和实施，通过各类社会项目的介入来维护社会秩序，实现社会治理的目标。在某种程度上说，社会政策的模式决定了社会管理体制的模式，有什么样的社会政策就有什么样的社会管理方式。我国社会管理体制落后，与我国的社会政策体制不健全有密切的联系。所以，进行社会管理体制改革，就必须首先从社会政策的制定和实施着手，完善社会保障政策、就业政策、医疗政策、教育政策、住房政策、社会服务政策等，进而引导社会管理方式或体制的改变。2006年，中共十六届六中全会通过的《中共中央关于构建社会主义和谐社会若干重大问题的决定》充分阐述了我国社会政策的基本目标和内容，包括"实施积极的就业政策""坚持教育优先发展""加强医疗卫生服务"等。正是在这些社会政策的引领下，2007年，党的十七大报告进一步阐述了我国社会管理体制改革的目标："努力使全体人民学有所教、劳有所得、病有所医、老有所养、住有所居，推动建设和谐社会。"

（四）以社会保障为本位

社会管理体制改革的一个核心要义是要大力发展社会福利和社会服务，提高社会保障的水平。社会管理体制改革的落脚点就是要更好地回应和解决民生问题，这就要求政府不断强化其在提供公共福利中的责任和角色，建立一个既能为民众提供基本的经济福利和收入保障（benefit-in-cash），又能提供各类"个人导向"的具体服务（service-in-kind）的完善的社会保障体系。进行社会管理体制改革，就必须从关心经济效率转向关注社会公平，回归满足民众基本需求的保障本位上来。为了进一步推进社会管理体制改革，2009年12月，广东省出台了《广东省基本公共服务均等化规划纲要（2009~2020）》，积极推动养老保险、最低生活保障、"五保"、住房保障、就业保障、医疗保障等方面的"底线均等"。只有在社会管理体制改革中不断加强和发展社会保障事业，才能保证社会管理体制改革的顺利发展，才符合社会管理体制改革的应有之义。

（五）以社会组织为依托

发展社会组织，在国家与分散的社会成员之间形成了一个中介力量，在促进社会不同群体协调和对话的同时，为人们的利益表达提供了多种渠道与合法性的表达方式，减少社会成员的失范行为和与国家的对抗性冲突，维护社会秩序和社会稳定。另一方面，社会组织还能够有效地组织公民参与社会管理，帮助政府解决社会管理中的一些薄弱环节，提供社会援助和社会服务，增进社会福利。珠海市开展社会管理体制改革，一个重要的工作内容就是大力发展社会组织，培育和扶持一定数量领军型、有资质、有能力承接政府职能的行业协会、公益组织，努力实现由这些社会组织承接政府行业管理和社会服务的相关职能，逐步将行业管理和协调性职能、相关领域的社会事务管理和服务职能、技术服务性职能分离出去，逐步转移给社会组织承担。在培育和发展社会组织的基础上，大力发展社会工作体制。

（六）以社会资本为补充

社会资本理论认为，国家与社会的协作是互补与嵌入的结合，互补创造了国家与社会进行富有成效的互动的基础，而嵌入则使两者通过合作实现双赢的潜能得以发挥。社会管理体制改革要转变以前政府"一元主导"的管制模式，要通过政府资源和社会力量的相互配合和合作，实现社会共治；要重视和积极发挥社会资本的作用，加强社会个人、社会组织、政府等多元治理主体间的紧密联系，建立一套高效的社会网络和关于规范、信任、权威、行动以及社会道德等方面的共识。胡锦涛总书记在深圳经济特区建立30周年庆祝大会上发表的重要讲话中提到要"形成科学有效的利益协调机制、诉求表达机制、矛盾调处机制、权益保障机制,统筹协调各方面利益关系",以及中共第十七届五中全会公报提到的"正确处理人民内部矛盾"都强调了发挥社会资本的补充作用。

(七)以社会和谐为目标

重视和解决民生问题,进行社会管理体制改革,就要处理好公平与效率的关系,强调以人为本、平等正义的价值取向,并且以满足人类需要和增进公众福祉作为出发点。概括来说,社会管理体制改革,必须坚持以科学发展观为指导,以促进社会和谐为目标。中共中央有关发展社会事业、加强社会建设,以及构建和谐社会的重大战略决策和伟大构想,为我们进行社会管理体制改革提供了重要指南,我们必须把和谐社会作为社会管理体制改革的目标归依。党的十七大报告明确指出要通过"推进社会体制改革,扩大公共服务,完善社会管理",来"推动建设和谐社会",2009年12月,胡锦涛总书记在考察广东时也明确指出,要扎实推进社会管理体制建设,确保社会和谐安定。可见,推动社会和谐发展,构建和谐社会是社会管理体制改革的基本方向和核心目标。

结 语

在当前全国加强和创新社会管理的大潮中,将社会管理理解为社会控制或化解社会矛盾的倾向明显。实际上,保持社会稳定只是社会管理的器用层面,其根本的着眼点应该是满足人民的基本需要,保障人民的基本权益。社会管理创新要以社会政策的制定和实施为主要手段,增加社会支出,扩大公共服务供给,提高服务供给效率,保障公民基本的社会权利,只有这样才能从源头上实现社会的长治久安。当前,社会各界对创新社会管理的重要性和必要性已经基本达成共识,但对于何谓社会管理以及社会管理创新的长远方向和具体路径的认识仍然比较模糊。笔者从社会政策学的视域出发,通过对社会管理概念的梳理,强调指出社会管理是对人的管理和服务,主要是保障公民的社会权利,在服务中实施管理,在管理中体现服务。基于这一认识，创新社会管理最重要的使命就是以人为本，通过发展社会政策，满足公众的基本需求，提升人民福祉，实现和谐社会。为此，社会管理创新必须重视社会政策的引导作用。通过社会政策的制定和实施切实保障公民社会权利，激发公民主体意识和参与精神，满足公民基本需要，减少社会不公，促进社会融合和社会团结，从根本上实现社会的长治久安。以社会政策为引导的社会管理创新，能充分体现以底层群众利益为依归的政治价值基础，让公众更好地分享经济改革和发展的成果。

第十五章 幸福广东：一种社会政策学的解读

一 "幸福广东"的提出

2011年1月，中共广东省委十届八次全会将"加快转型升级、建设幸福广东"作为广东省"十二五"期间发展的核心任务。"幸福广东"既是一个浪漫的概念，更是一个厚重的概念。这个概念的提出展现了广东在落实科学发展观、贯彻以人为本、转变经济增长方式过程中先行先试的风范和气魄，也是广东认真落实中央以人为本科学发展观的具体体现。它的提出象征着广东省委、省政府在施政理念上的一个重大转变。这种转变的根源在于新时期党和政府对政治合法性的探求。

改革开放30多年来，经济全球化和国际产业转移使广东找到了一个快速现代化崛起的模式，但是这种崛起没有自己的核心技术，处于全球产业链和价值链的底端，受制于国际经济和市场体系，并带来了市场高度依赖出口、能源过度消耗、环境极度破坏、劳动力廉价剥削、收入差距不断扩大等一系列的后遗症。其中最突出的是城乡之间、地区之间、不同人群之间在收入分配、财富分配等方面的不平等和不公平越来越严重，导致全国最富的地方在广东，最穷的地方也在广东。如果说前30年改革开放广东在"让一部分人先富起来"上成绩斐然的话，那么现在应该是做好"先富带后富，最终实现共同富裕"这篇大文章的时候了。建设幸福广东，分好不断做大的"蛋糕"，兑现对人民的承诺，将再造执政党的政治合法性。

三十多年前，广东在市场化经济改革过程中是排头兵，是先行者。那个时候，全国学广东。在落实科学发展观、推进社会建设的今天，"幸福广东"的提出，不仅展现了广东省决策层的政策和理论创新思维，而且也预示着广东在中国社会改革中扮演起排头兵的角色。广东省是中国改革开放的前沿，也是中国最富裕和最发达的地区。"幸福广东"的提出，也标志着中国发达地区社会政策发展的新探索。本章尝试从社会政策学的角度对"幸福广东"做出解读。

二 "幸福广东"是广东人的幸福

幸福是人们对美好生活的追求和体验。所谓幸福广东，就是一个有"美好生活"的广东。美好生活是人类恒久的追求。那么，怎样的生活才能算是美好的生活呢？我们这里从人类需要的概念出发做一个解释。社会政策学认为，存在着适用于全人类过上美好生活的普适性先决条件。这些先决条件就是身体健康和自主能力。人类不仅需要有健康的身体来生活和工作，也需要有能力对自己的生活做出选择。换言之，健康的身体与个人的自主能力是最基本的人类需要。要实现这两个基本需要必须要满足一些中介性的需要，主要有足够的有营养的食物和饮用水、稳固的住房、安全的工作和自然环境、适当的医疗保健、安全的童年、重要的基本人际关系、人身安全、经济保障、安全的节育和分娩，以及适当的基础教育。只有满足了这些中介性需要，才能实现人类的基本需要，也才能实现美好的生活。这些能够带来美好生活的需要，换一个角度来看，就是人民的福祉。

幸福的内涵是很丰富的，既涵盖物质生活，也涵盖文化生活，以及社会生活和政治生活。尽管人们对什么是幸福有各种各样的理解，但有一点是毫无疑问的，幸福的主体是人。在这个意义上，"幸福广东"就是广东人的幸福。也就是说，生活在广东的人民要人人有福祉，都能有机会和条件增进福祉。人类福祉不仅包括工作或金钱这些生存的手段，也包括必要的服务和情感需要。人类在生命的不同阶段需要不同的服务。在年幼时，需要日托、儿童服务；在中年时需要收入维持和就业服务；在老年时需要安老服务，甚至长期照顾服务。

从人类需要和人民福祉的角度看，幸福并不是空中幻影，而是有其实实在在的物质依托的（汪洋，2011）。这种物质依托首先必须满足公民基本需要，即保障和改善民生，切实解决好住房、医疗、教育、收入分配、社会保障等群众广为关注的问题，使老百姓"学有所教、劳有所得、病有所医、老有所养、住有所居"。

可是，从当前老百姓享受的教育、医疗、住房、社会保障等社会福利来看，是否存在一个所有"广东人"都享受的福利标准？答案是否定的。首先是福利地方化倾向明显。各地社会福利水平差距极大。可以说，一个城市、一个区县就有一种社会政策体制。不同地区的社会福利制度和实际福利水平相差甚远。失地农民养老保险制度、经济适用房制度等，有的地区有，有的地区没有，不同地区的最低生活保障、最低工资标准、养老金标准更是五花八门。也就是说，从社会政策和社会福利的角度看，并不存在"广东人"或"中国人"的概念，有的只是广州人、深圳人、梅州人等概念。其次，即便是单一行政区划内，城乡之间的社会福利制度也完全不同。如城乡居民实行不同的就业制度、医疗保障制度、养老保障制度、最低生活保障制度、住房保障制度，城乡二元体制根深蒂固。有的地区（如上海）还把农民工、失地农民作为单独的群体，形成三元、四元福利制度。因此，即便是社会政策意义上的广州人也不完整，又细分为广州城市人和广州农村人。再次，就业和非就业人员实行不同的福利制度。如城镇就业人员实行城镇职工医疗保险制度，非就业人员实行城镇居民医疗保险。最后，不同就业单位的人实行不同的社会政策。如目前城镇职工还可细分为政府机关、事业单位、企业职工等多种身份群体。以医疗保险为例，机关事业单位实行公费医疗制度（其中不同行政级别的官员又享受不同的医疗待遇），企业从业人员实行城镇职工医疗保险。

从上述分析可以看出，目前中国的社会保障体制，是一个针对不同人群设计的制度分割的体制，是一个非常板块化或碎片化的社会保障制度。甚至可以说，我国现行的社会政策体系实际上是"一国多制"的框架安排（岳经纶，2010b：56）。这种碎片化的社会保障体制具有较低的公平性和效率，并对城乡统一的劳动力市场的形成产生负面影响（左学金，2010）。建设"幸福广东"，首先要在民生社会福利领域形成一个"广东人"的概念。作为一个广东人，在社会福利和社会保障领域应该有一个共同的福利权利或共享的服务项目，或者某种福利象征或符号，比如说，不管身处何地，只要在广东境内，大家都享有某些底线平等的福利待遇。但到目前为止，还找不到这样一个福利象征或具体福利。近年来，广东也在积极推进养老保险省级统筹、建设适度普惠型社会福利制度等，这些都可以看成建构统一的"广东人"的一个要素，不过还仅仅是一个开始。

三 寻找广东人：构建统一的省域公民身份

碎片化社会政策体系的根源在于我们根据户籍身份、阶级、所有制、职业、行政级别等把人划分成多种社会身份，对不同社会身份的人实行不同的社会福利制度。换言之，我们的社会福利制度是以身份为本位的，而不是以人的需要为本位。而现代社会保障的起源正是源于人的需要。

工业革命以来，工业化、市场化和城市化撕下了传统乡土社会温情脉脉的人际面纱。工业社会中的风险（如失业、伤、老、病、死）不可能继续由传统的家庭、亲属、教会、行会和慈善机构来化解。市场化力量尽管在创造效率和财富方面有着无与伦比的作用，但其自发运作会带来过度的"商品化"，必然导致社会两极分化和贫富之间的严重对立，从而危及社会的和谐稳定。为此，现代工业国家必须全面干预个人社会生活，不断强化国家的社会功能。满足个人需要成为国家的基本职能和义务。公民享有享受公共教育、医疗卫生等社会福利，成为体现公民社会权利的基本制度安排（Marshall，1964）。

社会权利是公民身份的重要组成部分。英国社会学家马歇尔认为，公民身份（citizenship）包括三个基本维度：民事权利（civil right）、政治权利（political right）、社会权利（social right）。民事权利也可以称作市民权，是个人作为独立个体自由地支配自己所必须拥有的权利。用马歇尔的话来说，"民事因素由个人自由所必需的各种权利组成：人身自由，言论、思想和信仰自由，占有财产和签署有效契约的权利，以及寻求正义的权利。与民事权最直接相关的机构是法院"。政治权利指的是作为政治权威机构的成员或此种机构成员的选举者参与行使政治权力的权利，与其相对应的机构是国会和地方政府的参议会。至于社会权利,则是指从享受少量的经济和安全的福利到充分分享社会遗产并按照社会通行标准享受文明生活的权利等一系列权利,与之最密切相关的机构是教育系统和社会服务(Marshall,1964)。从人类自由的角度来看,三大权利分别代表三种不同的自由形态,即"免于国家干预的自由""在国家中的自由""通过国家获得的自由"(Bauman,2005)。在这三种权利形式中,社会权利出现最晚,但与社会福利关系最密切。马歇尔将社会权利归纳为四个方面:一是最基本的经济福利与安全;二是完全享有社会遗产;三是普遍标准的市民生活与文明条件;四是年金保险,保障健康生活。在这个意义上,社会权利本质上就是社会福利权。在马歇尔看来,只要一个国家的公民具有这个国家的成员资格,那么他就有从该国获得福利保障,并根据社会中流行标准过一种文明生活的权利,国家有责任帮其实现这一目标。而且个人接受福利救助不应该以丧失个人尊严为代价,接受救助是个人的权利而不是要求施舍和怜悯。

从我国的现实来看,从来就不存在统一的社会公民身份。在计划经济时代,国家在户籍制度的基础上,按照城乡分割的原则,在城乡建立并实施了两套截然不同的社会政策体系,形成了二元"社会中国"。改革开放以来,国家从社会公共服务中全面退却,国家的社会政策功能严重削弱,社会保障制度和社会福利改革带有明显的市场化取向,使得社会政策沦为国家经济政策的附庸。相应的,二元"社会中国"的格局进一步分化,呈现三元(农民工是第三元)"社会中国"格局,"社会中国"的整体图景日益模糊。21世纪以来,随着科学发展观和社会主义和谐社会的提出,教育、医疗、住房等社会民生问题日益得到高度重视,社会政策在经济发展和社会进步中的作用被重新发现。伴随着一系列新社会政策的出台,我国进入了社会政策体系的重建期,但旧的城乡差距和城乡分割的社会政策体系、地区差距与福利的地域不平等继续制约着社会政策的集中化发展,统一的"社会中国"的构建依然存在着巨大的挑战(岳经纶,2010b)。

令人欣喜的是,我们也发现,一些富裕的地方政府,尤其是在沿海发达地区以及一些资源丰富的内地市县,在改善民生、发展社会事业的政策感召下,大力推进本地的社会保障制度建设,特别是城乡统筹、城乡一体的社会保障制度建设，为本地居民提供不分城乡户籍区隔的社会保障制度。这些努力的结果是形成了若干具有整合意义的"福利地区"（以地区为界限的"福利国家"安排）。例如，在东莞，不仅实现了一个制度覆盖所有人的基本医疗保障制度，而且也建立了城乡一体的社会养老保险制度。换言之，东莞已经建立起一个以东莞市辖区为边界，以东莞地域身份为本位的，具有福利国家性质的"福利地区"。整合性的"福利地区"的形成，就其积极意义而言，是在一定的地域范围内建立了统一的社会福利制度，这种不分户籍身份、不分职业群体的社会福利制度有利于形成"地域公民身份"。这种"地域公民身份"无疑是形成全国性的公民身份的一个重要起点和基础。从长远来看，这种地域公民身份在空间上的不断扩张无疑将有利于全国统一的"公民身份"的形成。

但是，在地级市或区县一级形成的地域公民身份其空间范围过于狭小，而且在地方政府的政策创新下只会产生越来越多样化的地域政策，要把它扩大到整个中国，将经历漫长的过程。为此，一个合理选择是建构"省域公民身份"。所谓"省域公民身份"，就是以省级政府的管辖范围为空间界限，建立不分城乡、不分地区的统一的公民身份。省域公民身份的建立，可以消除城乡之间、不同职业或社会群体之间在社会福利与服务上的身份差异，也就是说，建立起以省为单位的"公民身份资格"。与市县管辖范围内的地域社会公民身份相比，"省域公民身份"具有更大的空间范围，有利于推动全国性公民身份的建构。省域公民身份并不排斥外来者。省级政府将制定相关政策规定，便利外省居民合法取得本省的"公民身份"。

四 福利广东的实践模式：基本公共服务均等化与基本公共服务一体化

"幸福广东"的提出是建构统一的广东"省域公民身份"的有利契机，必须通过福利广东建设形成社会政策意义上的"广东人"概念，逐步形成全省范围内不分城乡户籍、地区、职业群体的统一的社会福利制度。

当前，建设福利广东必须破除国人对福利国家的误解。福利国家并不是高福利的代名词。最早在社会福利和社会政策意义上使用"福利国家"这个术语的是威廉·坦普尔大主教（William Temple）。他在第二次世界大战中期（1941年）提出这样一个希望：当战争结束的时候，英国的福利国家（或权力国家）和它整体或部分的国家机器，能够像剑变成铧头一样发生转变，变成一个和平与慈善的福利国家（Dean，2010：165）。因此，"福利国家"是与"战争国家"相对的一个概念，是对国家福利属性的描述，表明国家开始承担起对公民的福利责任，凸显了国家的社会功能，而不是战争功能。福利国家首先是一种福利态度，其次才是一种福利程度。实际上，不同时期福利国家的福利水平都在发生变化，不同福利国家模式的福利水平也相差甚远（如英国、美国、德国、瑞典等虽然都是福利国家，但福利水平相差非常大）。福利国家是人类共同的追求，并不因为肤色、民族及意识形态的差异而不同，不仅真正的社会主义一定是人民幸福的福利社会，而且以福利国家为代表的西方福利社会的发展实践总体上也是成功的，它不仅维系了并且还在继续维系西方世界的繁荣与稳定（郑功成，2000b）。

党的十六大以来，以胡锦涛总书记为核心的新一届领导班子对民生非常重视，近几年已经在义务教育、新型农村合作医疗、新型农村养老保险、新医改等方面进行了很多探索，但是，在这些具体的单项福利改革的背后，还需要一套清晰的福利社会重建战略指导。在建设幸福广东、改善民生、加强社会建设的大背景下，广东实际上已经进入福利社会重建、探索新的福利模式的新阶段。福利广东建设应该借鉴福利国家的经验和教训，在反思的基础上再出发。

我们认为，福利广东应该以基本公共服务均等化和基本公共服务一体化为切入点，作为福利广东的实践模式。理由有二：一是基本公共服务均等化已经引起中央和地方的高度重视。2006年全国人大通过的《中华人民共和国国民经济和社会发展第十一个五年规划纲要》和党的十六届六中全会通过的《中共中央关于构建社会主义和谐社会若干重大问题的决定》均提出逐步实现基本公共服务均等化，党的十七大报告进一步提出"围绕推进基本公共服务均等化和主体功能区建设，完善公共财政体系"

的要求,《中华人民共和国国民经济和社会发展第十二个五年规划纲要》同样有"推进基本公共服务均等化"的表述。党和国家的政策文件对基本公共服务均等化的重视程度已经超越适度普惠型社会福利等概念,成为中国保障和改善民生的重要抓手。二是广东具有基本公共服务均等化和一体化的良好基础。广东省2009年出台了《广东省基本公共服务均等化规划纲要(2009—2020年)》,2010年又制定了《珠江三角洲基本公共服务一体化规划纲要(2009—2020年)》。

基本公共服务一体化与基本公共服务均等化既紧密联系,又各有侧重。一体化和均等化都具有自己的初级阶段和高级阶段。在初级阶段,一体化侧重于打破行政体制障碍,加强跨地区性的公共事务管理协作,实现公共服务资源共建共享;均等化则是在承认地区、城乡、人群存在差别的前提下,保障所有公民都享有一定标准之上的基本公共服务,其实质是"底线均等"。到了高级阶段,一体化要求在前期打破壁垒、共建共享的基础上,不断拉近各地基本公共服务的范围、标准和基础设施建设,使各地公民共享同等水平的基本公共服务。均等化在其高级阶段也逐步由最低公平、底线均等向人均财力的均等化、公共服务产出结果均等化转变,成熟的公共服务均等化状态就是要实现不同区域、城乡之间、居民个人之间享受的基本公共服务水平一致。因此,虽然在初级阶段,均等化和一体化各有侧重(均等化侧重最低公平,实现"底线均等",一体化侧重打破界限和壁垒,实现共享共建),但从长期来看,均等化和一体化都有消除差别,拉近乃至统一标准,从多元走向一元的意思。在这个意义上,基本公共服务一体化和基本公共服务均等化是融合的、相通的。基本公共服务一体化是要让均等化的基本公共服务冲破地域和行政区划的界线和壁垒,在城市间自由流动起来,而不是局限在单个城市内部画地为牢。基本公共服务一体化是流动的基本公共服务均等化。

综上所述,从建设福利广东、建构统一的"省域公民身份"来看,基本公共服务均等化的任务是要形成福利地区。具体来说,就是要在较大的空间范围内,即地级市的范围内(像东莞一样),率先建立起不分户籍身份、不分区域(县级)、不分职业群体的社会福利制度,形成以城市辖区为范围的"福利地区"。例如佛山等地可以先建立起全市统一的,不分城乡、市辖区、职业群体的统一的社会福利制度。基本公共服务一体化的任务则是要打破福利地区。两个相邻的"福利地区"可以通过"同城化"实现"福利地区"的空间扩张，再通过社会领域的区域一体化实现更大的空间扩张，从而建立起省域范围的福利空间。只有这样，社会政策意义上的"广东人"才指日可待。

结　语

从社会政策学的视角出发，本章认为，实现"幸福广东"，简单地讲，就是要满足广东人民的需要，增进广东人民的福祉，让广东人民过上美好的生活，换言之，也就是要建设"福利广东"。为此，广东要在雄厚的经济基础上，构建起全面而完善的社会政策体系。社会政策是关于人民福祉的政策。政府通过社会政策为其公民提供福利和服务。从内容上看，经典的社会政策体系主要包括六大领域：社会保障、医疗卫生服务、住房、教育、就业、个人社会服务。这些领域也就是基本公共服务均等化的基本内容。"幸福广东"的落脚点是幸福的广东人。要建设"幸福广东"，需要缩小省内城乡之间、地区之间、群体之间在获得和享用劳动就业、教育、医疗卫生、社会保障、养老、住房、文化、科技等社会公共服务方面的差距，消除社会公共服务安排中的户籍歧视、地域歧视和身份歧视，使广东省内城乡居民享有大致相同数量和质量的社会公共服务。为此，需要建构起广东省内统一的"省域公民身份"。在统一的广东"省域公民身份"的基础上实现"幸福广东"。而统一的广东"省域公民身份"的实现，则需要强化省级政府在社会保障和公共服务中的角色，提升省级政府的社会政策支出水平。此外，为了丰富和发展"幸福广东"这一社会政策创新，我们还需要在社会政策学的视野下建构一些配套概念，如"福利地区""福利广东""社会广东""省域公民身份"等。

结语　中国社会政策的扩展与福利国家的成长

自 2002 年中共十六大以来，随着我国经济社会形势的变化，党和政府充分认识到经济增长与社会发展不平衡造成的危机及后果，开始高度重视教育、医疗、住房等社会基本需要的满足，以保障和改善民生为核心目标的社会政策因而得以进入最高决策议程。可以说，我国从此进入了社会政策的快速扩展期。

一　中国社会政策的扩展

我国社会政策的扩展表现在以下几方面。

第一，大量新的社会政策项目不断涌现，社会政策的标的群体已经不再局限于城镇职工，不再局限于正规就业部门，不再局限于劳动力市场内部，开始扩散到农村群体、非正规就业部门以及劳动力市场外部。一句话，社会政策超越了以就业为基础的社会保险领域。

第二，许多原有的社会政策项目的覆盖面得到了扩大，特别是社会保险项目。社会医疗保险政策从城镇职工扩大到了城乡居民，并形成了全民医保格局，实现了全民医保；公共养老保险计划也出现了类似的扩展趋势，不仅包括城镇职工，也扩展到农民工、灵活就业群体，乃至农民群体。作为社会救助政策核心内容的最低生活保障政策也从城镇扩展到整个农村地区。在教育政策领域，九年义务教育全面普及。

第三，与社会政策扩展相适应，我国的社会政策支出水平也有了相当幅度的提高。从 2003 年到 2010 年，我国各项社会政策支出的绝对量呈现持续上升的趋势，整体公共社会支出水平，无论是用公共社会支出占GDP的比重，还是用公共社会支出占政府财政总支出的比重来衡量，也都呈现上升趋势。以就业与社会保障、教育和卫生支出为例，同一时期这一支出占GDP的比重从4.69%上升到6.60%。当然，与政府财政收入的快速增长相比，社会政策支出的增幅还显得很温和。

所有这一切都表明，政府正在改变过去忽视社会福利功能的倾向，试图把国家带回社会福利领域。分析这一时期的社会政策扩展，我们可以找到这样一些特征。

第一，政府，特别是中央政府的社会福利和公共服务的角色得到了加强，尤其是在教育、医疗和社会救助领域。据统计，在2011年，1/3的中央预算进入了社会政策领域。

第二，我国的社会政策体系，或者说社会保护体系变得更具包容性，城乡社会保障体制逐步整合。社会保护的对象不再只限于城市职工和居民，也开始瞄准更多的社会弱势群体，特别是农民工和农民。在这一时期，农村社会政策得到了很大的发展，许多社会政策空白点得到了填补，农民不仅可以享受低保等社会救助政策，而且也开始享受医疗、养老等社会保险政策。同样的，农民工也开始成为很多社会政策和公共服务的受益者。

第三，一些地方政府在社会政策创新中表现出了积极态度，如神木、东莞等地，积极构建有地方特色的社会政策体系。

第四，社会组织得到发展，并且在社会服务中开始扮演重要角色。公益慈善类社会组织得到了政府的鼓励，地方政府还通过政府购买服务来支持社会组织的发展。

第五，社会服务快速发展，专业社会工作队伍成长。

第六，随着全民医保体系的形成、低保政策的全面覆盖，以及免费义务教育的实现，我国的社会政策开始突破传统的城乡分割、职业分割、区域分割，正在形成以社会公民身份为基础的政策趋势。

总结而言，中共十六大以来的社会政策扩展，为弱势群体带来了更多的社会保护，推动了我国碎片化的社会保障体制的进一步整合，提升了公众的社会权利意识，增进了人民的福祉。可以说，我国社会政策的发展促进了福利国家的成长。

二 成长中的福利国家

不断发展的社会政策包容性、走向全覆盖的社会保险和社会救助政策、不断强化的国家福利和服务责任、稳步增加的社会支出、逐步形成的社会公民身份、不断提升的福祉水平，为中国的福利制度带来了很大的变化。概言之，我国社会政策的扩展正在催生一个新兴的福利国家，中国正在加入具有健全的社会保障制度的国家行列。因为我国具备了一个福利国家发展所有的基本要素，包括：（1）一个保底的社会救助安全网，（2）社会保障的主要成分（提供收入保障的养老、疾病、工伤、失业保险），（3）基础教育的普及，（4）基本卫生保健服务的普及，（5）社会服务的广泛发展。

当然，中国的福利国家还只是成长中的福利国家，无论是福利制度的覆盖面，还是福利供给的水平，都处于发展的初级阶段。就福利提供或者说覆盖面而言，中国福利国家还没有实现普遍化，不同群体在待遇上还存在着巨大的不平等。甚至可以说，它不是一个福利国家，而是很多个福利国家，且差异巨大，其中最大的鸿沟存在于城乡居民之间。在城乡居民这两个群体之间，还存在一个数量庞大的农民工和其他非正规就业人员，和普通的城市居民相比，他们享有的社会权利微不足道。

与成熟的福利国家相比，中国福利国家还存在一个明显的不足，那就是缺乏有效的儿童与家庭政策。虽然我国法律规定的产假时间较长，但是却没有关于儿童照顾与性别平等的经济和服务支持的政策。有关保护妇女权益的规定更多的是象征性的。在某种程度上，中国仍然是一个存在性别等级的社会，在家庭生活里里外外还有很多背离性别平等理念的做法。家庭暴力普遍，家庭关系紧张。计划生育政策给年轻女性带来了沉重的现实和心理的压力，因为她们需要承担避孕、流产的责任，以及生男孩的压力。

更重要的是，我国福利国家的成长，正遭遇观念和理论的制约。长期以来，在谈论社会保障的必要性和重要性时，人们往往会说，社会保障是社会稳定的"减震器""减压阀"等，这些说法不无道理。从国家治理的角度看，通过提供社会保障政策和服务，可以规避社会风险，减少社会问题，缓和社会矛盾，维持社会稳定。但是，如果仅仅从这个角度来认识社会保障，就只会看到社会保障的工具性，难以激发发展和改革社会保障制度的动力，难以建设有理想、有目标的社会保障制度，更难以推动社会主义制度的完善。在工具性的视角下，社会保障只是维护社会稳定的一个辅助工具，只是提升政治合法性的一种手段，只要社会稳定没有受到影响，就不会主动进行社会保障制度的规划和改革。事实上，在过去一段时间，我们更多的是从工具性的角度来看待社会保障制度的作用，把社会保障制度仅仅视为"经济改革的配套工程"，连社会保障制度社会安全阀的功能也没有给予足够的重视，宁可花大钱去进行事后维稳。其后果只能是公众的许多基本需要得不到满足，造成庞大的社会弱势群体，并影响社会稳定和和谐。出于对福利发展影响经济发展的担忧，我国的社会福利发展一直强调低水平：低水平的社会保险加边缘化的社会救助和福利服务。在整个社会福利制度设计中，没有远景，没有蓝图，极少能表现应该有的进步性。

三 建构不断增进人民福祉的福利国家

长期以来，我们偏爱社会保险、社会保障、民生发展、人民福祉，避谈社会福利，更视福利国家为贬义词，甚至将其妖魔化。其实，现代福利国家与社会保障制度密不可分，福利国家与国家治理现代化密不可分。现实中存在的福利国家就是以社会保障制度为核心制度的再分配制度。既然我们支持社会保障制度的发展，就没有必要讳言福利国家建设。尽管现实中的福利国家存在着这样或那样的问题，不可否认的是，福利国家是以改善国民福利、提升人民福祉、促进公平正义为目标的一整套理念和制度安排，是现代先进国家的国家目标，也是先进国家的基本标志。中国要想跻身世界先进国家之林，赢得全世界的尊重，必须把发展福利国家作为国家建设和国家发展的基本目标。

我国社会保障的理论和政策研究必须树立起建设中国特色福利国家的使命感和责任感。毋庸讳言，近十几年来，我国社会保障研究取得了重大的进展，在社会建设和社会发展中的作用日益突出。然而，我国社会保障研究的不足也十分明显。我们的研究过多聚焦于对策研究、精算技术等经验层面，而忽视了社会保障规范层面的研究，缺乏应有的价值理念和愿景。我们的研究过多地偏向社会保障制度的经济层面、财务层面，而没有对以下领域给予应有的关注，如社会保障与市场经济的关系，社会保障与民主政治的关系，社会保障与服务型政府的关系，社会保障与社会权利的关系，社会保障与社会公民身份的关系，社会保障与社会包容、社会和谐的关系等等，更没有把社会保障与我国要建成一个什么样的国家结合起来。正是缺乏对这些问题的规范性研究，制约了社会保障学术界和理论界在我国社会保障制度建立和完善中的作用。面对我国社会保障制度体系的碎片化、城乡社会保障体系的二元分割、户籍制度改革的滞后，以及高涨的公众权利意识和福利服务需要，我国社会保障学界亟待加强规范研究，加强对福利国家理论与实践的研究。

随着我国经济总体实力的加强，以及第五代领导集体的登台，我国急需全面构思社会政策体系和制度体系，进行社会保障制度的顶层设计。而顶层设计的进行，需要引入社会政策与福利国家的理念，必须重视人民需要的满足和人民尊严的维护，把建设中国特色的福利国家作为国家建设和社会发展的战略目标。换言之，就是要致力于构建以社会公民身份为基础的"社会中国"。

只有把建设中国特色福利国家作为我国社会保障制度建设的战略目标，我国的社会政策体系和制度体系才能更趋合理，我国合理的收入分配体制和社会结构才能形成，政府职能的转变才会有方向和动力，服务型政府才能得以构建，公共服务的质量才能不断提高，人民的生活质量和幸福感才能不断提升，社会和政治才能实现真正的稳定与和谐。总括而言，随着科学发展观的落实和全面小康社会的建成，中国特色的福利国家也将应运而生。可以说，只有福利国家的成长才能真正推动我国走向公平公正的社会建设之路。

党的十八届三中全会通过的《关于全面深化改革若干重大问题的决定》明确指出，全面深化改革要"以促进社会公平正义、增进人民福祉为出发点和落脚点"；要"紧紧围绕更好保障和改善民生、促进社会公平正义深化社会体制改革";要"建立更加公平可持续的社会保障制度";要"促进共同富裕";要"让发展成果更多更公平惠及全体人民"。如何增进人民福祉,如何更好地保障和改善民生,如何促进社会公平正义,如何促进共同富裕,如何让发展成果更多更公平地惠及全体人民,这些问题都与社会保障制度的改革与发展、与中国特色福利国家建设密切相关。因此,我们完全有理由认为,该决定的这些重要论述,为我们认识社会政策与社会保障制度在完善和发展社会主义制度中的重要作用,探索如何构建中国特色福利国家提供了理论上的指引。

参考文献

A. M. 奥马罗夫，1987，《社会管理》，王思斌等译，浙江人民出版社。

OECD，2006，《中国公共支出面临的挑战——通过更有效的公平之路》，清华大学出版社。

考斯塔·艾斯平-安德森，2004，《福利资本主义的三个世界》，法律出版社。

安东尼·哈尔、詹姆斯·梅志里，2006，《发展型社会政策》，罗敏等译，社会科学文献出版社。

安东尼·吉登斯，1998，《民族—国家与暴力》，胡宗泽等译，上海三联书店。

安体富，2007，《完善公共财政制度 逐步实现公共服务均等化》，《财经问题研究》第7期。

戴维·奥斯本、特德·盖布勒，2006，《改革政府：企业家精神如何改革着公共部门》，周敦仁等译，上海译文出版社。

北京市社会保障局，2009，《北京市城乡居民养老保险办法实施细则》，http://www.bjld.gov.cn/LDJAPP/search/fgdetail.jsp?no=11013。

财政部，2006，《财政部关于印发政府收支分类改革方案的通知》2月10日。

财政部社会保障司课题组，2007，《社会保障支出水平的国际比较》，《财政研究》第10期。

财政部预算司，2006，《政府收支分类改革问题解答》，中国财政经济出版社。

蔡昉，2008，《中国劳动与社会保障体制改革30年研究》，经济管理出版社。

查尔斯·林德布洛姆，1988，《决策过程》，竺乾威、胡君芳译，上海译文出版社。

常宗虎，2001，《重构中国社会保障体制的有益探索——全国社会福利理论与政策研讨会综述》，《中国社会科学》第3期。

陈桂光，2009，《广东省社会福利服务发展的现状与面临的挑战》，《广东民政》第9期。

陈良谨，1990，《社会保障教程》，知识出版社。

陈平，2002，《建立中国统一的社会保障体系是自损国际竞争力的短视国策》，《中国改革》第4期。

陈奇，2009，《广东社会福利服务资金投入及思考》，《广东民政》第9期。

陈小强，2008，《我国政府购买社会工作服务初探》，《中国政府采购》第6期。

陈晓安，2009，《建立全国统筹的农民工养老保险制度的必要性及对策研究》，《农业经济》第2期。

陈颐，2008，《社会保障建设和财政体制改革》，《江海学刊》第6期。

崔玉开，2011，《加强和创新社会管理就是变被动维稳为主动创稳——访中国社会科学院教授于建嵘》，《行政管理改革》第1期。

戴安娜·迪尼托，2007，《社会福利：政治与公共政策》，何敬、葛其伟译，中国人民大学出版社。

戴均良，2005，《社会管理体制改革，创新体制求和谐》，《人民日报》6月24日。

戴卫东，2009，统筹城乡基本养老保险制度的十个关键问题，《现代经济探讨》第7期。

道格拉斯·C.诺斯，1994，《制度、制度变迁与经济绩效》，上海三联书店。

哈特利·迪安，2009，《社会政策学十讲》，岳经纶等译，上海人民出版社/格致出版社。

丁元竹，2006，《完善社会管理体制》，载丁元竹著《社会发展管理》，中国经济出版社。

丁元竹，2009，《社会体制改革的切入点：公共领域的投资体制》，载岳经纶主编《中国的社会保障建设：回顾与前瞻》，东方出版中心。

东莞市人民政府，2005，《关于进一步完善我市农（居）民基本养老保险制度的通知》东府〔2005〕185号。

东莞市人民政府，2006，《关于调整我市农（居）民基本养老保险有关待遇标准的通知》东府〔2005〕185号。

东莞市人民政府，2006，《关于进一步深化我市农（居）民基本养老保险制度改革的通知》东府〔2006〕57号。

东莞市社会保障局社会保险政策研究室，2009，《东莞市社会保险志》（内参）。

方丽强，2007，《对养老保险省级统筹运作模式的设想》，《决策与信息（财经观察）》第10期。

丰华琴，2010，《从混合福利到公共治理》，中国社会科学出版社。

冯兰瑞，2002，《社会保障社会化与养老基金省级统筹》，《中国社会保障》第10期。

高红岩、吴湘玲，2009，《我国基本养老保险的地方分割及其对策探讨》，《武汉大学学报》（哲学社会科学版）第4期。

高景柱，2011，《国家职能、国家能力与国家构建》，《湖北社会科学》第3期。

高书生，2006，《社会保障改革何去何从？》，中国人民大学出版社。

顾昕，2009a，《新医改的三大新方向》，《乡音》第7期。

顾昕，2009b，《"全民免费医疗"还是"全民医疗保险"》，《中国社会保障》第8期。

顾昕、王旭，2005，《从国家主义到法团主义——中国市场转型过程中国家与行业团体关系的演变》，《社会学研究》第2期。

顾昕、周适，2010，《中国公共教育经费投入与支出的现实审视》，《河北学刊》第3期。

顾昕、朱恒鹏、余晖，2011，《有管理的竞争》，《经济观察报》3月

4日。

关信平，2008，《序·社会政策春天中的理论思考》，载徐道稳著《迈向发展型社会政策——中国社会政策转型研究》，中国社会科学出版社。

广东财政年鉴编辑委员会，2008，《广东财政年鉴（2008）》，广东经济出版社。

广东财政年鉴编辑委员会，2009，《广东财政年鉴（2009）》，广东经济出版社。

广东省劳动和社会保障厅，2001，《广东省省级社会保险调剂金管理暂行办法》粤劳社〔2001〕68号。

广东省人民政府，2008，《关于改革完善省级养老保险调剂办法的通知》粤府〔2008〕106号。

广东省人民政府，2009，《印发广东省企业职工基本养老保险省级统筹实施方案的通知》粤府办〔2009〕15号。

广东省统计局、国家统计局广东调查总队编，2008，《广东统计年鉴（2008）》，中国统计出版社。

广东省统计局、国家统计局广东调查总队编，2009，《广东统计年鉴（2009）》，中国统计出版社。

郭巍青，2009，《打碎官僚制，大学生才愿进社区》，《南方都市报》3月10日。

郭云、李赖志，2010，《完善转移支付制度力求公共服务均等化》，《经济研究导刊》第16期。

国家老龄委办公室，2008，《我国城市居家养老服务研究》，http://www.gov.cn/jrzg/2008-02/21/content_896316.htm。

国家体改委国外经济体制司、分配体制司，1989，《弗里德曼教授等外国专家对我国社会保险制度改革的几点意见》，《中国劳动》第7期。

国家统计局，2009，《中国统计年鉴（2009）》，中国统计出版社。

国家统计局，2010，《中国统计年鉴2010》，中国统计出版社。

国务院，1997，《国务院关于建立统一的企业职工基本养老保险制度的决定》国发〔1997〕26号。

国务院，2000，《国务院关于印发完善城镇社会保障体系试点方案的通知》国发〔2000〕42号。

国务院，2005，《国务院关于完善企业职工基本养老保险制度的决定》国发〔2005〕38号。

国务院新闻办公室，2002，《中国的劳动和社会保障状况》（白皮书），新星出版社。

国务院新闻办公室，2004，《中国的社会保障状况和政策》（白皮书），新星出版社

韩冬雪，2011，《社会管理谨防落入西方陷阱》，《人民论坛》第21期。

韩俊魁，2009，《当前我国非政府组织参与政府购买服务的模式比较》，《经济社会体制比较》第6期。

何立新、封进、佐藤宏，2008，《养老保险改革对家庭储蓄率的影响：中国的经验证据》，《经济研究》第10期。

何增科，2008，《中国社会管理体制改革与社会工作发展》，载何增科主编《社会管理与社会体制》，中国社会出版社。

侯岩，2005，《推进社会管理体制创新》，《中国经贸导刊》第4期。

胡鞍钢，2001，《中国新政奠基石——关于建立全国统一基本社会保障制度、开征社会保障税的建议》，《财经界》第9期。

胡锦涛，2007，《高举中国特色社会主义伟大旗帜，为夺取全面建设小康社会新胜利而奋斗》，《中国共产党第十七次全国代表大会文件汇编》，人民出版社。

胡锦涛，2011，《扎扎实实提高社会管理科学化水平，建设中国特色社会主义社会管理体系》，http://cpc.people.com.cn/GB/64093/64094/13958405.html。

黄国基，2012，《让岗位社工更放异彩》，载深圳市社会工作协会编《深圳社会工作发展报告（2012）绿皮书》，深圳市江山印刷有限公司。

黄佩华，2003，《中国：国家发展与地方财政》，中信出版社。

黄书亭、周宗顺，2004，《中央政府与地方政府在社会保障中的职责划分》，《经济体制改革》第3期。

黄源协、萧文高，2006，《社会服务契约管理——台湾中部四县市社会行

政人员观点之分析》，《台大社工学刊》第 13 期。

贾西津等，2009，《中国政府购买公共服务研究终期报告》，http：//www. chinapo. gov. cn/web/showBulltetin. do？ id ＝ 44315&dictionid ＝1831。

贾英姿，2008，《中国社会保障支出水平研究》，中国税务出版社。

金正帅，2008，《提高养老保险统筹层次的阻力及对策》，《网络财富》第 12 期。

经济合作与发展组织，2006，《中国公共支出面临的挑战：通向更有效的公平之路》，清华大学出版社。

景天魁，2003，《中国社会保障的理念基础》，《吉林大学社会科学学报》第 3 期。

景天魁，2004，《城乡统筹的社会保障：思路与对策》，《思想战线》第 1 期。

敬乂嘉，2009，《合作治理：再造公共服务的逻辑》，天津人民出版社。

敬乂嘉，2011，《社会服务中的公共非营利合作关系研究》，《公共行政评论》第 5 期。

康晓光、冯利，2011，《中国第三部门观察报告（2011）》，社会科学文献出版社。

柯卉兵，2008，《略论社会保障财政纵向失衡》，《中国社会保障》第 10 期。

柯卉兵，2009，《中国社会保障财政支出的地区差异问题分析》，《公共管理学报》第 1 期。

柯卉兵，2010a，《分裂与整合：社会保障地区差异与转移支付研究》，中国社会科学出版社。

柯卉兵，2010b，《社会保障转移支付的公共经济学解析》，《当代财经》第 8 期。

克劳斯·尼尔森，2006，《东欧福利制度比较分析》，载本特·格雷夫主编《比较福利制度——变革时期的斯堪的纳维亚模式》，重庆出版社。

孔繁斌，2012，《中国社会管理模式重构的批判性诠释——以服务行政理论为视角》,《行政论坛》第 1 期。

乐园,2008,《公共服务购买:政府与民间组织的契约合作模式——以上海打浦桥社区文化服务中心为例》,《中国非营利评论》第 1 期。

李昌东、杨志娟,2008,《探析省级统筹农村养老保险制度的建立》,《中共贵州省委党校学报》第 2 期。

李昌平、游敏,2012,《加快社会建设必须改革"社会全能型"政府》,《南方日报》5 月 26 日。

李程伟,2005,《社会管理体制创新:公共管理学的视角的解读》,《中国行政管理》第 5 期。

李明镇,2001,《社会养老保险改革中"空账"问题及对策研究》,《西北人口》第 2 期。

李培林,2011,《创新社会管理是我国改革的新任务》,《人民日报》2 月 18 日。

李绍光,1998,《养老金制度与资本市场》,中国发展出版社。

李绍光,2006,《当前社会保障改革的两个体制性问题》,《社会保障制度改革》第 3 期。

李晓萍,2005,《试论和谐社会的社会管理体制创新》,《前沿》第 8 期。

李学举,2005,《加强社会建设和管理,促进社会和谐发展》,《求是》第 7 期。

李亚青,2001,《我国卫生总费用筹资来源结构分析》,《中国卫生经济》第 12 期。

李珍,2001,《社会保障理论》,中国劳动社会保障出版社。

李珍,2007,《社会保障理论》(第二版),中国劳动社会保障出版社。

李珍、万明国,2003,《中国过渡期社会保障的政策选择分析》,《华中科技大学学报》(社会科学版)第 6 期。

李姿姿,2009,《当代国家治理模式的变革及其启示——对福利国家、发展型国家和转型国家当代发展的考察》,《甘肃行政学院学报》第 4 期。

联合国开发计划署,2008,《中国人类发展报告 2007~2008:惠及 13 亿人的基本公共服务》,中国对外翻译出版公司。

梁佩瑶,2009,《香港社会服务模式》,粤港社会服务交流与研讨会材料。

梁祖彬、颜可亲，1996，《权威与仁慈：中国的社会福利》，香港中文大学出版社。

林尚立，2011，《重构府际关系与国家治理》，《探索与争鸣》第1期。

林淑馨，2008，《非营利组织管理》，台北三民书局。

林毓铭，1999，《我国养老保险改革面临的挑战》，《探索与争鸣》第11期。

林毓铭，2007，《完善养老保险省级统筹管理体制的思考》，《市场与人口分析》第4期。

林治芬，2002，《中国社会保障的地区差异及其转移支付》，《财经研究》第5期。

林治芬，2007，《社会保障资金管理》，科学出版社。

林治芬、高文敏，2006，《社会保障预算管理》，中国财政经济出版社。

令狐安，1995，《中国的社会保险与经济改革》，载中国（海南）改革发展研究院主编《中国走向市场经济中的社会保障制度改革——中国社会保障与经济改革国际研讨会文集》，民主与建设出版社。

刘昌平，2009，《社会养老保险制度城乡统筹之路探索》，《社会保障研究》第2期。

刘洪清，2008，《王建伦：横看成岭侧成峰》，《中国社会保障》第12期。

刘钧，2003，《社会保障水平的理论思考》，《东北财经大学学报》第5期。

刘钧，2005，《社会保障理论与实务》，清华大学出版社。

刘俊霞，2011，《深圳政府购买社工岗位的实践》，载岳经纶、刘洪、黄锦文主编《社会服务：从经济保障到服务保障》，中国社会出版社。

刘俊霞，2004，《收入分配与我国养老保险制度改革》，中国财政经济出版社。

刘雯静，2008，《进一步提高我国基本养老保险统筹层次的思考》，《价格月刊》第12期。

刘志国、姜浩，2006，《社会保障财政责任的界定》，《北方经贸》第2期。

龙健，2001，《论我国养老保险改革的制度创新》，《重庆工学院学报》第

6期。

卢政春，2000，《工作权保障与劳工福利建构》，《东吴社会学报》第9期。

卢政春，2004，《台湾社会安全体系之问题与对策》，新世纪第二期国家建设计划研拟·专题研究系列 III，http://www.cepd.gov.tw/dn.aspx? uid = 728。

路风，1989，《单位：一种特殊的社会组织形式》，《中国社会科学》第1期。

吕大乐，2010，《凝聚力量——香港非政府机构发展轨迹》，香港联合书刊物流有限公司。

罗观翠、王军芳，2008，《政府购买服务的香港经验和内地发展探讨》，《学习与实践》第9期。

马丁·鲍威尔，2011，《理解福利混合经济》，钟晓慧译，北京大学出版社。

马海涛，2009，《政府间事权与财力、财权划分的研究》，《理论视野》第10期。

马骏、侯一麟，2005，《中国省级预算中的政策过程与预算过程》，《经济与社会体制比较》第5期。

米红、杨翠迎，2008，《嘉兴城乡居民养老保险的制度创新》，《中国社会保障》第1期。

莫家豪，2008，《改革开放以来中国社会政策范式的转变》，载岳经纶、郭巍青主编《中国公共政策评论》（第2卷），上海人民出版社/格致出版社。

莫家豪、岳经纶、黄耿华，2013，《变迁中的社会政策：理论、实证与比较反思》，社会科学文献出版社。

穆怀中，1997a，《中国社会保障水平研究》，《人口研究》第1期。

穆怀中，1997b，《社会保障水平初探》，《辽宁大学学报》第3期。

穆怀中，1998，《中国社会保障适度水平研究》，辽宁大学出版社。

穆怀中，2008，《社会保障国际比较》（第二版），中国劳动社会保障出版社。

潘楠、钱国荣，2008，《我国建立城乡养老保险统筹机制问题探讨》，《法制与社会》第 11 期。

潘屹，2008，《西欧社会服务的概念及老人社区照顾服务的发展趋势与特点》，《中国社会导刊》第 11 期。

彭海艳，2007，《我国社会保障支出的地区差异分析》，《财经研究》第 6 期。

彭向刚，2012，《政府社会管理的误区及观念变革》，《中国行政管理》第 4 期。

彭宅文，2009，《社会保障与社会公平：地方政府治理的视角》，《中国人民大学学报》第 2 期。

塞缪尔·亨廷顿，2008，《变化社会中的政治秩序》，王冠华等译，上海人民出版社。

桑贾伊·普拉丹，2000，《公共支出分析的基本方法》，中国财政经济出版社。

沙健孙，2006，《正确理解马克思主义的生产力观点》，《马克思主义研究》第 9 期。

上海财经大学公共政策研究中心，2006，《2006 中国财政发展报告——"十一五"财政发展预测和政策研究》，上海财经大学出版社。

尚晓援，2001，《"社会福利"与"社会保障"再认识》，《中国社会科学》第 3 期。

尚晓援，2007，《中国社会保护体制改革研究》，中国劳动社会保障出版社。

申曙光、彭浩然，2009a，《中国养老保险隐性债务问题研究》，中山大学出版社。

申曙光、彭浩然，2009b，《全民医保的实现路径——基于公平视角的思考》，《中国人民大学学报》第 2 期。

沈洁，2006，《社会保障与社会福利政策的理论结构及未来发展》，载杨团、关信平编《当代社会政策研究》，天津人民出版社。

审计署，2006，《三项保险基金整体情况较好》，《人民日报》11 月 24 日。

盛洪，1994，《中国的过渡经济学》，三联书店。

施世骏，2009a，《社会保障的地域化：中国社会公民权的空间政治转型》，《台湾社会学》第 18 期。

施世骏，2009b，《农村社会政策》，载岳经纶、陈泽群、韩克庆主编《中国社会政策》，上海人民出版社/格致出版社。

世界卫生组织，2000，《国民卫生总费用核算指导手册》，中国卫生经济研究所译。

世界银行，1994，《防止老龄危机：保护老年人及促进经济增长的政策》，中国财政经济出版社。

宋士云、李成玲，2008，《1992—2006 年中国社会保障支出水平研究》，《中国人口科学》第 3 期。

宋小敏，2002，《论马克思主义的经济制度"突变"理论》，《当代世界与社会主义》第 4 期。

孙关宏、胡雨春，2002，《政治学》，复旦大学出版社。

孙光德、董克用，2004，《社会保障概论》（第二版），中国人民大学出版社。

孙光德等，2002，《社会保障概论》，中国人民大学出版社。

唐斌，2007，《政府购买社会服务的运作与反思——以上海市为例》，《社会工作上半月（实务）》第 11 期。

唐钧，2008，《科学发展，社会和谐与社会政策》，载岳经纶、郭巍青主编《中国公共政策评论》第 2 卷，上海人民出版社/格致出版社。

陶勇，2007，《对社会保障供给中政府间责权配置的研究》，载张欣、郭士征、钟仁耀等主编《中国社会保障体系：改革与和谐发展》，上海财经大学出版社。

田恒，2011，《政府与非营利组织关系研究述评》，《上海商学院学报》第 6 期。

田凯，2004，《组织外形化：非协调约束下的组织运作》，《社会学研究》第 4 期。

田凯，2005，《政府与非营利组织的信任关系研究——一个社会学理性选择理论的分析》，《学术研究》第 1 期。

田齐、兰增干，2009，《神木"全民免费医疗"追踪》，《中国社会保障》第8期。

铁卫、祝玉坤，2010，《完善省以下政府间转移支付制度问题研究——以陕西省为例》，《理论导刊》第2期。

万育维，2007，《社会福利服务——理论与实践》，三民书局。

汪洋，2011，《重在全面理解 贵在持之以恒——再谈"加快转型升级、建设幸福广东"》，《南方日报》3月18日。

汪洋，2012，《加快建设"大社会、好社会""小政府、强政府"》，《南方都市报》2月28日。

王碧峰，2004，《城乡一体化问题讨论综述》，《经济理论与经济管理》第1期。

王晨，2010，《神木医改周年记》，《西部大开发》第6期。

王凡、孙玉臣、沈继红，2004，《建立养老保险省级统筹制度之我见》，《山东劳动保障》第11期。

王国军，2000，《中国城乡社会保障制度衔接初探》，《战略与管理》第2期。

王健、徐睿，2012，《基层社会管理创新中的民生与自治互促共赢策略——成都村级公共服务和社会管理政策的实践与启示》，《社会科学研究》第1期。

王名、刘国翰、何建宇，2010，《中国社团改革——从政府选择到社会选择》，社会科学文献出版社。

王浦劬等，2010，《政府向社会组织购买公共服务研究：中国与全球经验分析》，北京大学出版社。

王绍光，2004，《促进我国民间非营利组织发展的政策建议》，《清华发展研究报告2003——中国非政府公共部门》，清华大学出版社。

王绍光，2007，《从经济政策到社会政策：中国公共政策格局的历史性转变》，载岳经纶、郭巍青主编《中国公共政策评论》（第1卷），上海人民出版社。

王思斌，2004，《社会政策时代与政府社会政策能力建设》，《中国社会科学》第6期。

王晓晔，1997，《国际知名学者冯·迈德尔教授坦言欧洲社会保障改革》，《中国社会保障》第 7 期。

王延中，2004，《中国劳动与社会保障问题》，经济管理出版社。

王延中、龙玉其，2011，《改革开放以来中国政府社会保障支出分析》，《财贸经济》第 1 期。

卫生软科学编辑部，1994，《我国社会保障现状》，《卫生软科学》第 6 期。

温家宝，2004，《国务院政府工作报告》3 月 5 日。

文林峰，2006，《中国住房保障制度公共财政支出缺位》，http：//www.northnews.cn/House/ShowArticle.asp? ArticleID = 45810。

吴连霞，2010，《1999—2008 年山东省社会保障水平实证分析》，《山东工商学院学报》第 4 期。

吴湘玲，2005，《我国基本养老保障的人群分割问题》，《统计与决策》第 4 期。

吴晓欢、王一峰、王丽郦、丁煜，2005，《农民工社会养老保险：政策评估与制度创新》，《人口研究》第 4 期。

吴彦东、张军田，2007，《构建城乡一体的基本养老保险制度研究》，《社会科学论坛》第 6 期。

武川正吾，2011，《福利国家的社会学》，李莲花、李永晶、朱珉译，商务印书馆。

武继兵、邓国胜，2006，《政府与 NGO 在扶贫领域的战略性合作》，《理论学刊》第 11 期。

夏波光，2008，《社会保障制度改革仍需深化——访全国人大财经委副主任委员乌日图》，《中国社会保障》第 12 期。

肖金成、李绍光，2010，《县乡政府社会保障职能与权责研究》，《湖北社会科学》第 1 期。

谢庆奎、谢梦醒，2006，《和谐社会与社会管理体制改革》，《北京行政学院学报》第 2 期。

徐道稳，2008，《迈向发展型社会政策——中国社会政策转型研究》，社会科学文献出版社。

徐琳，2012，《服务型政府建设与创新社会管理》，《光明日报》10 月 31 日。

徐永祥，2005，《社区发展论》，华东理工大学出版社。

徐月宾、张秀兰，2005，《中国政府在社会福利中的角色重建》，《中国社会科学》第 5 期。

闫伟，2007，《对于"政府购买社工服务"模式的构想》，《社会工作（实务）》第 11 期。

杨翠迎，2004，《中国社会保障制度的城乡差异及统筹改革思路》，《浙江大学学报》第 3 期。

杨翠迎，2007，《农村基本养老保险制度理论与政策研究》，浙江大学出版社。

杨翠迎、何文炯，2004，《社会保障水平与经济发展的适应性关系研究》，《公共管理学报》第 2 期。

杨莲秀，2008，《政府部门在社会保障制度中的定位和职责——基于公共产品理论》，《财会研究》第 20 期。

杨良初、赵福昌、韩凤芹，2007，《社会保障事权划分辨析》，《中国社会保障》第 4 期。

杨伟民，2007，《中国政策制定中的路径依赖》，载景天魁、张志敏主编《中国社会政策：特点与经验》，黑龙江人民出版社。

杨小军，2012，《社会管理创新：系统论视角思考》，《党政论坛》第 4 期。

杨一帆，2009，《中国农村社会养老保险制度的困境：反思与展望——基于城乡统筹发展视角的研究》，《人口与经济》第 1 期。

姚华平，2009，《我国社会管理体制改革 30 年》，《社会主义研究》第 6 期。

殷芳，2009，《民办社会公共服务机构的管理和作用》，载《残疾人社会保障与服务国际论坛暨第三届中国残疾人事业发展论坛文集》。

俞可平，2007《推进社会管理体制的改革创新》，《学习时报》4 月 23 日。

岳经纶，2007a，《中国劳动政策：市场化与全球化的视野》，社会科学文献出版社。

岳经纶，2007b，《和谐社会与政府职能转变：社会政策的视角》，《武汉大学学报》（哲学社会科学版）第 3 期。

岳经纶，2008，《社会政策学视野下的中国社会保障制度建设——从社会身份本位到人类需要本位》，《公共行政评论》第 4 期。

岳经纶，2009a，《社会政策视野下的中国民生问题》，《社会工作》第 8 期。

岳经纶，2009b，《丛书总序：在社会变迁中促进公民福祉》，载岳经纶主编《中国的社会保障建设：回顾与前瞻》，东方出版中心。

岳经纶，2010a，《个人社会服务与福利国家：对我国社会保障制度的启示》，《学海》第 4 期。

岳经纶，2010b，《建构"社会中国"：中国社会政策的发展与挑战》，《探索与争鸣》第 10 期。

岳经纶，2010c，《演变中的国家角色：中国社会政策六十年》，载岳经纶、郭巍青主编《中国公共政策评论》（第 4 卷），上海人民出版社/格致出版社。

岳经纶、刘洪、黄锦文，2011，《社会服务：从经济保障到服务保障》，中国社会出版社。

岳经纶、邓智平，2011，《社会管理创新的理论与行动框架——以社会政策学为视角》，《探索与争鸣》第 10 期。

岳经纶、郭巍青主编，2008，《中国公共政策评论》（第 2 卷），上海人民出版社/格致出版社。

岳经纶、温卓毅，2012，《新公共管理与社会服务：香港的案例》，《公共行政评论》第 3 期。

臧宝瑞，《民办社会工作服务机构发展与管理政策研究报告》，http://wenku.baidu.com/view/46e31085d4d8d15abe234ee2.html。

曾毅，2009，《突变的研究路径——寻求一种新的制度变迁理论》，《探索与争鸣》第 6 期。

曾永和，2008，《城市政府购买服务与新型政社关系的构建——以上海政府购买民间组织服务的实践与探索为例》，《上海城市管理职业技术学院学报》第 1 期。

张飞龙等，2012，《现代国家构建视野下的法团主义研究》，《辽宁行政学院学报》第 1 期。

张国庆，1997，《现代公共政策导论》，北京大学出版社。

张海鹰，1993，《社会保障词典》，经济管理出版社。

张慧平、王霄艳，2006，《论社会保障权的合法性基础》，《理论探索》第 4 期。

张剑雄、吴湘玲，2005，《我国现行养老保险制度的区域分割性及其影响》，《湖北行政学院学报》第 5 期。

张利军，2009，《我国提高养老保险统筹层次的改革路径与发展方向探讨》，《理论与现代化》第 4 期。

张旅平、赵立玮，2012，《自由与秩序：西方社会管理思想的演进》，《社会学研究》第 3 期。

张曼、杨燕绥、王巍，2010，《论社会保障内涵》，《学术论坛》第 6 期。

张平芳，2010，《基于公民参与的政府社会管理实践》，《企业家天地》（理论版）第 5 期。

张晓峰，2007，《建立政府购买服务制度完善居家养老服务体系》，《社会福利》第 8 期。

张秀兰、徐月宾、梅志里，2007，《中国发展型社会政策论纲》，中国劳动社会保障出版社。

张旭昆，2004，《制度演化的突变与渐进——兼论次序比速度更重要》，《制度经济学研究》第 2 期。

张亚林、叶春玲、郝佳，2009，《东莞市统筹城乡医疗保障制度的现状与启示》，《中国卫生政策研究》第 12 期。

章剑谷，2004，《统筹城乡，建立农村社会养老保险之方略建言》，《中国劳动》第 10 期。

赵曼，1997，《社会保障制度结构与运行分析》，中国计划出版社。

赵县政协，2009，《建立省级统筹的新型农村社会养老保险制度》，《乡音》第 5 期。

郑功成，2000a，《中国社会保障改革 20 年来的若干反思》，《经济学消息报》12月1日。

郑功成，2000b，《社会保障学：理念、制度、实践与思辨》，商务印书馆。

郑功成，2002，《中国社会保障制度变迁与评估》，中国人民大学出版社。

郑功成，2007，《社会保障》，高等教育出版社。

郑功成，2008a，《前所未有的改革实践——中国社会保障改革30年述评》，《中国社会保障》第12期。

郑功成，2008b，《中国社会保障改革与发展战略—理念、目标与行动方案》，人民出版社。

郑功成，2008c，《实现全国统筹是基本养老保险制度刻不容缓的既定目标》，《理论前沿》第18期。

郑功成，2009，《从企业保障到社会保障——中国社会保障制度变迁与发展》，中国劳动社会保障出版社。

郑杭生，2006，《社会学视野中的社会建设与社会管理》，载郑杭生主编《走向更讲治理的社会：社会建设与社会管理（中国社会发展研究报告2006）》，中国人民大学出版社。

郑伟、袁新钊，2010，《名义账户制与中国养老保险改革：路径选择和挑战》，《经济社会体制比较》第2期。

郑永年，2010，《中国模式：经验与困局》，浙江人民出版社。

中共中央，2006，《关于构建社会主义和谐社会若干重大问题的决定》。

中华人民共和国财政部，2009，《中国财政年鉴（2009）》，中国财政杂志社。

中华人民共和国统计局，2008，《中国统计年鉴2008》，中国统计出版社。

马克思、恩格斯，1995，《马克思恩格斯选集》第2版第1卷，人民出版社。

钟石生，2008，《基本养老保险省级统筹存在的问题及对策分析》，《就业与保障》第11期。

钟一鸣、张慧芸，2008，《养老保险关系"转移难"与跨统筹区接续的实现途径》，《时代经贸》第4期。

重庆市人民政府办公厅，2009，《2009重庆市人民政府关于开展城乡居民社会养老保险试点工作的通知》，http://www.cq.gov.cn/gw/FaguiQuery/GwShow.aspx? id = 164823。

周本顺，2011，《走中国特色社会管理创新之路》，《求是》第10期。

周波，2008，《我国政府间事权财权划分的方式演进、面临问题及对策建议》，《改革》第3期。

周红云，2008，《中国社会管理体制改革研究初探》，载何增科主编《社会管理与社会体制》，中国社会出版社。

周红云，2011，《社会管理创新实质上是一场政府改革》，《党政干部参考》第8期。

周坚卫，2008，《地方公共财政理论与实践》，中国财政经济出版社。

朱长伟、吕博，2004，《基本养老保险省级统筹管理模式》，《中国审计》第5期。

朱恒鹏、顾昕、余晖，2011，《神木模式成不了神州模式》，《经济观察报》3月11日。

朱家甄，1993，《关于个人收入分配和社会保障制度问题》，载王建新主编《中国劳动年鉴1992~1994》，中国劳动出版社。

朱建刚，2004，《草根NGO与中国公民社会的成长》，《开放时代》第4期。

朱健刚、刘安娜，2013，《嵌入中的专业社会工作与街区权力关系》，《社会学研究》第1期。

朱眉华，2004，《政府购买服务——一项社会服务制度的创新》，《社会工作》第8期。

朱庆芳，1995，《1993年各省市区社会保障水平的比较与评价》，《社会科学研究》第5期。

朱亚鹏、岳经纶、肖棣文，《社会行政在社会保障制度发展中的作用：全民医保的"东莞模式"研究》，载岳经纶、郭巍青主编《中国公共政策评论》（第4卷），上海人民出版社/格致出版社。

庄文嘉、余琴，2011，《广东购买服务的创新与实践》，载岳经纶、刘洪、黄锦文主编《社会服务：从经济保障到服务保障》，中国社会出版社。

左学金，2010，《去碎片化》，《中国改革》第 1 期。

ADB. 2002. *Defining an Agenda for Poverty Reduction – Proceedings of the First Asia and Pacific Forum on Poverty*. Manila. Volume 2（57）.

ADB. 2008. *Social Protection Index for Committed Poverty Reduction*. Manila. Volume 2.

ADB. 2001. *Social Protection Strategy*. Manila.

Adema, W. and Ladaique, M. 2005. *Net Social Expenditure：More Comprehensive Measures of Social Support*. OECD Social Employment and Migration Working Papers. OECD Publishing. No. 29.

Adema, W. 2001. *Net Social Expenditure*. OECD Labour Market and Social Policy Occasional Papers. OECD Publishing. No. 52.

Alber, J. 1995. "A Framework for the Comparative Study of Social Services." *Journal of European Social Policy*. 5（2）：131 – 149.

Anttonen, A and Sipila, J. 1996. "European Social Care Services：Is it Possible to Identify Models?" *Journal of European Social Policy*. 6（2）：88 – 100.

Ascoli, U. and Ranci, C. 2002. *Dilemmas of the Welfare Mix：The New Structure of Welfare in an Era of Privatization*. New York, NY：Kluwer.

Baldock, J. 2003. "Personal Social Service and Community Care." In Alcock, P., Erskine, A. and May, M. (eds.) *Student's Companion to Social Policy*. London：Blackwell Publishing Ltd..

Baldock, J. 2007. "Social Welfare and the Welfare State." In Baldock, J., Manning, N. and Vickerstaff, S. (eds.) *Social Policy*. Oxford University Press.

Bauman, Z. 2005. "Freedom from, in and through the State：T. H. Marshall's Trinity of Rights Revisited." *Theoria*. 44（108）.

Baumgartner, F. and Jones B. 1993. *Agendas and Instability in American Politics*. University of Chicago Press.

Becker, S. and Bryman, A. 2004. *Understanding Research for Social Policy and Practice*. Bristol：Policy Press.

Bernstein, S. R. 1991. *Managing Contracted Services in a Nonprofit Agency*. Philadelphia, PA: Temple University Press.

Beveridge, W. 1942. *Social Insurance and Allied Services: A Report by Sir William Beveridge*. London: HMSO.

Brenton, M. 1985. *The Voluntary Sector in British Social Services*. Harlow: Longman.

Breton, A. 1965. "A Theory of Government Grants." *Canadian Journal of Economics and Political Science*. (May) 31, 175 - 187.

Bryan, J. 1994. *Reconceiving Decision - Making in Democratic Politics: Attention, Choice and Public Policy*. Chicago: University of Chicago Press.

Cooper, P. J. 2003. *Governing by Contract: Challenges and Opportunities for Public Managers*. Washington, D. C. : CQ Press.

Dean, H. 2010. *Understanding Human Needs*. Bristol: The Policy Press.

Dean, H. 2006. *Social Policy*. London: Polity.

Dean, H. 2012. *Social Policy* (Second edition). London: Polity.

DeHoog, R. H. 1996. "Contracting for Human Services: What We Have Learned and an Rx for the Future." *Journal of Health and Human Services Administration*. 19: 13 - 25.

Dennis, R. Y. 2000. "Alternative Models of Government - Nonprofit Sector Relations: Theoretical and International Perspectives." *Nonprofit and Voluntary Sector Quarterly*, 29 (1): 149 - 172.

DiMaggio, P. and Anheier, H. 1990. "The Sociology of Nonprofit Organizations and Sectorss." *Annual Review of Sociology*. 16: 137 - 159.

European Communities. 2008. *European Social Statistics - Social Protection Expenditure and Receipts (Data 1997 - 2005)*.

Finlayson, G. 1993. *Citizen, State and Social Welfare in Britain 1830 - 1990*. Oxford: Clarendon Press.

Frazier, M. W. 2004a. "China's Pension Reform and Its Discontents." *The China Journal*. 51.

Frazier, M. W. 2004b. "After Pension Reform: Navigating the 'Third

Rail' in China." *Studies in Comparative International Development.* 39 (2): 45–70.

Giddens, A., Diamond, P. and Liddle, L. 2007. *Global Europe, Social Europe.* Cambridge, UK; Malden, MA Polity Press.

Girdon, B., Kramer, R. M. and Salamon, L. M. 1992. *Government and the Third Sector: Emergong Relationships in Welfare States.* San Francisco, CA: Jossey-Bass Publishers.

Gladstone, D. 1995. *British Social Welfare.* London: UCL Press.

Glennerster, H. 2003. *Conderstending the Finance of Welfale.* Bristol: The Policy Press.

Gough, I., Wood, G., Barrentos, A., Bevan, P., Davis, P., and Room, C. 2003. *Insecurity and Welfare Regimes in Asia, Africa and Latin America.* Cambridge: Cambridge University Press.

He, B. G. 1997. *The Democratic Implications of Civil Society in China.* Macmillan Press Ltd.

Hill, M. 1990. *Understanding Social Policy.* London: Blackwell Publishing.

Hill, M. 2003. *Understanding Social Policy.* London: Blackwell Publishing.

Hudson, J, Kuhner, S. and Lowe, S. 2008. *The Short Guide to Social Policy.* Bristol: Policy Press.

ILO. 2005. *Social Security Inquiry Manua.*

IMF. 2001. *Government Finance Statistics Manual.*

James, E. 2002. *How Can China Solve its old-age Security Problem? The Interaction Between Pension, State Enterprise and Financial Market Reform.* Cambridge: Cambridge University Press.

Johnson, N. 1999. *Mixed Economies of Welfare.* Hemel Hempstead: Prentice Hall.

Johnson, N. 1995. *Private Markets in Health and Welfare.* Oxford: Berg.

Jones, Bryan. 1994. *Reconceiving Decision-Making in Democratic Politics: Attention, Choice and Public Policy.* Chicago: University of Chicago Press.

Judge, K. 1982. "Is There a Crisis in the Welfare State?" *International Journal of Sociology and Social Policy.* 2 (1): 1 –21.

Judge, K. and Smith, J. 1983. "Purchase of Service inEngland." *Social Service Review.* 57: 215 –219.

Lin, Ka. 2001. "Chinese Perceptions of the Scandinavian Social Policy Mode." *Social Policy and Administration.* 35 (3): 321 –340.

Kettl, D. F. 1993. *Sharing Power: Public Governance and Private Markets.* Washington, DC: Brookings Institution.

Knapp, M. 1989. "Private and Voluntary Welfare." In M. McCarthy (eds.) *The New Politics of Welfare.* Basingstoke: Macmillan. 225 –252.

Kramer, R. M. and Grossman, M. 1987. "Contracting for Social Services: Process Management and Resource Dependencies." *Social Service Review.* 61 (1): 33 –55.

Kramer, R. M. 1994. "Voluntary Agencies and the Contract Culture: Dream or Nightmare?" *Social Service Review.* 68 (1): 33 –60.

Lv, X and Perry, E. J. 1997. (eds.) *Danwei: The Changing Chinese Workplace in Historical and Comparative Perspectives.* New York: M. E. Sharp.

Marshall, T H. 1964. "Citizenship and Social Class." In Marshall T. *Class, Citizenship and Social Development.* CT: Green Press.

Mckay, S. and Rowlingson, K. 1999. *Social Security in Britain.* Basingstoke: Macmillan.

Migdal, J. S. 1989. *Strong Societies and Weak States.* Princeton: Princeton University Press.

Miller, C. 2004. *Producing Welfare.* Basingstoke: Palgrave Macmillan.

Moe, R. C. 1996. "Managing Privatization: A New Challenge to Public Administration." In B. Guy Peters and Bert A. Rockman (eds.) *Agenda for Excellence* 2: *Administering the State.* Chatham, NJ: Chatham House.

Najam, Adil. 2000. "The Four –C of Third Sector –Government Relations: Cooperation, Confrontation, Complementarity and Co –Optation?" *Nonprofit Management & Leardership.* 10 (4): 375 –376.

O'Connor, J. S. 1993. "Gender, Class and Citizenship in the Comparative

Analysis of Welfare State Regimes: Theoretical and Methodological Issues." *The British Journal of Sociology.* (43) 4: 501 – 518.

OECD. 2007. *Social Expenditure (1980 – 2003).* Interpretative Guide of SOCX.

Orloff, A. S. 1993. "Gender and theSocial Rights of Citizenship: The Comparative Analysis of Gender Relations and Welfare States." *American Sociological Review.* (538): 303 – 328.

Page, R. and Silburn, B. 1999. (eds.) *British Social Welfare in the Twentieth Century.* Basingstoke: Macmillan.

Peat, B. and Costley, D. L. 2001. "Effective Contracting of Social Services." *Nonprofit Management and Leadership.* 12 (1): 55 – 75.

Peter, B. Evans, Rueschemeyer, D. and Skocpol, T. 1985. (eds.) *Bring the State Back In.* New York Cambridge University Press.

Pieke, F. N. 2012. "The Communist Party and Social Management in China." *China Information.* 26 (2): 149 – 165.

Polanyi, K. 1944. *The Great Transformation: The Political and Economic Origins of Our Times.* Boston: Beacon Press.

Sachs, J. 1992. "Privatization in Russia : Some Lessons from Eastern Europe." *American Economic Review.* 82 (2): 43 – 48.

Sainsbury, E. 1977. The *Personal Social Service.* London: Pitman.

Schmid, H. 2003. "Rethinking the Policy of Contracting out Social Services to Non – governmental Organizations." *Public Management Review.* 5 (3): 307 – 323.

Spicker, P. 2003. *Principles of Social Welfare.* London: Routledge.

Sullivan, H. J. 1987. "Privatization of Public Services: A Growing Threat to Constitutional Rights." *Public Administration Review.* 47 (4): 461 – 467.

Sun, Qixiang and Suo Lingyan 2007. "Pension Changes in China and Opportunities for Insurance." *The Geneva Papers.*

Taylor, M. 2003. *Public Policy in the Community.* Basingstoke: Palgrave.

Van Slyke, D. M. 2002. "The Public Management Challenges of Contracting with

Nonprofits for Social Services." *International Journal of Public Administration.* 25 (4): 489 – 518.

Walder, A. 1986. *Communist Neo – traditionalism: Work and Authority in Chinese Industry.* Berkeley: University of California Press.

Walker, R. 2005. *Social Security and Welfare: Concepts and Comparisons.* Berkshire: Open University Press/McGraw – Hill.

White, G. 1993. "Prospects for Civil Society in China: A Case Study of Xiaoshan City." *The Australian Journal of Chinese Affairs.* 29: 63 – 87.

Wong, L. and Flynn, N. 2001. *The Market in Chinese Social Policy.* Palgrave Press.

Young, D. R. 2000. "Alternative Models of Government – Nonprofit Sector Relations: Theoretical and International Rerspectives", *Nonprofit and Voluntary Sector Quarterly.* 29 (1): 149 – 172.

Zhao, Yaohui and Xu, Jianguo. 2002. "China's urban pension system: Reforms and problems." *Cato Journal.* 21 (3).

Zhao, Litao. 2012. *From Community Management to Social Management: Chin's New Approaches to Managing Social Complexity.* Conference Paper. Institute for East Asia, Singapore.

索 引

A

阿德玛，威廉（Adema, Willem） 83

艾斯平－安德森（Esping - Anderson, G.） 29~30, 191

安老院 210

案主奶油化 224

B

保障性住房支出 103, 109, 110, 112

鲍姆加特纳 145

鲍威尔，马丁（Powell, Martin） 217

北京模式 165

《北京市加强社会建设实施纲要》 235

《北京市"十二五"时期社会建设规划纲要》 235

贝弗里奇 29, 80

波兰尼，卡尔（Polanyi, Karl） 28

C

财政分权体制 131

残疾人事业 26, 50, 63, 98, 104

城市生活无着的流浪乞讨人员救助制度 63

城乡居民最低生活保障制度 26, 67, 98

城乡医疗救助 56, 63, 68, 174

城乡医疗救助制度 63, 68

城镇基本养老保险制度 26, 98

城镇居民基本医疗保险 15, 26, 62, 63, 65, 68, 98, 174

城镇企业职工基本养老保险 139, 154, 172

城镇职工基本医疗保险 11, 26, 37, 48, 58, 63, 65, 68, 98, 101, 104, 174

《慈善筹款活动内部财务监管指引说明》 209

《慈善机构筹款活动最佳安排参考指引》 209

D

大锅饭 7

代用券 204, 212

单位福利制度 5, 30

迪安 4, 191, 193, 195

底线公平理论 240

底线均等 260, 270

地域公民身份　18，20，21，184，268

地域公平　20

地域社会公民身份权利　184

地域正义　18，20

蒂特玛斯，理查德（Titmuss, Richard）　190，202

顶层设计　276

东莞模式　163，165

独立关系非竞争性购买　215

独立关系竞争性购买　215

断续性平衡　145

F

发展型社会政策　46

发展性社会保障制度　37

范式转移　12，18

防备性（预防性）社会保障制度　37

防灾减灾　26，58，63，67，98

非典　13，15，33，47，74，245

非正式照顾　192，195，202

非政府部门支配模式　215

《非政府福利机构纪律守则样本》　209

非专业化　222，223，229

分税制　127，128，134

扶贫政策　9

服务表现监察制度　210

服务合同模式　215

《服务质素标准》　210

福利地方化　18，265

福利地区　20～22，169，171，173，176，183，184，268，270，271

福利多元主义　43，213，214，217，218，229，230

福利服务　9，26，37，40，41，43，87，103，189，193，195～198，201～203，205，206，209，211～214，231，275，276

福利社会　3，23，39，43，44，103，207，240，269

G

个人导向的具体服务　189，259

个人社会服务　29，41，46，76，80，81，189～191，194～196，198，202，213，271

个人自主性　192，200，202，213

工伤保险　25，27，37，63，70，73，87，97，100，102～104，110，159，196

工作与年金局　24

《公共财政条例》　211

公共服务市场化　40

公共服务型政府　50，240

公共教育支出　103，105～107，110，112

公共社会支出　82，83，86，88，96，100～104，110，111，113，114，273

公共卫生医疗支出　103，108，110，112

公共援助　24

公开招标形式　215

公民参与　258～260

公民社会　4，36，39，40，169，193，198，199，220，243，244，247，252，262，266

公司社会责任　39

公私合作　215

《共产党宣言》　145

购买服务岗位　204，207，212

购买服务项目　204，212，219

关怀性社会保障制度 37
《关于安置老弱病残干部的暂行办法》 142
《关于对"慢性病门诊治疗全年限额报销"的规定》 179
《关于改革完善省级养老保险调剂办法的通知》 166
《关于工人退休、退职的暂行办法》 142
《关于构建社会主义和谐社会若干重大问题的决定》 13,33,60
《关于贯彻国务院完善企业职工基本养老保险制度决定的通知》 161
《关于贯彻实施〈广东省社会养老保险条例〉若干问题的通知》 161
《关于加快家庭综合服务中心建设的实施办法》 219
《关于加快社会工作发展的意见》 198
《关于加快推进社会体制改革建设服务型政府的实施意见》 235
《关于加强和创新社会管理的意见》 235
《关于加强社会建设的决定》 235
《关于建立城市医疗救助制度试点工作的意见》 17
《关于建立城镇职工基本医疗保险制度的决定》 11
《关于建立社会主义市场经济体制若干问题的决定》 10,25,32,35,97,143
《关于建立统一的企业职工基本养老保险制度的决定》 10,143,154
《关于建立推进基本公共服务均等化横向财政转移支付机制的指导意见》 135
《关于解决城市低收入家庭住房困难的若干意见》 17,108
《关于进一步加强农村卫生工作的决定》 15
《关于进一步做好下岗失业人员再就业工作的通知》 105
《关于开展新型农村社会养老保险试点的指导意见》 158
《关于灵活就业人员参加社会保险有关问题的通知》 161
《关于企业职工养老保险制度改革的决定》 142,154
《关于切实做好国有企业下岗职工基本生活保障和再就业工作的通知》 105
《关于全面深化改革若干重大问题的决定》 276
《关于全面推进城镇住房制度改革的意见》 11
《关于全民免费医疗各定点医院费用指标的暂行规定》 179
《关于深化城镇住房制度改革的决定》 11
《关于深化企业职工养老保险制度改革的通知》 143,154
《关于深化医药卫生体制改革的意见》 15
《关于实施农村医疗救助的意见》 17
《关于完善城镇社会保障体系的试点方案》 144
《关于完善企业职工基本养老保险制度的决定》 155
《关于学习借鉴香港先进经验推广社会管理体制改革先行先试的意见》 219
《关于在全国建立农村最低生活保障制度

的通知》 17

《关于制定国民经济和社会发展第十一个五年规划的建议》 33，55

《关于制定全民免费医疗定点医疗机构考核办法的通知》 179

《关于做好农民进城务工就业管理和服务工作的通知》 16

官办民营 215

官民共建 215

《贯彻国务院和省人民政府关于建立统一的企业职工基本养老保险制度的决定的通知》 160

《广东省基本公共服务均等化规划纲要（2009～2020）》 260，270

《广东省企业职工基本养老保险省级统筹实施方案》 166

《广东省职工社会养老保险暂行规定》 160

广州模式 205

国际货币基金组织（IMF） 91

国际金融危机 68，71，72

国际劳工组织（ILO） 88

国家老龄委办公室 42，197

国家垄断 4，5

《国家民政部发布2010年社会服务发展统计报告》 112

国家能力 151，244，245

国家统合主义体制 238

国家退却 4

国家再临 4

国家支配型 19

国家职能 20，244，245，247

《国务院关于解决农民工问题的若干意见》 16

《国务院关于实行分税制财政管理体制的决定》 127

《国务院关于完善企业职工基本养老保险制度的决定》 16，163

《国营企业职工实行劳动合同制暂行规定》 154

H

合同出租制 215

合同制 8，9，18，31，63，154

合作的伙伴关系模式 216

合作的卖者模式 216

合作治理 243

和谐社会 13，14，20，22，23，33，43，44，46，51，54，55，60，67，96，115，189，201，239，246，250，251，253～255，259，261，262，267，269

横向转移支付 134，135

户籍制度 5，6，175，256，267，276

华尔德 7

灰姑娘服务 191

J

积极的就业政策 10，18，49，52，57，60，62，68，71，250，259

基本医疗保障体系 107，174

基尼系数 6

家庭与工作间配合的政策 39

家庭综合服务中心 219，221～225，227～229

江苏模式 165

《津贴及服务协议》 210，211

经济福利 25，30，41，109，116，146，151，189，193，196~197，199，259，267

经济全能型政府 243

经济政策与社会政策并重的时代 43

净社会支出 82，83，85

竞争性购买 215，216

九年义务教育 9，47，55，272

《就业促进法》 105

就业服务 10，18，41，49，57，60，66，69，73，85，86，101，103，105，110，190，193，199，203，264

K

科学发展观 13，14，20，22，23，33，43，44，46，47，190，197，239，250，255，261，263，264，267，276

L

劳动力市场支出 103~105，110，112

老龄工作 26，98

乐园 215

里根（Reagan，Ronald） 194

利益协调机制 249，251，254，261

联合国教育、科学及文化组织（UNESCO） 92

廉政公署 209

廉租房制度 17，58，98

《廉租住房保障办法》 17

林德布罗姆，查尔斯（Linderbloom，Charles） 144

路径依赖 11，149~151，170

罗山会馆 214

M

马歇尔，T. H.（Marshall, T. H.） 192，266~267

矛盾调处机制 249，251，254，261

美国社会保障局 80

民办非营利组织 220

民办官营 215

民办官助 196，215

民间组织 201，204~212，214，215

民事权利 266

民主政治 3，23，44，276

N

农村社会保障体系 37

《农村卫生服务体系建设与发展规划》 15，56

《农村五保供养工作条例》 17

农村养老保险制度 26，98

农民工 15~18，20，40~42，53，55，57，58，61，63，66，68~70，73，155，157，159，164，166~173，181，246，248，255，256，265，267，272~274

《农民工参加基本养老保险办法》 166

诺斯 144

O

欧洲综合社会保护统计体系 88，89，93，94

P

帕累托效应 45

平行合作模式 215

凭单制 215

普遍利益社会服务 192

Q

去垄断化 244

去商品化 28，29，191

去行政化　244

去志愿化　222, 229

权益保障机制　249, 251, 254, 261

全民免费医疗　178~180

全民所有制和集体所有制单位　5

R

人类服务　189~190, 193

人均社会保障财政支出　117, 120~122, 125, 126, 129, 130

人类需要　23, 29, 32, 34~36, 42, 43, 190, 202, 261, 264, 265

人类需要本位的社会保障　23, 43

S

萨缪尔森　6

商品化　28, 32, 238, 248, 249, 266

上海基督教青年会　218

上海浦东新区社会发展局　218

社工注册制度　210

社会安全网机制　254

社会保护　5, 12, 24, 26, 41, 84, 86~89, 91~95, 101, 111, 192, 196, 248, 249, 273

社会保护给付　89, 91

社会保护支出　84, 86, 88, 89, 93

社会保护指数　88, 101

社会保险经办机构　117

社会保险制度　10, 27, 32, 36, 37, 40, 66, 153, 164, 171, 172, 175

社会保障财政负担　118~120, 125, 126

社会保障调查　88~89, 94, 101

《社会保障法》　116, 194

社会保障体制　23, 140, 197, 199, 249, 253, 254, 265, 273

社会保障体制改革　254

社会保障支出　40, 43, 89, 96, 98~100, 102~105, 107, 110, 111, 112, 114, 115, 117~120, 123~125, 128~130, 132, 133

社会保障制度　8, 9, 11, 12, 18~21, 23, 26, 27, 30~41, 43, 44, 60, 63, 70, 98, 116, 117, 127, 140, 142, 146~149, 152, 158, 175, 184, 189, 196, 197, 199, 265, 267, 268, 274~277

社会发展综合决策和执行机制　254

社会风险管理机制　254

社会服务　6, 9, 12, 29, 37, 41, 43, 45, 46, 76, 80~82, 85, 87, 109, 110, 112, 189~216, 218~222, 226, 227, 229, 230, 239, 244, 252~254, 258~260, 267, 271, 273, 274

社会服务体制　253

社会服务体制改革　254

社会福利　3~7, 10, 12, 18~22, 24~27, 29~33, 35~42, 45, 58, 60, 63, 67, 70, 83, 86, 94, 97, 98, 100, 102~104, 109, 110, 116, 117, 127, 133, 146, 150, 169, 170, 175, 189, 190, 192~197, 201, 202, 205, 206, 209, 213, 216, 220, 239, 259, 260, 265~271, 273, 275

《社会福利白皮书》　196

社会福利服务支出　103

社会福利署　209~211

社会福利支出　42, 80, 104, 110

社会给付 81,90,94

社会工作体制 253,260

社会工作体制改革 254

社会公民身份 6,20,21,31,184,267,268,273,274,276

社会管理 13,14,33,71,189,198,206,213,218,219,235~248,250~262

社会管理格局 243,245,251,254,257

社会管理领导体制 254

社会管理体制 198,239~242,248,249,251~257,259,261

社会管理体制改革 248~251,253~261

社会管理体制改革的行动框架 257~258

社会规制政策 46,80

社会建设 3,13,14,17,33,44,55,61,65,67,71,110,189,213,229,235,237,239,246,250,253,255,258,261,264,269,276

社会救济 10,24,25,29,32,37,38,81,97,98,104,116

社会救助 12,16,24~26,33,37,50,54,58,60,63,67,70,76,86,87,95,97,98,102~104,110,127,133,190,196,255,272~275

社会控制机制 254

社会连带 37

社会欧洲 3

社会权 36

社会权利 3,4,6,21,22,36,184,191,192,200,213,252,257,258,261,262,266,267,273,274,276

社会身份本位的社会保障 23,30,43

社会团体 38,106,107,162,178,196,209

社会应急体制 253

社会应急体制改革 254

社会影响评估机制 254

社会预警机制 254

社会照顾 80,195,203

社会照顾服务 109,189,192,202,213

社会政策时代 13,43,45,60,250

社会支出 79,81~86,88,92~96,100~104,107,109,110~114,261,273,274

社会治安体制改革 254

社会中国 3~5,8,10,12,18~22,239,267,276

社会政策集中化 18

社会治安体制改革 254

社会主义福利社会 3,23,43,44

社会主义市场经济体制 3,10,32,35,147,240,250,256

社会组织 40,43,109,199,205,213~216,220,221,235~237,241~245,247,252~255,257,260,273

社区服务 9,10,195,200,202,203,207,208,228,231

社区管理体制 253

社区管理体制改革 254

社区居委会 223

社区民主自治体系 259

社团管理体制 253

社团管理体制改革 254

深圳模式　205

《神木县全民免费医疗实施办法（试行）》　178，179

《神木县全民免费医疗实施细则（试行）》　179

审计署　38，211

生产型政府　240，241

生育保险　25~27，37，58，63，66，70，87，97，98，100，102~104，110，196

省域公民身份　21，171~173，266，268，270，271

失业保险　11，16，18，24，25，27，32，37，42，49，53，57，63，70，87，95，97，100，102~105，110，196，274

失业保险制度　8~10，31，41

使用者付费制　215

世界卫生组织　107

收入保护　24

收入维持　4，24，30，41，91，193，197，199，264

授权委托模式　215

双重模式　215

私人社会支出　82，85，86，101

诉求表达机制　249，251，254，261

碎片化　8，18~20，22，152，153，156，157，167，169~171，180，265，266，273，276

T

坦普尔大主教　269

逃出工作　191

铁饭碗　5，7

同构现象　229，230

统账结合　11，140，143，144，146，149，150，154，158，160，162，173

推进基本公共服务均等化　115，269，270

《推进我市社会管理服务改革开展街道社区综合服务中心建设试点工作方案》　219

W

沃克，罗伯特（Walker, Robert）　24

《我国城市居家养老服务研究》　42，197

乌日图　146，148

X

希尔，迈克尔（Hill, Michael）　24，46，79

《县级农村社会养老保险基本方案（试行）》　155

现代国家建设　244，246

香港公益金　208

香港社会服务联会　208

香港社会工作人员协会　210

项目发包形式　215

新保守主义　220

新公共管理　220

新农村建设　60，76，250

新型农村合作医疗　15，18，37，48，52，56，62，63，65，68，102~104，110，174，239，269

新型农村合作医疗制度建设　26，56，98

新医改方案　15，107

新自由主义　45，148，220

行业协会　208，212，220，260

行政身份制度 6

幸福广东 263~265，268，269，271

Y

药物依赖者治疗康复中心 210

养老保险 8，10~12，16，18，24，25，27，32，37，38，41，49，53，57，58，63，66，70，73，87，97，100~104，110，139~144，146~169，171~173，183，196，239，260，265，266，268，269，272

医疗保险 10~12，15，18，25，26，27，32，37，38，41，48，56，58，62，63，65，66，68，87，97，98，100，101，103，107，110，143，146~148，159，165，174~178，180，181，183~185，196，239，265，272

医疗保险基金 100，178，183~185

医疗服务 4，5，28，52，56，62，65，69，91，93，107，174，177，179~185，190，193，195，199

《医药卫生体制改革近期重点实施方案（2009~2011年）》 15

依赖关系非竞争性购买 215

依赖关系竞争性购买 215

以公民身份为本的社会政策体系 18

《义务教育法》 14，106

议题网络 145，151

英国社会保障局 24

优抚安置 25，26，32，37，63，67，97，98，116，196

有组织的依赖 7

幼儿中心督导组 210

Z

灾害救助和社会互助 25，97，196

照顾依赖 192，202

整笔拨款 211

政策工具 43

政府购买服务 200，201，204，209，210，212~214，216~222，224~227，229，230，255，273

政府向社会组织购买公共服务制度 199

政府支配模式 215

政治权利 3，266

直接资助模式 215

制度变迁 139，141，144~146，149，151

制度性 5，131，206

《中共北京市委关于加强和创新社会管理全面推进社会建设的意见》 235

《中共中央关于加强党的执政能力建设的决定》 245

《中共中央关于制定国民经济和社会发展第十一个五年规划的建议》 250

《中共中央国务院关于深化医药卫生体制改革的意见》 184

《中国的劳动和社会保障状况》 25，97，196

《中国的社会保障状况和政策》 25，97

中国特色福利国家 275~277

中国特色社会主义福利模式 240

《中华人民共和国国民经济和社会发展第十二个五年规划纲要》 269~270

珠海慈善日 255

《珠海市社会管理体制改革先行先试实施计划》 254

《珠江三角洲基本公共服务一体化规划纲

要（2009—2020年）》 270
组织外形化 220
住房保障和农村社会保障 25，97
住房服务 190，193，199
准公共产品 115，133
咨询模式 215

纵向转移支付 134
最低生活保障 17，18，25，37，58，97，102，104，110，196，260，265，272
最低生活保障制度 10，12，16，26，41，53，58，63，67，97，98，265

后 记

本书的出版，得益于多方面的支持。

首先，要感谢教育部人文社会科学重点研究基地中山大学中国公共管理研究中心对本书出版给予的资助，感谢教育部人文社会科学重点研究基地重大招标项目（11JJD840018）和中山大学中央高校基本科研业务费专项资金对本研究的支持。

其次，要感谢跟随我一道学习与研究社会政策的硕士研究生温卓毅、黄英平、赵慧、李甜妹、方丽卿，博士研究生邓智平、郭英慧、方萍，正是他们的积极参与和协助，才有了构成本书基础的学术成果。可以说，本书是我们师生合作的成果。第三章的合作者是温卓毅同学；第四、五章是与黄英平、方萍同学合作的成果；第六章是与方丽卿合写的；第八章的合作者是赵慧同学；第十章的合作者是李甜妹同学；第十二章是与郭英慧同学合作的。而第七章、第十三章和第十五章则是与邓智平同学合写的。这些师生合作的成果当中有些已经正式发表。在此，对各位同学付出的努力表示衷心的感谢。同时，也要感谢我的同事彭浩然副教授同意我将与他合写的论文（第九章）收入本书。

再次，要感谢以下学术刊物同意将本人已发表的论文收入本书：《公共行政评论》《中山大学学报》《学海》《东岳论丛》《广州大学学报》《中国公共政策评论》以及《广东民政》。

最后，要感谢中山大学政治与公共事务管理学院的各位同事和社会科学文献出版社的编辑对本书出版的鼓励与支持。

岳经纶
2014 年 4 月 1 日
于中山大学

图书在版编目(CIP)数据

社会政策与"社会中国"/岳经纶著.—北京:社会科学文献出版社,2014.12
  (中山大学公共政策与社会保障丛书)
 ISBN 978-7-5097-6531-9

Ⅰ.①社… Ⅱ.①岳… Ⅲ.①社会政策-研究-中国 Ⅳ.①D601

中国版本图书馆 CIP 数据核字(2014)第 224745 号

·中山大学公共政策与社会保障丛书·
社会政策与"社会中国"

著 者 /	岳经纶
出 版 人 /	谢寿光
项目统筹 /	童根兴
责任编辑 /	谢蕊芬
出 版 /	社会科学文献出版社·社会政法分社(010)59367156
	地址:北京市北三环中路甲29号院华龙大厦 邮编:100029
	网址:www.ssap.com.cn
发 行 /	市场营销中心(010)59367081 59367090
	读者服务中心(010)59367028
印 装 /	北京季蜂印刷有限公司
规 格 /	开 本:787mm×1092mm 1/16
	印 张:20.75 字 数:326千字
版 次 /	2014年12月第1版 2014年12月第1次印刷
书 号 /	ISBN 978-7-5097-6531-9
定 价 /	69.00元

本书如有破损、缺页、装订错误,请与本社读者服务中心联系更换

▲ 版权所有 翻印必究